AF283389

Prensa y política en la vida de José Castelló y Tárrega (1865-1938)

La ambición política y social de un personaje,
en el Castelló de la Plana de entre siglos

UNIVERCIUTAT, 11

Prensa y política en la vida de José Castelló y Tárrega (1865-1938)

La ambición política y social de un personaje, en el Castelló de la Plana de entre siglos

Vicent Peris Gorris

Ajuntament de Castelló

BIBLIOTECA DE LA UNIVERSITAT JAUME I. Datos catalográficos

Noms: Peris Gorris, Vicent, autor | Universitat Jaume I. Publicacions, entitat editora | Castelló de la Plana (Comunitat Valenciana). Ajuntament, entitat editora

Títol: Prensa y política en la vida de José Castelló y Tárrega (1865-1938) : la ambición política y social de un personaje, en el Castelló de la Plana de entre siglos / Vicent Peris Gorris

Descripció: Castelló de la Plana : Publicacions de la Universitat Jaume I. Servei de Comunicació i Publicacions : Ajuntament de Castelló de la Plana, [2024] | Col·lecció: Univerciutat ; 11 | Inclou referències bibliogràfiques

Identificadors: ISBN 978-84-10349-33-9 (paper) | ISBN 978-84-10349-34-6 (pdf) | ISBN 978-84-10349-35-3 (ePub)

Matèries: Castelló y Tárrega, José (1865-1938) | Heraldo de Castellón (1888-1938) – Història | Castelló de la Plana (Comunitat Valenciana) – Política i govern -- Història

Classificació: CDU 070 Castelló y Tárrega, José | CDU (054) (460.311 C.)(091) | CDU 32(460.311 C.)"18/19"(091) | THEMA KNTP2 1DSE-ES-TBA | JP 1DSE-ES-TBA 3MN-ES-A

Unión de Editoriales Universitarias Españolas

Publicacions de la Universitat Jaume I es miembro de la UNE, lo que garantiza la difusión y comercialización de sus publicaciones a nivel nacional e internacional. www.une.es

FOTOCOPIAR LLIBRES NO ÉS LEGAL

Cualquier forma de reproducción, distribución, comunicación pública o transformación de esta obra solo puede ser realizada con la autorización de sus titulares, salvo excepción prevista por la ley. Diríjase a CEDRO (Centro Español de Derechos Reprográficos, www.cedro.org) si necesita fotocopiar o escanear algún fragmento de esta obra.

© Del texto: Vicent Peris Gorris, 2024
© Diseño de la cubierta: vetavisual.com
© De esta edición: Publicacions de la Universitat Jaume I, 2024

Edita: Publicacions de la Universitat Jaume I. Servei de Comunicació i Publicacions
Edifici Rectorat, planta 0. Av. Vicent Sos Baynat, s/n 12071 Castelló de la Plana
Tel. 964 72 8821   publicacions@uji.es

Ajuntament de Castelló de la Plana

Coordinación editorial: Carme Pinyana

ISBN papel: 978-84-10349-33-9
ISBN pdf: 978-84-10349-34-6
ISBN epub: 978-84-10349-35-3
DOI: http://dx.doi.org/10.6035/Univerciutat.11

Depósito legal: CS 853-2024

Este libro, de contenido científico, ha sido evaluado por personas expertas externas a la Universitat Jaume I, mediante el método denominado revisión por iguales, doble ciego.

A la profesora Amparo Sánchez Cobos

ÍNDICE

Prólogo 13

Introducción 17

Introducción a la primera parte 43

PRIMERA PARTE
JOSÉ CASTELLÓ Y TÁRREGA EN SUS INICIOS
COMO PERIODISTA Y POLÍTICO (1885-1901)

Capítulo 1. Tres periódicos básicos para la formación del personaje:
El Clar y Net, *El Anticosiero* y *El Liberal* 55

    1. *El Clar y Net* (1885): primera toma de contacto con la edición
    periodística 56

    2. *El Anticosiero* (1890): definiendo posturas 61

    3. Castelló y Tárrega, director de *El Liberal* en sus dos etapas
    (1890-1891 y 1892-1894): consolidación 65

Capítulo 2. José Castelló y Tárrega se afianza en la ciudad. Primeros
años del *Heraldo de Castellón* (1895-1901) 97

    1. La importancia de la familia y los «amigos». Aspectos personales
    y de la vida íntima de Castelló y Tárrega 99

    2. Desarrollo profesional de José Castelló y Tárrega en el Castelló
    de entre siglos 106

    3. José Canalejas y José Castelló y Tárrega, una relación ¿interesada?
    a través del *Heraldo de Castellón* 109

CAPÍTULO 3. Entre el deseo de progreso y la estrategia política.
Ideario de José Castelló y Tárrega aplicado a la ciudad de Castelló
de la Plana entre siglos 137

1. Limpieza, salubridad, civismo… y los mendigos 138
2. El puerto, urbanismo y la cultura 147
3. Nace el político local. José Castelló y Tárrega en las elecciones
generales y municipales 156

SEGUNDA PARTE
EL *HERALDO DE CASTELLÓN* Y EL CANALEJISMO. PROYECCIÓN POLÍTICA Y SOCIAL DE JOSÉ CASTELLÓ Y TÁRREGA

CAPÍTULO 4. El político se consolida. José Castello y Tárrega
en los primeros años del siglo xx (1902-1912) 183

1. José Castelló y Tárrega, concejal del Ayuntamiento (1902-1909).
El puerto y otros proyectos para su promoción 189
2. Otros cargos, nombramientos y distinciones 205
3. La situación política nacional y su reflejo en la política local.
José Castelló y Tárrega y su periódico al servicio del canalejismo 212
4. Otros éxitos después de ser concejal 237

CAPÍTULO 5. José Castelló y Tárrega sin Canalejas. Nuevos éxitos
en lo profesional y una dura etapa en lo personal (1913-1923) 245

1. Momentos difíciles para la familia de José Castelló y Tárrega 248
2. La Gran Guerra y la evolución de Castelló de la Plana según
José Castelló y Tárrega 259
3. Elecciones y el papel que desempeñó en ellas José Castelló
y Tárrega como periodista y político (1913-1923) 271
4. José Castelló y Tárrega, gobernador civil de la provincia
de Toledo. Principio y final de una etapa (1922-1923) 282

Capítulo 6. José Castelló y Tárrega y el *Heraldo de Castellón*
durante la Dictadura de Primo de Rivera y la II República.
El final de una etapa 291

1. José Castelló y Tárrega y el *Heraldo de Castellón* en dictadura 291
2. Presidente de la Diputación de Castelló. Cumbre y final
de una trayectoria política 307
3. La II República, el principio del fin para José Castelló y Tárrega
y el clan familiar 310
4. Muerte de José Castelló y Tárrega y final de su *Heraldo
de Castellón* 314

A modo de epílogo. Breves apuntes de la familia Castelló y Tárrega
tras la guerra civil española 327

Conclusiones 331
Fuentes documentales y bibliográficas 343
Archivos 343
Fuentes periódicas 343
Bibliografía 344

PRÓLOGO

Una investigación centrada en la Restauración que busque entender este periodo en la provincia de Castelló debe pasar obligatoriamente por las páginas del diario el *Heraldo de Castellón*. Es en este estudio cuando surge la necesidad de indagar sobre el personaje de José Castelló y Tárrega, director y propietario de este medio y apenas conocido por la historiografía castellonense.

En su historia destaca la búsqueda por conseguir estar en una posición a la que solo tenían acceso los privilegiados provenientes de familias acomodadas. Nació en 1865 en la población de La Vall d'Uixó, en el seno de una familia humilde. Su padre, Vicente Castelló, vivía de la manufactura alpargatera —común en esta localidad— un oficio que le permitió mantener a once hijos, aunque solo cinco de ellos verían el siglo XX. Con solo quince años José destacó en los círculos políticos más elitistas de su localidad, y consiguió ser el secretario del partido zorrillista, puerta de entrada al mundo de la política y de las relaciones con aquellos que le ayudarían a subir peldaños en su ascenso políticosocial. Tanto él como dos de sus hermanos, Ramiro y Fausto, se unieron al proyecto familiar colaborando y creando un frente común en derredor de su hermano José Castelló y Tárrega que se convirtió en un pilar central de la familia.

La realidad que nos presenta el *Heraldo de Castellón* va a ser cambiante y para nada rígida, desde sus páginas podremos hacer interpretaciones, si no de cómo fue exactamente la sociedad castellonense de finales del siglo XIX y principios del XX, al menos de cómo fue vista y reflejada por un sector de esa sociedad. Todo ello aporta información para develar cómo fue la construcción de José Castelló Tárrega como personaje público a través del periódico que fundó, para ver precisamente en qué medida el medio se creó con una intencionalidad concreta: la de servir de plataforma para la creación de una figura con proyección política en el Castelló de entre siglos.

En estos primeros momentos, la historia de Castelló y Tárrega irá íntimamente ligada a la figura de José Canalejas, político al que es necesario poner en parangón con nuestro protagonista, una relación que duró hasta el día de la muerte de José Canalejas, suceso que desde el diario se cubrirá con pomposas muestras de duelo que se sucedieron incluso en años posteriores.

A pesar del empeño y el esfuerzo que dedicó durante toda su vida, para Castelló y Tárrega los éxitos nunca fueron completos ni duraderos, siempre hubo un suceso que en el momento de alcanzar la cúspide hizo que sus ambiciones quedasen en suspenso, como el nombramiento como gobernador civil de Toledo, interrumpido por el alzamiento de Primo de Rivera, o la Presidencia de la Diputación que tuvo que cedérsela a Carlos Selma en el momento en que se proclama la República.

Analizando su entorno y el contexto histórico en las diferentes fases de su vida, hemos ofrecido un primer acercamiento a la vida de un personaje referente del canalejismo en Castelló de la Plana. Para ello nos hemos valido de sus publicaciones y más especialmente del *Heraldo de Castellón*.

Hemos utilizado estas fuentes porque desde las publicaciones periódicas se transmite algo más que un mensaje, muchas otras percepciones asaltan a los que hoy podemos ojear sus hojas. En una investigación histórica como la que nos ocupa, el periódico se convierte en fuente documental de donde extraer información más allá de la palabra escrita. El *Heraldo de Castellón* nos ha ofrecido el reflejo de la sociedad de la provincia de Castelló. La educación, el civismo, los niveles de violencia, los gustos deportivos y artísticos de las clases sociales, así como las diferentes modas de la sociedad, entre otras muchas informaciones, aparecieron en diferentes tipos de noticias y anuncios que nos ayudan a entender las distintas décadas y ciclos históricos. Y si las noticias son importantes para conocer el clima político de la ciudad y la provincia, los artículos de opinión lo fueron para ayudar a crear una imagen de su director a medida de la figura política que se quería forjar. Desde sus páginas conocimos, entre otras cosas, su matrimonio a los pocos días de aparecer los primeros ejemplares del *Heraldo de Castellón*, la irrupción de sus hermanos en la vida pública y su importancia en la creación de un sello propio como fueron los «Castelló y Tárrega». También el nacimiento de sus hijos, las muertes que sobrevinieron a la familia, quiénes fueron sus amigos y su relación con José Canalejas, a quien le uniría una estrecha amistad.

Sería un error estudiar solo a Castelló y Tárrega centrándonos únicamente en el canalejismo, el personaje arrastra consigo la esencia social de Castelló de la Plana y conocerlo es entender las diferentes clases y categorías sociales de una ciudad y su provincia, conocer quiénes compartieron y crearon una ciudad que ahora conocemos y vivimos. Esta investigación, además, nos ha servido –y servirá– para hacer justicia a un personaje que ha sido denostado, olvidado y que merece tener un sitio en la historia de Castelló de la Plana.

INTRODUCCIÓN

José Castelló y Tárrega nació el 6 de enero de 1865 en la población castellonense de La Vall d'Uixó y falleció en Castelló de la Plana el 20 de febrero de 1938. Era hijo de Dolores Tárrega y de Vicente Castelló Miquel, de profesión alpargatero. El matrimonio tuvo once hijos, de los cuales solo cinco llegaron a la edad adulta: Vicente, Carlos, José, Ramiro y Fausto, por orden de edad.

Esta es la historia del tercero de los hijos de los Castelló Tárrega, un personaje que se fue construyendo y alimentando a lo largo de su vida gracias al papel que en ello jugaron los diferentes periódicos que fundó y dirigió. En este estudio reconstruimos sus pasos desde que salió de su pueblo natal, La Vall d'Uixó, en el año 1882, hasta que se convirtió en una personalidad pública en Castelló de la Plana y a partir de ahí trazamos su vida hasta su muerte; lo hacemos en la medida que nos permiten las fuentes y la información conseguida –de lo que hablaremos a continuación–, haciendo especial hincapié en su trayectoria profesional como hombre de prensa y también de su papel en el mundo de la política, tanto nacional como local, a partir de los diferentes cargos que ostentó. Su familia y su entorno social más cercano también fueron importantes en la construcción del personaje, de modo que tendrán un papel protagonista igualmente en algunos momentos de la investigación.

Para componer su trayectoria nos hemos servido de la imagen que de él se transmitió y también la que él mismo trasladó a través

de las páginas de sus publicaciones, es decir, es una imagen cons-
truida, totalmente elaborada en algunas ocasiones, si queremos subjetiva, pero es la imagen que finalmente quedó en la sociedad de su
tiempo y que tuvieron sus coetáneos y, a falta de otros constructos,
es la que ha llegado hasta nosotros. Finalmente, ¿qué es la historia
de vida sino un relato de quien la escribe o la narra? Y en todo relato
abundan las subjetividades y las percepciones. De todos modos, en
esta historia intervienen diferentes narradores, unos de forma oral,
otros que dejaron sus escritos, unos relacionados directamente con
el personaje y otros que lo vieron desde la distancia. Todas las his-
torias cruzadas nos han servido para tratar de componerla de la
manera más veraz y cercana posible (Pujadas 2000).

La mayoría de los proyectos de investigación y tesis doctorales
producen en el investigador que asume el reto diferentes estadios
emocionales frente a la idea de abordar un tema concreto en el
que se aporte algo diferente a lo que ya está escrito. En nuestro
caso, desde un primer momento vimos que era un espacio de la
historia de Castelló de la Plana que estaba por conquistar y allí encontramos una oportunidad para que nuestros esfuerzos se vieran
recompensados en un trabajo genuino, original y, por qué no decirlo, también de interés histórico, concretamente en un ámbito, el
de la Restauración, del que se ha escrito bastante (Sánchez 2017).
Sin pretender hacer un estudio pormenorizado, pues no es nuestro
objetivo y además existen trabajos ya realizados como iremos mostrando a lo largo de la investigación, acompañamos la descripción
biográfica de nuestro personaje con el contexto histórico y político
de España y en especial de la provincia de la Plana en los años por
los que transcurre esta historia. Si reducir la escena de estudio a una
ciudad o una provincia es hacer historia local, estamos en esta línea;
aunque las conexiones de nuestra investigación se abren, como no
puede ser de otro modo, a aspectos nacionales, el foco principal está
puesto sobre Castelló de la Plana.

El contexto, de hecho, se vuelve fundamental para entender a José Castelló y Tárrega. La Restauración, con su cambio sucesivo de gobiernos en una España que se debatió en guerras y posguerras en el exterior, con los problemas económicos que llevaban implícitos y con un sistema de turnos de partido que fue paulatinamente mostrando fisuras. Y la provincia de Castelló no fue menos convulsa, en los inicios de un proceso de cambio que, lenta pero inexorablemente, la llevaría de una base preeminentemente agrícola a una modernización visible sobre todo en las infraestructuras y la urbanización, aunque en el plano político aún tuviera un peso primordial el sistema caciquil que nos muestra unas redes familiares y de sagas a través de unos apellidos ilustres que aun hoy se pueden encontrar en la política actual de esta ciudad mediterránea.

Al resaltar las condiciones políticas de las diferentes etapas de la Restauración, veremos cómo los diferentes partidos creaban un caldo de cultivo especial con la llegada de las elecciones cuando los posicionamientos y pactos entre grupos fueron constantes para ganar votos de manera legal e ilegal si era necesario. A esos juegos políticos se sumaron las redes clientelares y a ellos respondieron las prácticas caciquiles que tejieron los partidos para ganarse el voto con mayor o menor coacción sobre grupos ávidos de ayuda (jornaleros, gente sin recursos y necesitada de protección, entre otros). Y en este juego entró de lleno, como mostraremos, José Castelló y Tárrega.

Por ello, en esta aproximación histórica y biográfica, nos interesa especialmente su construcción como personaje público a través de los periódicos que fundó, principalmente el *Heraldo de Castellón*, por ser el más longevo, para mostrar cómo la prensa tuvo una intencionalidad concreta: la de servir de plataforma para la creación de una figura con proyección política en el Castelló de finales del siglo XIX y el primer tercio del siglo XX; como sostiene Francesc Andreu Martínez Gallego, un «periódico sería el medio, el periodista el aspirante y la política el fin» (Martínez 1994, 65). En ese sentido, prestamos especial atención, tanto al sistema político e informativo español como especialmente de la provincia de Castelló, para verificar la existencia de un modelo de prensa en el ámbito periodístico de la provincia en ese periodo. A través del análisis de los artículos y nombres que aparecen en los rotativos se desentrañan las relaciones que existieron con los prohombres de la ciudad en los primeros momentos de nuestro personaje para desvelar los tratos de favor, los negocios y los beneficios mutuos.

No obstante, a pesar del importante papel jugado por la principal fuente que vamos a utilizar, este trabajo no tiene como objeto la investigación periodística e histórica de la prensa local, o de los periódicos que impulsó José Castelló y Tàrrega, lo que nos proponemos es servirnos de sus voceros para examinar la proyección política y social de su director y promotor. Con ello, daremos respuesta a la pregunta que está implícita en nuestro objetivo: cómo el modelo periodístico funcionó para cumplir el propósito principal para el que fue creado durante una etapa histórica fundamental tanto a nivel nacional como sobre todo local.

Durante los últimos años del siglo XIX, en los que aparecen los rotativos que nos ayudan en nuestra investigación, el panorama periodístico en la provincia está dominado por la prensa política con un 39 % del total de publicaciones periódicas. La Constitución del año 1876 en la que se aprobó la libertad de prensa, favoreció esta situación. También a finales del siglo subió de forma general el número de lectores, al tiempo que bajaron los precios de las suscripciones y de las ventas, y desapareció la distinción entre periódicos caros y periódicos baratos (Romeu 1983), en una sociedad, la de la comunicación de masas, en que la prensa jugó un papel decisivo, tanto en la divulgación política como en la lucha ideológica (Marín 1992).

Tras un acercamiento al sistema político e informativo castellonense se advierte de la existencia de un grupo de periódicos claramente al servicio de los intereses del Partido Conservador castellonense y del Cossi (Pérez 1988). Se puede comprobar cómo, tanto en esas publicaciones, como en las que nosotros investigamos más detalladamente, se sostiene un discurso dirigido a servir los intereses personales o de determinados grupos de la sociedad local y provincial, de la élite que copaba el poder en Castelló de la Plana casi toda ella incluida en el Partido Conservador, aunque también de un importante segmento de la nueva burguesía y de personajes adinerados que militaban en otros partidos o eran afines a grupos liberales y republicanos. En todos los casos, la prensa política resultó fundamental para la defensa de sus intereses.

Aunque en esta investigación escogemos un solo protagonista principal, José Castelló y Tárrega, muchos otros personajes de distintas clases sociales lo acompañarán en un largo camino a caballo de dos siglos y durante cinco décadas. Tratamos, pues, de entender, enlazar y no descuidar su posición con el entorno, para así poder esbozar una historia de esfuerzo y tesón, aplicando para ello el enfoque que nos propone la historia social –de la base historiográfica de esta investigación hablaremos más adelante–, interesada por los seres humanos que comparten un espacio vital donde negocian, producen, se manifiestan, escriben, emigran, guerrean, aman, mueren… (Puig 2005).

Por eso, esta es la historia, también, de una red de relaciones necesarias y fructíferas en un momento en el que el juego de relaciones personales y políticas en la ciudad de Castelló de la Plana y su provincia resultaban fundamentales para cualquiera que tuviera como objetivo hacerse un sitio en la política y la sociedad local. José Castelló y Tárrega parece demostrarnos que fue plenamente consciente de esa realidad y que utilizó la prensa para esos fines como hicieron otros tantos hombres públicos en esa etapa de la historia de España. De todos los rotativos en los que intervino, el *Heraldo de Castellón* fue la principal plataforma sobre la que tejer su red y saltar a la escena pública.

Los periódicos que fundó son también el reflejo de la sociedad de la Plana en la etapa estudiada, donde podemos ver expresada una parte de la opinión pública en sus diferentes puntos de vista, y son también, y quizás esto sea lo más determinante para nuestros objetivos, fiel reflejo del pensamiento del que fue su fundador y la mayor parte del tiempo su director, José Castelló y Tárrega. La realidad que nos presentan va a ser cambiante, desde sus páginas podemos hacer interpretaciones, si no de cómo fue exactamente la sociedad castellonense de finales del siglo xix y primer tercio del xx, al menos de cómo fue vista y reflejada por un sector de esa sociedad. A través de sus editoriales y noticias analizamos la vida social de Castelló de la Plana; podremos ver involucrados en las crónicas los nombres más importantes que dirigían el entramado económico-social de la época, los personajes que componían la flor y nata de la sociedad de la Plana, entre ellos empresarios, abogados, periodistas y una nueva burguesía floreciente que con la agricultura de la naranja –entre otros negocios pujantes– se hacía un hueco dentro de una ciudad incipiente que avanzaba hacia la modernización. Acabarán siendo muy familiares nombres de personajes que marcaron distintas épocas de Castelló de la Plana, entre los que se encuentran la familia Fabra, Fernando Gasset Lacasaña, Vicente Cantós, Eduardo Blasco o Sebastián Carpi.

Resaltamos también otras cuestiones importantes de la historia local en el contexto que nos ocupa y que de una manera u otra involucraron a Castelló y Tárrega, como la construcción del puerto de Castelló de la Plana, una necesidad para la burguesía al estar directamente vinculado a sus intereses exportadores, aunque lo camuflaban dentro de un discurso político afirmando que era necesario para el desarrollo, no solo de la capital, sino de toda la provincia.

Para nuestro protagonista se convirtió en una pieza fundamental en su carrera y en un objetivo principal cuando ocupó un puesto de edil en la política local. Veremos, entre otras cosas, cómo a través de esta obra José Castelló y Tárrega tendió puentes con el Gobierno central gracias a la participación de José Canalejas en el proyecto.

Por ello, nos fijamos de cerca también en la figura de José Canalejas, pues su influencia en nuestro biografiado fue muy importante. Mostramos cómo estos dos políticos coincidieron en el cuerpo ideológico general y cómo Castelló y Tárrega defendió a ultranza desde su periódico la figura del que fue ministro, periodista y presidente. En el texto comparamos el ideario de ambos y buscamos en qué se benefició el castellonense al acercarse tanto y con tanta similitud de ideas a la figura de Canalejas, con quien encontramos un importante paralelismo y una convergencia visible tanto en sus vidas como en sus creencias.

En definitiva, queremos mostrar de una manera general cómo fue el ascenso político y social de José Castelló y Tárrega dentro de Castelló de la Plana y su conversión en un personaje público, su relación con los diferentes estratos sociales y las ayudas de las que se sirvió para conseguir los objetivos que se propuso y, en todo ese proceso, veremos qué papel jugaron los periódicos que fundó en sus diferentes etapas. Para ello, analizamos y construimos el relato de su vida, el escenario que pisó, junto a sus periódicos, intentamos, sin que ello suene pretencioso, cubrir un hueco en los estudios históricos del Castelló de la Plana de finales del siglo XIX y el primer tercio del XX.

Metodología y estado de la cuestión

El estudio de José Castelló y Tárrega en su proyección tanto política como social, bebe de la confluencia de variados y complementarios abordajes metodológicos y escuelas historiográficas que nos han permitido acercarnos, de la manera más amplia posible, a su vida y su carrera política y profesional. La primera de estas aproximaciones nos la ofrece la historia social.

Es necesario un conocimiento teórico de la sociedad en la que nuestro personaje se desenvuelve para entender sus vicisitudes, sus decisiones, su sino. Por eso la información que recopilamos tiene el objetivo de dar explicación y soporte contextual a los diferentes grupos sociales que componen la maraña del Castelló de la Plana de las diferentes épocas en las que transcurre la vida de nuestro personaje, así como de las relaciones que él mantuvo con cada uno de ellos (Puig 2005).

Teniendo en cuenta que utilizamos las publicaciones periódicas como uno de los soportes principales para reconstruir esta historia, nos servimos también del método de análisis de contenido, lo que nos permite acercarnos tanto al emisor, como a su contexto, conocer los efectos de los mensajes que difundieron y resaltar no solo su dimensión cuantitativa, sino también cualitativa y simbólica (Kripendorf 1990). Por otro lado, el modelo de prensa en que se encuadra el *Heraldo de Castellón* y el resto de periódicos en los que participó José Castelló y Tárrega se enmarca igualmente en estos abordajes, ya que el estudio de las publicaciones periódicas en nuestro caso nos sirve igualmente para conocer la historia social de Castellón, aunque no dejaremos de lado tampoco la historia política del país, lo que nos ayudará a explicar acontecimientos que se relacionen con la provincia en un determinado momento.

En este caso, nuestro estudio está centrado en un fenómeno social: la configuración de un modelo de prensa local. El análisis del discurso político difundido en el *Heraldo de Castellón* –comparándolo con los otros periódicos locales del momento– nos ayuda también a entender la política, la sociedad castellonense y fundamentalmente a su director, al menos en lo que a la opinión de este medio se refiere.

Así pues, no nos quedaremos en la relación de simples datos, o en el relato de noticias y acontecimientos puntuales (más propio del positivismo), sino que penetramos en las estructuras de la sociedad para entender los mecanismos que provocan los cambios y los diferentes sucesos que marcan esta época y con ello a nuestro protagonista.

Asimismo, recurrimos también a nociones propias de la microhistoria, ya que acotamos el radio de acción principalmente –pero no únicamente– a Castelló de la Plana y su provincia, aunque lo enmarquemos de forma general, como no podía ser de otro modo, en las relaciones con el Gobierno central. Desde este espacio reducido hemos tratado de construir una visión general de una etapa histórica, poniendo atención en detalles que hubieran pasado inadvertidos en estudios más generales y teniendo en cuenta otra de las posibilidades que nos brinda trabajar desde la microhistoria (Levi 1996), la del análisis de un personaje en concreto y de sus relaciones personales (González 2000).

Si algo tienen en común las biografías, sobre todo las que siguen un enfoque más tradicional, es que suelen centrarse en personas que de alguna manera han pasado a la historia por algún hecho destacado (Gallego y Bolufer 2016). En nuestro caso, también ha sido así, hemos escogido de entre todos los personajes del Castelló de la Plana de entre siglos, a uno menos trabajado por la historiografía, con quien, a nuestro entender, la ciudad y la provincia estaban en deuda. En la reconstrucción de su historia nos vamos a guiar también por la metodología de la historia de vida, es decir, el estudio de una persona, de la forma más objetiva posible, que nos sumerge en un diálogo entre dos subjetividades, la del investigador y la del investigado, sin descuidar su contexto social y cultural, en forma de memoria compartida (Sola 2017). Asumimos la dificultad de componer este relato de vida porque implica el análisis de amplios y diferentes aspectos importantes que hemos de cubrir debido a su trayectoria profesional que se diversifica entre el periodismo y la política y que abraza al personaje social pero también la parte más personal e íntima (Del Olmo 2014).

Con todas estas piezas tratamos de ver el conjunto de los hechos y reconstruir la memoria de un sujeto escogido frente al resto de coetáneos para que, en forma de documento escrito, de alguna manera pase a la posteridad. Convencidos de la importancia de José Castelló y Tárrega, y siempre sobre la base de los documentos de que disponemos, establecemos el nexo de unión entre su figura pública y el medio en el que transcurre el relato de su vida, para dar a conocer su papel protagonista en la historia general (Piqueras 2008). Atentos a sus múltiples testimonios periodísticos y literarios, conectamos sus estados emocionales con las vivencias que comportan su pensamiento y la manera que tuvo de aplicarlas a la realidad circundante, con la precaución de no dejarnos llevar por la exposición de anécdotas y detalles morbosos superficiales que puedan eclipsar la importancia verdadera del sujeto de estudio, en busca del término medio pero también para distinguirlos de los detalles íntimos de igual importancia que explican asimismo quién fue en realidad (Seco 1976).

Para paliar la falta de un archivo privado, de cartas o memorias escritas, hemos recurrido igualmente al uso de fuentes orales y testimonios de aquellos familiares directos que quedan vivos, en busca de la memoria individual de los pocos participantes o testigos de los hechos (Aguilar 2008). La ausencia de archivo epistolar y documentación personal de José Castelló y Tárrega, cuya inexistencia aseguran sus familiares directos, nos sumerge de lleno en la historia oral. Aunque en ocasiones ha sido cuestionada como un método científico valioso, la historia oral nos ofrece otros matices y percepciones que no se encuentran en las fuentes escritas (Gómez 2005).

Las palabras de los entrevistados, aunque se trata de una perspectiva totalmente subjetiva y de una memoria que seguramente ha ido acomodando los recuerdos con el paso del tiempo, sin embargo nos han permitido completar datos y en muchos casos corroborar información de las fuentes disponibles. Somos conscientes de que el relato no será un fiel reflejo de la realidad, jamás una reproducción exacta de los hechos y sucesos, pero tampoco somos nosotros los que tenemos que dictar un veredicto de aquello que es real o ficticio, ya que todos los relatos pueden ser considerados como ficciones (Roca y Martínez 2012). El entrevistado recorre la línea de los recuerdos desde su infancia, hasta su edad madura. En el transcurrir de ese «yo» también actúan diferentes factores y acontecimientos que condicionan su discurso, un adentramiento al aspecto humano, conexión primaria entre la vida misma y la historia (Dilthey 1944). Como apunta el profesor José Antonio Piqueras, «la memoria se construye y el recuerdo se aprende, pero también se olvida», de ahí la necesidad de traer a la conciencia todo aquello que consideramos destacado de un sujeto histórico, aunque tenga a priori una apariencia menor (Piqueras 2008), para preservar el pasado y mantenerlo vivo.

Buena parte del soporte para elaborar el contexto y la historia local nos lo ha proporcionado la bibliografía existente. Desafortunadamente, no son muchos los estudios publicados hasta el momento sobre Castelló de la Plana referentes a los últimos años del siglo XIX y los comienzos del XX que traten temáticas directamente relacionadas con nuestros objetivos, de modo que, al igual que sucede con las fuentes, en esta investigación hemos encontrado también un cierto vacío historiográfico que ha jugado en nuestra contra. En particular, son evidentes las importantes lagunas temáticas y cronológicas a lo acontecido en el cambio de siglo, la guerra de 1914-1918 y la parte que más nos afecta que es la crisis de la Restauración, mientras que los investigadores han privilegiado otras épocas de la historia local como la II República y la Guerra Civil (Piqueras y Sanz 1997).

Como veremos en el transcurso del libro, ponemos en parangón la vida y el proyecto profesional de José Castelló y Tárrega con el de otros contemporáneos suyos, que también se ayudaron de la prensa para su impulso político. Entre ellos se encuentra José Canalejas, a quien dedicamos un apartado en esta obra. Sus biógrafos más importantes —como no podía ser de otra forma—, se ayudaron para su estudio de la prensa de la época, especialmente en la que participó activamente (Forner 1993). También, hemos prestado atención a las obras de autores que han acometido investigaciones biográficas en ciertos aspectos similares a la nuestra, como por ejemplo la de Diego Caro Cancela, que nos ha servido de ayuda e inspiración en su modo de entender la biografía, particularmente en el caso de Manuel Sánchez Silva, un personaje que guarda relación con nuestro investigado por ser un político con una conexión directa con el mundo periodístico (Caro 2016). Más cerca de nuestro personaje, ya en la provincia de Castellón, hemos puesto el foco y comparado a José Castelló y Tárrega, entre otros coetáneos, con la figura de Fernando Gasset Lacasaña, uno de los políticos más influyentes en la Restauración castellonense. Para comparar a ambos personajes, nos hemos basado en la obra de Inmaculada Badenes, no solo para extraer información de los sucesos ocurridos durante los años en que vivió José Castelló y Tárrega, sino también para contrastar dos figuras políticas que tuvieron periódicos de distinto corte ideológico para su beneficio personal (Badenes 2003).

El campo más estudiado por la historiografía ha sido el político. En términos generales, destacan las investigaciones de autores como Manuel José Martí Martínez, quien abordó los diferentes conflictos y su trasfondo socioeconómico en la sociedad castellonense de finales del siglo XIX, poniendo el foco en la facción cossiera y en el caciquismo en general; junto con las de Eduard Pérez Arribas sobre el último cuarto del siglo XIX, en este caso nos hemos servido especialmente de *Polítics i cacics a Castelló (1876-1901)*, donde ofrece una descripción pormenorizada de los diferentes grupos políticos, que incluye los nombres más importantes de cada uno de sus representantes locales, con especial atención al fenómeno del caciquismo (Pérez 1988); y los de Germán Reguillo, sobre todo el titulado *El partido republicano de Castellón. De la extrema izquierda federal al centro político (1868-1936)*, que nos ha aportado datos valiosos de políticos y resultados electorales que nos han ayudado a aproximarnos a la estadística electoral del periodo que ocupa nuestra investigación (Reguillo 2001). En relación con los políticos y las personalidades castellonenses, nos ha resultado interesante igualmente la tesis doctoral de Inmaculada Badenes sobre el político republicano Fernando Gasset, los estudios sobre republicanismo de Gerard Llansola y la obra de Ferran Archilés sobre el concepto de identidad nacional y la esencia de la sociedad castellonense. Así como la tesis doctoral convertida en libro de Francisco José Guerrero Carot sobre la biografía del obispo de Segorbe.

Otras investigaciones destacan más los aspectos sociales y culturales del Castelló de la Restauración, así como la evolución y progreso de la ciudad de entre siglos, entre ellas las que impulsó Rosa Monlleó. También Samuel Garrido ha aportado sus investigaciones acerca del mundo del trabajo, especialmente sobre el sindicalismo católico y su implantación en estas tierras (Garrido 1984a). Y Lluís Meseguer y Vicent Falomir que ofrecen acercamientos a la historia local desde el punto de vista de la cultura. Finalmente, destacamos igualmente el artículo de Francesc-Andreu Martínez Gallego «Dinásticos, Republicanos y sindicalistas (1902-1929)», donde el autor hace además un excelente análisis de la prensa del momento ofreciendo una valiosísima información para entender el periodo que nos ocupa.

Este último trabajo enlaza con otro grupo de historiografía que ha sido de gran ayuda en esta investigación, la que analiza la prensa. En este caso, es importante resaltar también la escasez de fuentes bibliográficas referentes a publicaciones y sobre la prensa castellonense en particular, además del artículo de Jordi Romeu Llorach del año 1983; por ello hemos recurrido a estudios generales sobre publicaciones periódicas en España, como la tesis doctoral de Manuel Calvo, *El Universal. Diario Político y el cantonalismo sanitario sevillano de 1885: un modelo de prensa al servicio de las élites locales en los inicios de la Restauración*, en la que se analiza un modelo de prensa en la provincia de Sevilla entre finales del siglo XIX y principios del XX; en este caso, han sido de una valiosa ayuda igualmente las obras de María Cruz Seoane y María Dolores Saiz, como también las de Antonio Laguna Platero, Enric Bordería y Francesc Andreu Martínez Gallego, y los manuales generales de Manuel Tuñón de Lara. Otra de nuestras obras de cabecera ha sido el *Diccionario biográfico de políticos valencianos* dirigido por Javier Paniagua y José Antonio Piqueras.

Para el estudio de la sociedad castellonense en la época que trabajamos nos han servido también algunos libros publicados a comienzos del siglo XX por autores contemporáneos a la época que trabajamos, como Vicente Gimeno Michavila que analizó el Castelló de la Plana que nos ocupa desde un aspecto social, pero también físico, pues detalló diferentes espacios urbanísticos que han complementado nuestro estudio y nos han ayudado a imaginar a nuestro personaje en los diferentes decorados de la ciudad y su provincia.

Por último, destacamos las investigaciones sobre economía y sectores productivos en Castelló, en especial los referidos al cultivo de la naranja, donde destaca Vicente Abad García; así como los estudios geográficos y demográficos de autores como Vicent Ortells sobre la estructura urbana de la ciudad y que aportan información complementaria sobre la historia social y económica de Castelló de la Plana.

Afortunadamente, sí hemos contado con bibliografía importante sobre la España de la época y sobre la política de la Restauración, con manuales específicos que han resultado de ayuda para cubrir algunos de los vacíos mencionados, así como otros complementarios para entender a nuestro personaje, especialmente los referidos a José Canalejas, entre ellos, la obra de Salvador Forner que nos ha servido para conocer el aspecto más ideológico de este político, y la de Diego Sevilla con una perspectiva más íntima del personaje. También resultó importante para conocer al malogrado político y para elaborar paralelismos con José Castelló y Tárrega, toda la documentación que pudimos consultar en la Biblioteca Nacional, de la que conocemos los aspectos más personales del eminente político, gracias al texto escrito por su viuda María Purificación Fernández.

Además de las referencias bibliográficas, también han sido importantes las fuentes primarias, fundamentalmente la prensa, para dar forma a esta investigación. En el Archivo Municipal de Castelló de la Plana se ha trabajado con *El Heraldo de Castellón*, que se conserva en muy buen estado, salvo algún número que entraña dificultad para su manipulación. También hemos encontrado soporte documental en el Archivo de la Diputación de Castelló de la Plana donde se guardan, entre otros documentos, las actas plenarias del Ayuntamiento de la ciudad de la Plana muchas de las cuales fueron transcritas en *El Heraldo de Castellón*, especialmente las relacionadas con Castelló y Tárrega. El Archivo Nacional del Estado y el Archivo Provincial de Madrid, con información acerca del paso de Ramiro Castelló y Tárrega por Madrid, así como el Archivo de Toledo, para lo concerniente al periodo de José Castelló y Tárrega como gobernador civil de la capital manchega, nos han servido para aumentar toda la información acerca de algunas etapas de su vida. Lamentablemente, no hemos podido consultar el archivo privado de José Canalejas, nos ha sido imposible dilucidar si existe o no, algunos colegas afirman que sí, pero parece que el sobrino de Canalejas (con el que traté de ponerme en contacto sin éxito) no deja acceder a él, aunque hay otros autores como Salvador Forner (el estudioso más importante del malogrado político) que afirman que no existe. Tampoco contamos con un archivo o similar de José Castelló y Tárrega, por eso, en aras de conocer el grado de complicidad y amistad que tenían ambos políticos, hemos tenido que valernos de aquellas misivas que publicaron puntualmente en *El Heraldo de Castellón*.

La entrevista oral la consideramos una fuente de información también muy valiosa y complementaria que a veces incluso corrobora la fuente escrita. Nosotros hemos recurrido a esta técnica especialmente para entrar en los espacios de la vida privada del personaje a los que las fuentes escritas no llegaron, «el singular avance de la oralidad, citar a los actores y hacer oír sus voces», como recogía Pierre Nora, se ha hecho imprescindible en nuestro caso. María José Marí Castelló-Tárrega y José Castelló Tárrega Bueso, nietos de José Castelló y Tárrega, aportaron con nitidez, recuerdos de la infancia, una información que hemos libado con prudencia, conocedores del proceso de selección que tiene la memoria (Fraser 2007). Ferran Sanchís ha sido otro de los personajes que, gracias a sus testimonios y muchas tardes de agradable tertulia, ha contribuido a aportar lucidez y a abrir caminos en el contexto social y político del personaje que la bibliografía actual castellonense mantenía cerrados. Su conocimiento de Castelló de la Plana y de las familias más conocidas de la ciudad ha hecho que este nonagenario se convirtiera en pieza fundamental para atar cabos sueltos y entender desde otra perspectiva la historia social del escenario en el que vivió José Castelló y Tárrega.

A pesar de la importancia que tiene en esta historia, sería un error estudiar a José Castelló y Tárrega centrándonos únicamente en el canalejismo (Giménez 2016). El personaje arrastra consigo la esencia social de Castelló de la Plana y conocerlo es entender las diferentes clases y categorías sociales de una ciudad y su provincia, conocer quiénes compartieron y crearon una ciudad que ahora conocemos y vivimos. Esta investigación, además, nos ha servido –y servirá– para hacer justicia a una personalidad que, en general, ha sido denostado por la historia oficial de Castelló de la Plana.

Si, como apuntó Michel Trebitsch, acontecimiento es «todo lo que ocurre y que tiene alguna importancia para el hombre», José Castelló y Tárrega y su diario lo fueron en la ciudad de Castelló de la Plana. Nada existe fuera de la representación que nosotros haremos de un hecho, sin nuestra narración nada acontece, y con ello, y tal vez pecando de presuntuosos, consideramos que gracias a nuestro trabajo, la vida de este personaje, «volverá» al lugar que merece en la historia, no solo con el deseo de presentarlo a la comunidad científica, también para que la sociedad de Castelló de la Plana y esperemos que incluso más allá, conozca al que plasmó con su periódico gran parte de la historia reciente de nuestra provincia (Capistegui 2003).

Estructura

La representación mental de este proyecto fue fundamental para entender hacia donde queríamos ir, un extenso eje cronológico de la historia de Castelló de la Plana que comprendía desde 1880 hasta 1938, en el que dimos movimiento lineal a nuestro personaje, pasando por diferentes etapas históricas: Restauración borbónica, Dictadura de Primo de Rivera, II República y Guerra Civil. En cada uno de estos procesos históricos, como si de la imagen de la evolución del hombre se tratara, nuestro personaje se iba irguiendo dentro del paisaje urbano que le tocó vivir, una línea ascendente, de progreso social y político que hemos convertido en documento escrito.

Para mostrar la evolución de José Castelló y Tárrega, hemos dividido esta investigación en seis capítulos.

En el primero de ellos, que comprende los años 1880 a 1894, nos ocupamos de los inicios de José Castelló y Tárrega en la vida pública, cuando aún era muy joven. En esos primeros momentos ya aparece su imagen asociada a la prensa. Lo vemos involucrado en tres periódicos, *El Clar y Net*, *El Anticosiero* y *El Liberal*, que resultaron fundamentales para su formación periodística y fueron, de alguna manera, el preludio del *Heraldo de Castellón*. Los dos primeros salieron a la calle en un periodo de cinco años, de 1885 hasta 1890, nos acercamos a ellos pasando por alto el estilo todavía amateur de sus columnas, nos interesa extraer de cada número qué se publicó, quiénes fueron sus primeros amigos de juventud, su ideología, la dirección de los elogios y de los ataques en sus editoriales y lo más importante, quién estaba tras estos proyectos, a quién beneficiaba esa línea editorial, que ya se mostraba incisiva, de José Castelló y Tárrega que fue dirigida expresamente hacia algunos políticos del momento y, por qué él, un hijo de alpargatero –como le gustaba llamarse– fue el encargado de promocionar unas campañas electorales y de desprestigiar otras.

El personaje todavía no había salido de la primera escena que se desarrolló en su pueblo natal, La Vall d'Uixó, y ya se nos disipaban las dudas del potencial histórico que podía llegar a tener. Pero surgía a la vez algo tras el mantra oficial del supuesto origen humilde de la familia de once hermanos, del hijo del alpargatero, que no terminaba de encajar y que consideramos necesario poner en cuarentena, nos asaltaba la duda de cómo un joven nacido en 1865 en un pueblo de la provincia y en el seno de una familia tan humilde, pudo estudiar magisterio en València, volver a su pueblo y, como quien emprende un juego, fundar y dirigir dos diarios, *El Clar y Net* y *El Anticosiero*. Paul Lacombe escribió una frase lapidaria en la que afirmaba que «no hay observación sin hipótesis, no hay hechos sin preguntas» (Prost 2001, 54), así, en este primer capítulo tratamos de dar respuesta a esa pregunta y probar nuestra hipótesis de que José Castelló y Tárrega no tuvo un origen tan humilde como pretendía aparentar, para ello, buscamos las conexiones, amistades y relaciones que forjó, que hicieron posible que ese joven fuera el encargado de convertir la política de su entorno en prensa, para después darle la vuelta y, desde esa prensa, hacer política.

Validada su capacidad, valentía y, como demostraremos en estos primeros compases de la investigación, también ambición, situamos en 1890 a José Castelló y Tárrega en Castelló de la Plana tras su salida de La Vall d'Uixó, con el objetivo de fundar un periódico al que llamaría *El Liberal*. El uso de sus voceros nos obliga a equilibrar las descripciones de lo sucedido que él mismo se encargó de difundir y lo que nosotros interpretamos de los datos con los que trabajamos, para intentar llegar a una aproximación más clara de lo que pudo ser. En ese periodo de cinco años de publicación diaria de *El Liberal* (1890-1895), desentrañamos el interés de José Canalejas por esa plataforma de difusión en la provincia fundada y dirigida por José Castelló y Tárrega, tándem perfecto y un paralelismo político que beneficiaría a ambos (Carr 1965).

En el segundo capítulo situamos al biografiado en 1895, en el inicio del que sería su proyecto profesional de más envergadura: el *Heraldo de Castellón*. Esa etapa la hemos acotado entre 1895 y 1902, año este último en el que José Castelló y Tárrega comenzaba a recoger los frutos de más de una década dedicada al periodismo político tras conseguir una concejalía en el Ayuntamiento de su ciudad de acogida, que sintió siempre como propia. En ese periodo del Castelló de la Plana de entre siglos, analizamos los primeros años del diario y de su director en los que resaltamos la red de relaciones que entretejió y los objetivos que se propuso, para después examinar su proyección política y social. Dado el segmento de años que cubre este capítulo, nos ocupamos de uno de los conflictos más graves que vivió España en esa época, la guerra de Cuba, y especialmente de cómo José Castelló y Tárrega lo mostró desde sus editoriales, un hecho histórico que fue paralelo a los primeros años del nacimiento del diario y que ayudó a que se convirtiera en uno de los medios escritos más vendidos de la ciudad, como veremos, en parte por el interés que la prensa sensacionalista causó en numerosos castellonenses, muchos de los cuales tuvieron una implicación directa o indirecta en el conflicto, lo que el director del *Heraldo* supo emplear en su favor.

De momento, José Castelló y Tárrega no formaba parte del elenco de familias de renombre de la ciudad, ni del grupo de los políticos de primera fila, por tanto, si quería ocupar uno de esos puestos en la sociedad, su esfuerzo debía ser mayor; en su caso, nada venía dado por estirpe y la ambición y determinación que parecía manifestar desde sus inicios sería su mejor baza. Desde esta condición que suponemos innata del personaje, analizamos su bagaje y la ascensión que nos parece meteórica a los pocos años de su llegada a la capital de la Plana.

En el capítulo 3 utilizamos el mismo segmento de años que en el anterior (1895-1902), pero en este caso queremos incidir en el aspecto ideológico del personaje y en su irrupción definitiva en la escena política de la ciudad. Es el momento en que empieza a mostrar un interés especial en Castelló. Los editoriales del *Heraldo de Castellón* reflejaban su ideario regeneracionista aplicado a los problemas de una ciudad que iba creciendo y urbanizándose al tiempo que mostraba los contrastes típicos de la modernización. En este periodo, que consideramos vital por ser el de los primeros años del personaje en la capital de la Plana, establecemos la relación, y el parecido si se quiere, de José Castelló y Tárrega con su principal mentor, José Canalejas Méndez, en aras de mostrar el papel que jugó esa íntima relación en su proyección política.

Con la toma de posesión del cargo de concejal en el año 1902, el eje central del capítulo 4 lo constituye el asentamiento profesional y personal de José Castelló y Tárrega en la ciudad de Castelló en el inicio del siglo XX, llegando hasta noviembre de 1912, año del asesinato de José Canalejas cuando era presidente del Gobierno de España. En este capítulo presentamos a un personaje que ya mira de frente a sus coetáneos de la ciudad, ha esquivado trabas, ganado pequeñas batallas y se ha consolidado, en lo personal y en lo profesional, con un diario de su propiedad y con base amplia para mantener los envites de los contrarios, de los que también nos ayudamos para dar forma al contexto social. En este inicio de siglo XX cobra especial relevancia el avance de las obras del puerto de Castelló, proyecto de vital importancia para la ciudad que ayudaría a impulsar la carrera de José Castelló y Tárrega, también, como veremos, gracias en parte a Canalejas. Tan importante suponemos que fue la relación entre ambos, que consideramos que este acápite debía cerrarse con su desaparición en 1912.

En esta etapa, sin duda, los éxitos de Castelló y Tárrega en la política se debieron en buena medida a la ayuda de Canalejas, sin menospreciar, claro está, el propio papel de José Castelló y Tárrega. Por ello, compararlos ideológicamente, analizar los editoriales de Castelló y Tárrega en los que ensalzaba la figura de Canalejas, y prestar atención a sus conquistas en función de la ayuda que podía prestar desde arriba su mentor, ha sido la base del capítulo 4.

Con el avance de nuestro personaje junto a José Canalejas y la creación de la plataforma canalejista en Castelló de la Plana por el propio José Castelló y Tárrega, crecía nuestro interés y se iban confirmando nuestras hipótesis primigenias. Pero volvieron las dudas llegado 1912. El político-periodista quedaba solo, huérfano en lo político, por lo que debía reinventarse para sobrevivir, y nosotros reformular nuestra pregunta para ver cómo, cruzada esa barrera incierta, seguía su trayectoria política y profesional.

El capítulo 5 comprende los últimos años de la Restauración (1912-1923). En él mostramos a un José Castelló y Tárrega que consiguió mantener su posición en la sociedad y la política, no sin dificultades. Aunque seguía contando con el *Heraldo de Castellón*, bastón de apoyo y su principal referencia. Desde sus columnas seguimos conociendo el rumbo que tomaron sus decisiones, la línea ideológica que translucían sus editoriales, los personajes con los que tuvo afinidad en cada etapa, o a los que mostró animadversión, también la política local y provincial, el baile de representantes de los diferentes partidos, los cargos públicos e intereses, serán, en definitiva, la trama de esos años convulsos en los que la Restauración tocaba a su fin. El capítulo concluye con la entrada del Directorio Militar de Primo de Rivera en 1923. Este espacio, que *a priori* contenía todos los condicionantes para ser de transición entre la Restauración y los últimos años de la vida profesional de Castelló y Tárrega, alberga uno de los momentos más importantes: su nombramiento como gobernador civil de la provincia de Toledo, cargo que, aunque breve porque la dictadura acabó con él, nos ayudó a resolver las dudas con las que retomábamos esta historia después de 1912.

El capítulo 6 cierra la sucesión cronológica de la vida profesional y personal de José Castelló y Tárrega (1923-1938). En él se incluyen tres etapas históricas: Dictadura de Primo de Rivera, II República, guerra civil española y concluye con su muerte. Este abanico tan amplio de procesos históricos recogidos en un mismo acápite responde a un descenso de la intensidad profesional y política de nuestro protagonista que se encontraba ya fuera de su «hábitat natural» de la Restauración y parece que debió padecer la inexistencia de periodos electorales dentro del Directorio Militar. No obstante, veremos su posicionamiento hacia la nueva situación política, analizando como siempre los editoriales del periódico que serán nuestro principal indicativo.

Tras la salida de Primo de Rivera y todavía con Alfonso XIII intentando mantener lo que era la crónica de una muerte anunciada, destacamos el nombramiento de José Castelló y Tárrega como presidente de la Diputación de Castelló, otro hecho de gran importancia en su trayectoria profesional, del que damos cuenta, más que por su función al frente de este organismo, por la gran oportunidad que le brindó la vida de escribir su nombre en la historia de Castelló de la Plana, de poner la guinda a una trayectoria profesional extensa. Tras la proclamación de la II República, cesó nuevamente su cargo. En esta nueva etapa no encontramos al otrora Castelló y Tárrega comprometido y vivaz. El diario continuó siendo la plataforma que veló por sus intereses, pero el desencanto y el desapego a la nueva situación, así como seguramente su edad más avanzada, necesariamente tuvieron reflejo en nuestro personaje. El *Heraldo de Castellón* dejó de ser ágora de debate entre las diferentes facciones políticas, vocero y tribuna de campañas electorales y medio de exaltación propio y de ajenos a los que se debía, como se verá en las últimas páginas que cierran este capítulo. No obstante, aún podremos ver a un José Castelló y Tárrega cansado, pero con fuerzas para dirigir el Museo de la Diputació Provincial de Castelló, última satisfacción y plasmación de un anhelo antiguo que volvería a interrumpirse, con el ruido de las bombas en el año 1937, convirtiéndose así en otra experiencia frustrada (Olucha 2017).

La última parte del capítulo la dedicamos a resumir cómo afectó la Guerra Civil a José Castelló y Tárrega, la implicación de su familia en los acontecimientos y la usurpación de su diario. El *Heraldo de Castellón* fue tomado, primero por el Frente Popular a los pocos meses del inicio de la contienda, y en 1938 pasaría a ser incautado por los franquistas, aunque eso ya no lo vería nuestro personaje que había fallecido en febrero de ese año.

No nos interesaba hacer una historia de la Guerra Civil en Castelló de la Plana, como tampoco ha sido nuestra aspiración hacer una historia de la Restauración, la Dictadura militar de Primo de Rivera o la II República, eso queda para otros manuales más específicos de los que nos hemos ayudado en esta investigación para tratar de condimentar todo aquello que del diario extrajimos, los mismos manuales que escriben la historia de los sucesos y las personas con las que nuestro personaje alternó y que para completar su estudio, en muchos casos debieron acudir a la historia que Castelló y Tárrega escribió desde el *Heraldo de Castellón*. Su periódico, y de alguna forma también el nuestro, es paradigma de este estudio y para su director fue bastón de apoyo con el que subir peldaños, arma arrojadiza para quienes quisieron impedir su ascensión y epistolario de respeto y amor para aquellos que con él también lo tuvieron.

En una suerte de epílogo biográfico, hemos querido dejar trazadas unas pequeñas muestras del devenir de la familia de José Castelló y Tárrega tras la guerra. Aunque concluye nuestra investigación, se abre la posibilidad de continuar la saga, especialmente con su hijo José Castelló-Tárrega Arroyo. Estamos convencidos que también él, como su padre, tiene la calidad y el interés suficientes para ocupar un lugar destacado dentro de la historiografía castellonense.

Desde las publicaciones periódicas se transmite algo más que un mensaje, muchas otras percepciones asaltan a los que hoy podemos ojear sus páginas. En una investigación histórica como la que nos ocupa, el periódico se convierte tanto en fuente documental como en un objeto de estudio en sí mismo. Aunque la nuestra no sea tampoco una investigación dedicada a la prensa, creemos imprescindible incluir también un apartado para mostrar los aspectos físicos y estructurales del *Heraldo de Castellón,* la importancia que alcanzó este diario así lo exigía. Ese análisis lo plasmamos en un anexo que da cuenta, además, de la interacción de este vocero con otros coetáneos y sus textos en situaciones concretas, teniendo en cuenta que existió una relación constante entre ellos, así como entre los redactores de unos y otros periódicos en cada momento. Estas relaciones nos ayudaron a acercarnos un poco más a la sociedad del periodo y a las redes sociales en que se enmarca nuestro personaje, unos datos, los de la prensa, que como todos a los que accede el historiador o historiadora, han de tener un concienzudo ejercicio de elaboración, pues por sí solos no nos conducen a una historia (Carr 1965). Por otro lado, atendemos al estudio de sus características, estructura, las temáticas más difundidas, datos que nos sirven para entender los acontecimientos que se estaban produciendo en la política y en la sociedad castellonense. No nos olvidamos tampoco del análisis de los anuncios y comerciales que fueron ganando terreno de forma paulatina en el rotativo, pues con ello estrechamos también el lazo a las posibles relaciones que estableció José Castelló y Tárrega a través del *Heraldo de Castellón.* De ese modo, el estudio del periódico hace que podamos aproximarnos mejor a su figura que estudiamos, aunque siempre desde el punto de vista del editorial y del cuerpo ideológico que el rotativo plasmó día a día.

Agradecimientos

Este libro pretende trasladar una tesis doctoral al formato de libro, más fácil a la lectura y sin los anexos que pueden ser consultados en la edición electrónica del citado trabajo de investigación, dirigido por Amparo Sánchez Cobos, sin la que nada de esto hubiera sido posible.

También es preciso agradecer, los ánimos para la publicación de este libro, al tribunal de la tesis doctoral que da origen a este proyecto, compuesto por Susana Sueiro, Imilcy Balboa y Francesc Andreu Martínez.

No quiero dejar pasar la oportunidad de agradecer al profesor Eugenio Llorens Vilarrocha sus consejos y apoyo siempre que lo he necesitado.

INTRODUCCIÓN A LA PRIMERA PARTE

EL SISTEMA POLÍTICO DE LA RESTAURACIÓN
Y SU REFLEJO EN LA POLÍTICA LOCAL DE LA PLANA

Para poder entender el papel jugado por José Castelló y Tárrega en el juego político de la provincia de Castellón en las distintas etapas entre las que discurre su historia se hace necesario empezar por hacer un balance del sistema político nacional en la Restauración engarzándolo con su reflejo en la política local de la Plana. Esperamos que el lector disculpe esta digresión en el relato de vida de nuestro personaje y aprecie la utilidad de esta introducción a un sistema político complicado y, hasta podríamos decir, enrevesado por los continuos pactos, alianzas, rupturas y nuevas alianzas tan típicas de este período. Comenzamos con el denominado turno de partidos.

En el año 1881 Práxedes Mateo Sagasta pidió al rey Alfonso XII que propiciara el relevo del Partido Conservador de Antonio Cánovas del Castillo, impulsando así el sistema caciquil y la conocida práctica del encasillado político de candidatos (Villa 2012). Casi una década después, en 1890 se instauró el sufragio universal masculino. A pesar de ese avance tan significativo, en verdad, durante la Restauración las masas no intervinieron directamente en la vida política del país y las principales razones que se aducen para ello son, o bien por indiferencia, o bien por el efecto de la propaganda y la inspiración anarquistas. En realidad, la situación política general no atraía a la población. Los dos partidos, liberal y conservador, tenían el monopolio del poder y seguían utilizando el sistema caciquil (el Cossi en la provincia de Castellón) para afianzar sus posiciones. Así, casi siempre ganaba el partido que se encontraba en ejercicio, a diferencia del Gobierno central cuyo cambio se producía, la mayoría de las veces, debido a una crisis interna tras ser solicitado por la Corona. La Ley del 26 de junio de 1890 instauró el sufragio universal masculino directo como principio básico para la elección de diputados al Congreso, diputados provinciales y concejales de municipios, en un régimen liberal que se desenvolvía en el turno de partido. Mediante el llamado «Pacto del Pardo» se aseguraba el monopolio a las dos formaciones –liberal y conservadora lideradas por Sagasta y Cánovas respectivamente– que querían dotar a la política española del «turno pacífico», una alternancia que, debido a diversas manipulaciones hechas por uno u otro partido, nunca se tradujo en la voluntad popular expresada en las urnas (Martínez 1973, 399-401).

Este primer periodo de la vida de nuestro protagonista, además de enmarcarse políticamente en ese sistema, está jalonado, por acontecimientos de vital importancia en la historia de España; es sinónimo, entre otros, de la guerra de Cuba (1895-1898), la aparición de los regionalismos, así como el crecimiento del anarquismo y del socialismo como corrientes que habían surgido en Europa por el descontento social y la deplorable situación en que vivían y trabajaban los obreros, entre otras razones. La crisis del año 98 dio entrada a fuerzas sociales que intentaron romper el bipartidismo (Reig 1986). Los gobiernos de Cánovas, Azcárraga, Sagasta y Silvela se sucedían y la sociedad forzaba un cambio por la parte «alta» (burguesía, profesiones liberales, clase acomodadas) con nuevas posiciones políticas y sociales, mientras que la parte «baja» de la sociedad continuaba sumida en un profundo atraso cultural y en una pobreza endémica ya y difícil de solucionar, con un proletariado y un campesinado cada vez más descontentos y empobrecidos, aunque con una organización cada vez mayor también. Los dos partidos representados en la capital de la nación tenían sus representantes en las provincias, con sus respectivos comités, con el jefe y secretario de partido correspondiente, así como con la red caciquil en los municipios (Martínez 1973).

En los últimos cinco años del siglo XIX Castellón vivió, como no podía ser de otro modo, enmarcado dentro de la política nacional del Gobierno conservador de Cánovas del Castillo que, como el resto de España, vio como sus jóvenes marchaban hacia la guerra de las islas, todos, menos los que tuvieron recursos suficientes para costearse el quedarse en la Península. Pero aunque el turno de partidos en España con Cánovas y Sagasta parece que se traslade a la ciudad de Castellón, esto no fue exactamente así, ya que hubo ayuntamientos diferentes en pocos años, como el de Eliseo Soler Breva, miembro del Cossi y alcalde entre enero de 1894 y julio de 1895, que fue sucedido en ese mismo mes y hasta julio de 1897, por Andrés Puig Gasulla, perteneciente al Partido Liberal, quien había sido concejal en los años 1894 y 1895 (Paniagua y Piqueras 2006).

Manuel Martí, en su libro titulado *Cossieros y anticossieros: burguesía i política local: Castelló de la Plana, 1875-1891*, describe un Castellón marcado profundamente por la corriente liberal. Aunque monárquicos y algunos con prácticas caciquiles extendidas, su pensamiento político y la evolución hacia corrientes lejanas al conservadurismo era patente en este sector político. En términos generales, son años de cambios en la política, se está pasando de una política de los notables a una política de masas (Martí 1989). En las provincias, los respectivos gobernadores civiles se convirtieron en una pieza maestra del engranaje caciquil. Convocaban elecciones. Ejerciendo su capacidad de presión enviaban delegados a los colegios electorales para dar apoyo al candidato afín, también supervisaban la gestión de los ayuntamientos llegando incluso a suspenderlos e imponerles multas (Moreno 1996). Aunque es verdad que en ocasiones la escasez de recursos hacía que dependieran de poderes locales, tanto es así que en las luchas o discrepancias que mantenían con los caciques solían tener menos fuerza y algunos incluso llegaban a cesar del cargo (Álvarez 1994).

Los medios de comunicación no iban a permanecer al margen de estos cambios. Cada provincia española los procesos de transformación a un ritmo diferente, incluso en el conjunto del país fue distinto el cambio vivido en las grandes ciudades al de otras con poblaciones más pequeñas y menos industrializadas como fue el caso de Castelló de la Plana. En cualquier caso, el papel de la prensa fue cada vez mayor.

En este período fueron constantes y durísimas las intervenciones que las diferentes facciones políticas vertieron por medio de sus publicaciones periódicas. Esto hizo que la prensa se fuera diferenciando más en tendencias y partidismos, por lo que se crearon diferentes periódicos que hicieron política de partido desde sus editoriales y desde sus páginas en general. Todo aquel que quería influir, acudía al uso de una prensa mediatizada que albergaba desde grupos de presión, a organizaciones obreras o partidos políticos. Entre finales del siglo XIX y la primera parte del siglo XX, el número de alfabetizados creció en España y fue precisamente el momento de esplendor de la prensa como medio de comunicación de masas. Aunque el número de analfabetos era del 66 %, todavía en esta etapa se vendía una cantidad importante de periódicos que, aunque difícil de precisar, hizo que la prensa se consolidara en las provincias en el periodo de la Restauración (Seoane y Saiz 2007), un incremento de ventas que algunos historiadores afirman que estuvo favorecido a su vez por un incremento de los salarios (Bordería y Laguna y Martínez 1996).

Las discrepancias con la política y las intervenciones de Sagasta aparecían en los periódicos a diario. Desde el *Heraldo de Castellón*, los ataques a la política del dirigente liberal llegaron a ser más duros que a la llevada a cabo por el conservador Cánovas del Castillo, aunque, como es lógico, este tampoco estuvo exento de críticas.

En estos años la práctica caciquil era considerada normal. El caciquismo se aceptaba como sistema de control político en el que se establecían alianzas verticales de dos categorías o clases sociales diferentes de las que ambos aliados conseguían beneficios (Robles 1996), a lo que Javier Moreno Luzón añade que fue un intercambio no institucionalizado pero duradero (Moreno 1996). El intercambio de favores, amiguismos, el aproximarse a la persona adecuada para extraer algo a cambio, bien fuera un trabajo o una mejora de posición, fue más que habitual para la supervivencia en los diferentes segmentos sociales y económicos. José Antonio Piqueras, en su obra *Cánovas y la derecha española,* lo denomina como «repartir turrones», una expresión utilizada en la época que se refería a la distribución de puestos o favores por parte del Gobierno central o de los diferentes órganos de poder provincial o local (Piqueras 2008, 151). Los partidos políticos locales podían estar compuestos por organizaciones independientes vinculadas a un cacique en una estructura piramidal (Varela 2001). Estas prácticas, aunque estaban más atribuidas al sector conservador y a los miembros del Cossi, no eran utilizadas sólo por este grupo político. Al pasar los liberales y conservadores de la política de partido a nivel nacional, a las provincias y a un nivel territorial más pequeño, encontramos grupos ideológicos débiles y con una organización precaria, por tanto basaban su operatividad en las relaciones de dependencia personal, «las redes de dominio caciquil», divididos en caciques locales, comarcales y provinciales, y fue la Diputación de Castelló de la Plana el órgano máximo de control político de la provincia, institución clave para entender las redes clientelares (Moreno 1996, 174-175).

La práctica caciquil en el sector liberal también llegó a ser común y utilizada por sus primeros responsables políticos. El Cossi en la provincia de Castellón apareció llamándose *Partido Liberal Conservador* con Cánovas y pasó a denominarse *Liberal Fusionista* con el abandono de los conservadores. Dentro de la corriente conservadora se distinguen en la provincia de Castelló dos facciones, la tetuanista, conocida popularmente como el Cossi, y la silvelista que era la oficial a nivel nacional. El Cossi, la mayor fuerza política de la provincia era el partido fundado por el *abuelo Pantorrillas*, Victorino Fabra Gil, íntimo amigo del duque de Tetuán, Leopoldo O'Donnell, con el que participó en la contienda carlista. Su sucesor en la dirección del Cossi en Castelló de la Plana fue Victorino Fabra Adelantado, sobrino del anterior (Alós y Castellet 1998). El nombre de Victorino Fabra está relacionado con el inicio del periodo de la Restauración en la provincia y con el de la política caciquil, pues este personaje fue un claro ejemplo de la figura del cacique que, por norma general, no procede de familias de grandes riquezas, pero que se hicieron un hueco en la política local evolucionando mediante sus prácticas y gracias al desempeño de cargos en la Administración pública, así como por la ayuda de la prensa (Varela 2001).

La corriente liberal continuó creciendo con la ayuda de la prensa y en este caso concreto, del *Heraldo de Castellón* (Archilés, Martí, García y Andreu 2011). Se anclaron bien sus posiciones ocupando un lugar privilegiado dentro de la sociedad. Pero si en los años finales del siglo XIX la organización política en Castelló de la Plana estuvo caracterizada por el mencionado turno de partidos –junto con las redes caciquiles–, sin embargo, se encontraba en transición hacia el nuevo modelo que surgió en el año 1902 lo que supuso el ascenso paulatino del republicanismo y el descenso paralelo del carlismo. Esto fue en parte también porque el fin de siglo trajo nuevas posibilidades para afrontar la mejora social. El embrión ideológico del regeneracionismo, por ejemplo, se hizo patente en los escritores de la denominada Generación del 98. Aparte de la actuación de Joaquín Costa, se puede mencionar igualmente el papel de las cámaras de Comercio y la política de la Unión Conservadora (1899-1901), dirigida por Francisco Silvela, que pretendía, de acuerdo con la burguesía catalana, iniciar la descentralización del Estado y dar fin al caciquismo. El fracaso del Gobierno de Silvela contribuyó a la pérdida de confianza de algunos grupos de la monarquía y al desarrollo del Partido Republicano Radical (Sánchez y Montero 2004).

Durante toda la primera década del siglo xx siguió vigente la pugna entre cossieros y anticossieros por disputarse la Diputación y las alcaldías rurales. En estas últimas, la red caciquil mantuvo una gran presencia mientras el republicano Fernando Gasset Lacasaña lideraba la ciudad de la Plana apoyado por pequeños comerciantes, industriales y artesanos. El movimiento católico también tenía una importante presencia anclado en instituciones como el Círculo Católico de Castellón, y en las elecciones del año 1907 consiguieron que Manuel Iranzo ocupara un escaño, arrebatándole el distrito a Gasset.

En esos años, a pesar del peso del republicanismo en Castellón, los conservadores estaban también bastante afianzados en organizaciones importantes que habían creado con anterioridad como la Cámara de Comercio, el Círculo Mercantil y la Liga de Contribuyentes, todos asociados a una burguesía dedicada al comercio agrícola y de cítricos, los servicios y la producción azulejera.

También en esa década se produjo el crecimiento del sindicalismo socialista que se organizó ya en poblaciones como La Vall d'Uixó, Vinaròs y Vila-real.

En términos ideológicos, existía una identificación entre el liberalismo y el republicanismo en el Castelló político, basada en los conceptos progresistas a los que estos se acogían, que fueron suficientes para unirse puntualmente y obtener más fuerza de cara al conservadurismo.

Precisamente, dentro de la política local, mención especial merecen el sistema electoral y las elecciones, donde se ve reflejado claramente el cambio que se fue operando y la ascensión de las nuevas tendencias políticas. El 26 de abril de 1903, por ejemplo, se convocaron elecciones legislativas. La situación de las distintas facciones en la provincia estaba organizada de la siguiente manera:

El partido conservador aparece en un Cossi integrado en el silvelismo (Alós y Castellet 1998). El Cossi era el partido con más fuerza política en la provincia de Castelló (Martí 1989). Pocas estructuras políticas castellonenses se libraron de tener comportamientos caciquiles, pero fue en este partido en el que más se observan y con el que se relacionan siempre que se habla de caciquismo en el Castelló de la Plana de finales del siglo xix y principios del xx. Al Cossi le bastaba con ostentar el poder en las administraciones, era su respaldo político y desde donde se tejía la red clientelar (Yanini y Zurita 2001).

El partido Liberal se encontraba dividido en Castellón desde que los fusionistas desaparecieron con la muerte de Mateo Sagasta. Para sustituirlo se buscó un personaje que reuniera sus requisitos para asegurar la unificación del partido, pero ni Montero Ríos, ni Romanones, ni García Prieto consiguieron la unidad de todos los liberales. Surgió así el partido de Canalejas. Con su célebre frase: «He vivido siempre obedeciendo; ahora quiero mandar y constituir un partido, que se llamará Partido Liberal Democrático», Canalejas tomó fuerza en provincias como Castelló y Valencia, y desde la política central del país logró unificar a todos los liberales de Castelló bajo el Partido Liberal Democrático desde el 1 de enero de 1903. Su primer presidente en la provincia fue el comerciante de cítricos, Miguel Peris (Reguillo 2001).

Como veremos, José Castelló y Tárrega fue uno de los personajes más conocidos en el Partido Liberal de Castellón. Con su periódico ayudó al partido a crecer y a luchar por los votos en la provincia, al tiempo que buscaba sus propios intereses políticos y los de los suyos.

El Partido Carlista se dividió en dos facciones claramente diferenciadas: la que colaboraba con el Cossi y la derecha conservadora que defendía el carlismo más tradicional. La facción más próxima al Cossi estaba encabezada por Francisco Giner Lila y el núcleo «puro» por Manuel Bellido (Reig 1986, 17).

El Partido Republicano de Castellón estaba integrado en la Unión Republicana y se considera, según Vicente Alós y Carmen Castellet, como el único partido auténtico por su estructura y actividad en el Castelló de la época, si la consideramos como mítines, conferencias o la capacidad democrática a la hora de elegir los representantes (Alós y Castellet 1998).

En los primeros años del siglo, la ciudad de Castelló de la Plana se considera republicana, diferente al resto de la provincia con la aparición de una amplia clase media que favoreció el éxito del partido, mientras que en el resto de la provincia había solo pequeños reductos (Yanini y Zurita 2001). Miguel Martínez Cuadrado define esa clase media como aquella que se encontraba entre la clase dirigente y la clase obrera (burguesía y pequeña burguesía) en la España de finales del siglo xix, que buscaría su sitio en la alternativa republicana (Martínez 1973). El personaje clave del republicanismo castellonense fue, como avanzábamos, Fernando Gasset Lacasaña, junto con González Chermá. Este grupo político también tuvo una publicación donde apoyarse, hacer política y dirigirse a su electorado: el periódico republicano *El Clamor de Castellón*.

El Partido Socialista tuvo escasa relevancia en el Castelló de finales del siglo xix y principios del xx, aunque en el *Heraldo de Castellón* aparecen citados algunos actos realizados en La Vall d'Uixó en sus inicios. Aparecen las primeras noticias del partido en Castelló en el año 1898, con su participación casi testimonial. Comenzaron con el nombre de *Agrupación Socialista Obrera de Castellón* con Martí Queralt y Martí Fenollosa al frente, grupo que con el transcurso de los años ganó importancia en la ciudad de la Plana, y buscaba arrebatar espacio obrero al republicanismo de Gasset.[1]

Con todos estos mimbres, queremos situar a José Castelló y Tárrega en los diferentes procesos electorales celebrados en cada etapa porque es precisamente el momento en que se fue posicionando en la política local y preparando el camino hacia su paso directo a la gestión municipal en 1901. Para ello, analizamos su papel y su postura ante los diferentes comicios, interpretados, como siempre, desde el diario que dirigió.

Pero empecemos esta historia por el principio, que nos lleva primero a La Vall d'Uixó.

---

1. «Crónica obrera», *Heraldo de Castellón*, 27 de marzo de 1912.

PRIMERA PARTE

JOSÉ CASTELLÓ Y TÁRREGA EN SUS INICIOS COMO PERIODISTA Y POLÍTICO (1885-1901)

CAPÍTULO 1

TRES PERIÓDICOS BÁSICOS
PARA LA FORMACIÓN DEL PERSONAJE:
EL CLAR Y NET, *EL ANTICOSIERO* Y *EL LIBERAL*

Temprano descubrió José Castelló y Tárrega su pasión por la política. Con solo 15 años era ya el secretario del Casino Zorrillista de su localidad natal hasta que a los 17 se desplazó a València para estudiar Magisterio en la Escuela Normal (Sebastià, Blanes y Tonda 2012). En esa etapa conoció de primera mano también el trabajo periodístico colaborando en la redacción del diario valenciano *El Tío Peñalba* cuyo director y propietario era Francisco Creixach.[2]

Debido a la preocupación familiar por la epidemia de cólera de 1885 que azotaba el país y que se manifestó con más saña en grandes ciudades como Valencia, José Castelló y Tárrega volvió a La Vall d'Uixó después de haber terminado sus estudios.[3] El regreso resultó esencial para su evolución profesional y política. La inquietud y las

---

2. No hemos encontrado ningún ejemplar de *El Tío Peñalba*, aunque sí de la obra que publicó Francisco Creixach, *Compendio de Catecismo Cristiano*, en el año 1886. Francisco Creixach aparece citado en «Cincuenta años de labor periodística. Bodas de oro sin mácula», *Heraldo de Castellón*, 16 de enero de 1935.

3. María José Bágena, historiadora de la ciencia, destaca que la epidemia de 1885 fue una de las más mortíferas y vino precedida por un otoño muy lluvioso y un invierno muy frío que perjudicó también el cultivo de la naranja. Castelló y Tárrega cofundó el Clar y *Net* en ese mismo otoño en que Bágena señala como

ganas de estar en el centro de la vida política, que para entonces ya mostraba, le llevaron a convertir su localidad natal en el campo de ensayos que resultaron fundamentales para sus aspiraciones futuras. Empezando por la fundación de su primer periódico.

1. *El Clar y Net* (1885): primera toma de contacto con la edición periodística

A su vuelta a La Vall d'Uixó, José Castelló y Tárrega reunía las condiciones necesarias para llevar a término sus ambiciones. A su juventud, inquietud política y creatividad se unieron todos los estímulos recibidos en València en los últimos tres años, que resultaron ser los condimentos perfectos para que emprendiera un proyecto periodístico llamado *El Clar y Net*. En su estancia en la Escuela Normal tomó contacto, como hemos dicho, con la prensa de Creixach quien, junto al que sería su protector, el borrianense y canónigo de la catedral de València, Joaquín Morós, modelarían en Castelló y Tárrega un nuevo concepto político basado en la política liberal con una profunda base –como no podía ser de otra forma viniendo de ellos– religiosa y de respeto a las instituciones clericales. Aunque cuando era secretario del partido zorrillista protagonizó desencuentros con las élites eclesiásticas locales por la construcción de un cementerio civil,[4] sin embargo, a su vuelta a la localidad poco o nada quedaba ya de ese pensamiento anticlerical inicial.

---

arranque de la etapa más cruenta de cólera. «Epidemia Histórica: Valencia en los tiempos de Cólera», *Levante. El Mercantil Valenciano*, 21 de junio de 2009.

4. La construcción de un cementerio civil propició un desencuentro entre Castelló y Tárrega y un presbítero local. «Crónica local y provincial». *El Clamor de Castellón*, 10 de octubre de 1893.

José Castelló y Tárrega fundó *El Clar y Net* con tres amigos: Vicente García, hijo del abogado y jefe liberal vallense que tenía el mismo nombre, J. Lapuerta y Vicente González.[5] La publicación pudo acogerse a la reciente ley de prensa aprobada el año 1883 que contribuyó a otorgar a los periódicos la independencia necesaria (Martínez 1973).

El Clar y Net tomó forma en la imprenta de la viuda de Perales, sita en el número 7 de la plaza de la Constitución de la capital de la Plana. Su primer número salió a la calle el día 13 de septiembre de 1885 con un precio de suscripción de cuarenta céntimos al trimestre, aunque fuera de la población se vendía a cincuenta. El nombre del diario contiene un juego de palabras interesante, por una parte, juntas sería el término en valenciano para nombrar el clarinete, el instrumento musical, y por separado quiere dar a entender una prensa clara y limpia que se anunciaba como independiente y que buscaba contribuir a la evolución y cambio que se veía como necesario para La Vall d'Uixó. En un valenciano que distaba mucho de ser normativo, exponían así la línea editorial que querían mantener en el rotativo:

> [...] defensa els interesos morals y materials d'esta poblasió. No tenien ánimo de que Clar y Net sigue un periódic bufo, ni que fereixquen a esta o l'altra personalitat, veniem a algo més al estudi de la prensa; pero no per aixo deixarem de dir en tono festiu allo que se mos acomode susceptible d'este estil».[6]

---

5. Los cuatro amigos aparecen como directores de *El Clar y Net*, todos ellos, menos José Castelló y Tárrega, eran hijos de familias de profesionales liberales y acomodadas de la localidad de La Vall d'Uixó.

6. «Al Public», *Clar y Net*, 13 de septiembre de 1885.

El Maestrazgo Liberal de Morella, *El Palancia de Segorbe*, *La Traca de Valencia* y *El Clamor de Castelló de la Plana*, entre otros, fueron diarios con los que *Clar y Net* intercambió ejemplares.[7] Destaca en algunas secciones concretas el empleo del valenciano, especialmente visible en algún suelto o poemas, pero no lo usaban en las noticias lo que, como apunta Ferran Carbó, respondía a un gesto populista de acercamiento al pueblo. Esta intención se observa ya en el encabezado: «Ix Diumenche per Atre». Con solo tres números en la calle, en sus dos meses de duración (desde el 13 de septiembre de 1885 hasta el 8 de noviembre de 1885), sus impulsores dejaron constancia clara de su principal intención que se exponía directamente en sus editoriales: mostrar una actitud combativa hacia el Cossi. Esa actitud se trasladaba además a las calles de La Vall d'Uixó con altercados protagonizados entre los redactores del diario y miembros de la facción conservadora del Cossi que estaba representada en la localidad por su alcalde, José Esbrí.[8]

Las inquietudes de este grupo de amigos no solo se manifestaron en la creación del diario. De forma paralela a su publicación, crearon también en La Vall d'Uixó un ateneo dentro del Casino Científico-Literario de la Juventud Vallense, conocido como el de *El Gordo*. En su inauguración, el discurso de apertura corrió a cargo de José Castelló y Tárrega y de su amigo y cofundador de *El Clar y Net*, Vicente García.[9] En su seno dirigieron diferentes veladas, una de ellas, la de la *Liga Antigermánica*, tuvo una intervención destacada de Castelló y Tárrega como contó el diario republicano

---

7. *Clar y Net*, 27 de septiembre de 1885.
8. «Crónica local y general», *El Clamor de Castellón*, 29 de octubre de 1885.
9. «Crónica local y general», *El Clamor de Castellón*, 9 de agosto de 1885.

El Clamor de Castellón. En este artículo asoma ya el ideario político que nuestro protagonista mantuvo en esta etapa de su vida.[10]

El 8 de noviembre de 1885 salía el último ejemplar de *El Clar y Net*. Después de esta primera experiencia periodística, Castelló y Tárrega aceptó la oferta de una escuela de Borriana que le llegó por medio de Pedro Sala, por lo que se trasladó a esa localidad vecina para ejercer de maestro.[11] Allí hizo públicas las obras literarias que había creado, entre las que se encuentran *Un ladrón por Fuerza*,[12] y *Muerte o Deshonra*, representada en el teatro de La Vall d'Uixó,[13] así como la obra teatral *De Polo a Polo*,[14] drama que leería en una reunión social celebrada en casa de José Miralles, padre político de Benjamín González, que era el jefe de los liberales de Borriana y propietario del Teatro Vico (Paniagua y Piqueras 2006), donde José Castelló y Tárrega también pudo representar su obra. Conocemos

---

10. «Crónica local y general», *El Clamor de Castellón*, 13 de septiembre de 1885.

11. Sabemos de Pedro Sala por el artículo publicado en las bodas de oro del diario El *Heraldo de Castellón* en el que se resume cómo conoció a Castelló y Tárrega y cómo fue su relación con él: «Bodas de Oro sin Mácula», *Heraldo de Castellón*, 16 de enero de 1935.

12. Hemos podido leer esta obra gracias a María José Marí Castelló y Tárrega, nieta de José Castelló y Tárrega. Se trata de una novela breve que relata la historia de un desdichado que se ve abocado a salir a robar para dar de comer a su familia. La víctima del atraco reconoce la daga de Jaume I en las manos del torpe ladrón al que le ofrece dinero por ella, salvando así la familia del desdichado y dejando intacta su conciencia al no haberse consumado el robo. Aprovechamos para agradecer a la señora Marí su consulta. José Castelló Tárrega, *Un Ladrón por Fuerza*, Imprenta Viuda de Perales, Castellón, 1886.

13. La primera lectura pública fue narrada en «Crónica local y general», *El Clamor de Castellón*, 25 de abril de 1896. El estreno en el teatro de La Vall d'Uixó en «Estreno de Muerte o Deshonra» y «Crónica local y general», *El Clamor de Castellón*, 2 de junio de 1896.

14. «Cincuenta años de labor periodística. Bodas de Oro sin mácula», *Heraldo de Castellón*, 16 de enero de 1935. También en «Crónica local y general», *El Clamor de Castellón*, 16 de enero de 1887.

la existencia de tales creaciones literarias de nuestro biografiado en este periodo por los testimonios familiares y también gracias al diario republicano *El Clamor de Castellón* que se encargó de publicitarlas, lo que supone además una muestra de la estrecha relación que mantenía con la facción republicana, al que reconocían en sus columnas como un «joven correligionario aventajado», entre otros adjetivos.[15]

Su carrera como maestro duró unos pocos meses. José Castelló y Tárrega aceptó la oferta de ser el secretario personal del canónigo Morós, al que los republicanos castellonenses llamaban sarcásticamente «*El Richelieu* del Distrito de Nules». Esta decisión parece mostrar que, para entonces, lo que realmente le importaba era hacer política, así como tener la oportunidad de ejercer como periodista para marcar un nuevo rumbo que ayudara a sus aspiraciones. José Castelló y Tárrega se inició en la oratoria en compañía de Morós, en discursos inaugurales impartidos en diferentes casinos, como el de Quartell o el de Sagunto; con ello consiguió que su nombre sonara en los entornos liberales.

Con toda seguridad, podemos afirmar que fue Morós, en estos años, el enlace de José Castelló y Tárrega con Canalejas, el que permitió que se conocieran.[16] Pero, para hacer esta afirmación, falta la pieza que unía al canónigo borrianense con el eminente político liberal. La solución a esta laguna la aporta Diego Sevilla. En su obra dedicada a Canalejas describe la relación de amistad que mantuvo el político con el cardenal arzobispo de Valencia en los años noventa del siglo XIX (Sevilla 1956). Resulta lógico pensar que el canónigo de la catedral de la ciudad del Turia, Joaquín Morós, y

---

15. «Crónica local y general», *El Clamor de Castellón,* 13 de septiembre de 1885.

16. «Cincuenta años de labor periodística. Bodas de Oro sin mácula», *Heraldo de Castellón*, 16 de enero de 1935.

este arzobispo mantendrían contactos estrechos, lo que debió servir para que conociera también a José Canalejas y, de ahí, solo faltaba dar un paso más para llegar a nuestro personaje.

A tenor de estos primeros contactos con personajes de la talla de Morós, parece que para entonces José Castelló y Tárrega tenía ya claro lo que quería ser, estaba con la persona adecuada de acuerdo con su formación, alguien que podía presentarle las *amistades* necesarias que lo ayudasen en el camino ascendente que se había marcado. Y en ese camino no andaría solo, poco a poco se fue rodeando de su familia hasta que llegó a convertirse en su principal sostén. Por ejemplo, en 1887 ayudó a su hermano Ramiro Manuel Castelló y Tárrega,[17] a entrar a trabajar en una gestoría de Borriana,[18] detalle que nos habla del interés que siempre tuvo nuestro biografiado por ayudar a su familia, pero que también apunta a las importantes relaciones que había creado en pocos meses en la localidad. Su hermano Ramiro fue siempre uno de los personajes más importantes de su vida y apoyo fundamental tanto en lo personal como, y sobre todo, en lo profesional. Lo iremos viendo en los capítulos que siguen.

2. *El Anticosiero* (1890): definiendo posturas

En los cinco años desde su estreno en la dirección periodística con el *Clar y net*, José Castelló y Tárrega se fue introduciendo, junto al canónigo Morós, en la política liberal y se fue rodeando de

---

17. Aunque su nombre completo fue Ramiro Manuel Castelló y Tárrega, desde la prensa y bajo su dirección, aparecía como Ramiro Castelló y Tárrega. En adelante solo Ramiro.

18. «Cincuenta años de labor periodística. Bodas de Oro sin mácula», *Heraldo de Castellón*, 16 de enero de 1935.

la flor y nata de los anticossieros del distrito de Nules, codeándose con nombres conocidos como el general Arrando (Paniagua y Piqueras 2006), Pedro Alcázar o el anteriormente citado Benjamín González, entre otros (Pérez 1988).

El 23 de marzo de 1890, en el número 50 de la calle de San Cristóbal de La Vall d'Uixó, aparecía el primer ejemplar de los trece que se publicaron de *El Anticosiero*,[19] imprimidos todos ellos en la imprenta de Juan B. Valls que se encontraba en la calle Empedrado, número 5 de Castelló de la Plana. El diario tiene unas dimensiones de 42,5 centímetros en vertical por 29,5 centímetros en horizontal, con cuatro columnas por plana, la última dedicada a los anuncios, la mayoría de origen local y provincial. Los precios de suscripción fueron de 1,25 pesetas el trimestre y 2,50 el semestre, y el número suelto costaba 10 céntimos. Destacamos la firma de Demófilo (que aparecía firmando algunos artículos también en *El Clamor de Castellón*) en las noticias locales y Clarito en las de política a nivel estatal, por proximidad a las anteriores que utilizó Castelló y Tárrega en el *Clar y Net* pensamos que era él mismo.

El título de esta publicación no deja lugar a dudas sobre las intenciones editoriales. Castelló y Tárrega buscó hacer frente al caciquismo del Cossi desde esta plataforma defendiendo los principios básicos de la democracia (Abad 2007). *El Clamor de Castellón*, dirigido en ese momento por José J. Martínez Barrajón, anunciaba la aparición de este nuevo diario con un tono sarcástico, un trato diferente al dispensado pocos años antes hacia José Castelló y Tárrega cuando simpatizaba con la corriente republicana, ahora

---

19. En principio el diario debía aparecer el 1 de marzo, pero su salida tuvo que posponerse por problemas en la publicación. «Crónica local y general», *El Clamor de Castellón*, 20 de marzo de 1890. También: «Hemos recibido el primer número de *El Anticosiero*, semanario que ha comenzado a publicarse en la Vall d'Uixó. Le damos la bienvenida y correspondemos a su deseo estableciendo el cambio». *El Clamor de Castellón*, 27 de marzo de 1890.

dejaba de ser el amigo y correligionario, adjetivos que acompaña-
ban su nombre en las antiguas columnas: «La prensa local anuncia
la aparición para primero de marzo próximo de un nuevo colega, *El
Anticosiero*, dirigido por el secretario particular de un activo político, no seglar, que reside en Valencia. Moros… en la costa cosiera se
llama esta figura o esta crónica».[20] Precisamente, en una comida con
antiguos correligionarios republicanos celebrada en casa del vallense, Vicente Fenollosa, y frente a Vicente Blasco Ibáñez (Yanini y
Zurita 2001), ocurrió la anécdota que protagonizaría José Castelló
y Tárrega con González Chermá. El líder republicano castellonense
le dijo a José Castelló y Tárrega frente a todos los comensales que
su actitud periodística les estaba metiendo en «el ojo del huracán»,
a lo que Castelló y Tárrega respondió, con el atrevimiento que da la
juventud y con la ambición que ya parecía caracterizarle, que no le
importaría comer pan negro en la cárcel si era por defender aquello
en lo que creía.[21]

No solo la oposición al Cossi y el apoyo a los liberales comarcales fue la base editorial de *El Anticossiero*, el otro pilar importante
de esta publicación fue la exaltación al Partido Liberal y a José
Canalejas, todavía a la sombra de Práxedes Mateo Sagasta (Forner
1993):

> La redacción de *El Anticosiero*, cumple un deber de gratitud al hacer
> público el cariño e incondicional adhesión hacia el ilustre estadista e
> indiscutible jefe del Partido Liberal Dinástico Señor Sagasta, y hacia
> el eximio jurisconsulto y exministro don José Canalejas Menéndez, por
> la benévola acogida con que recibieron la noticia de esta publicación.
> A tan inmerecida honra, dedicará sus trabajos esta redacción […].

---

20. «Crónica local y general», *El Clamor de Castellón*, 2 de marzo de 1890.
21. «Crónica local y general», *El Anticosiero*, 8 junio de 1890.

En la misma línea debemos destacar otro artículo de *El Anticosiero* que ejemplifica cómo José Castelló y Tárrega se convirtió en uno de los pioneros canalejistas provinciales:

> Don José Canalejas Menéndez es la genuina encarnación de la política moderna y la del perfecto patriota que no se dobla ni por el premio adulador ni por la amenaza ridícula. España necesita hombres como Canalejas. España está cansada de políticos de profesión y políticos falsos... El progreso que espera y la patria que desfallece necesitan de la sabia, discreta y prudente acción de Canalejas. ¡Paso a la política liberal! ¡Paso al señor Canalejas Menéndez!

El Casino Centro de La Vall d'Uixó, por medio de José Castelló y Tárrega, recibiría poco después de estos efusivos artículos, una donación de libros que enviaba el propio José Canalejas.[22] Ambos se beneficiaban así de esa relación. Canalejas se publicitaba en la provincia, mientras José Castelló y Tárrega mostraba frente a sus vecinos y la élite política local la relación estrecha que mantenía con la política nacional. Es interesante resaltar que tan solo unos días antes *Las Provincias* anunciaba la desaparición de *El Anticosiero* a lo que Castelló y Tárrega contestaba declarándolo una calumnia. Tal vez intentaban retrasar lo más posible la decisión o mantener a los anunciantes.[23]

---

22. Desafortunadamente, no queda ningún libro en los archivos locales que esté registrado en esta entrada.

23. En la velada de celebración que organizaron por la donación, Ramiro y Fausto, este último el más pequeño de los hermanos Castelló y Tárrega, recitaron poemas de exaltación tanto de José Canalejas como del propio José Castelló y Tárrega que lograron emocionar a su hermano, verdadero protagonista del acto. *El Anticosiero*, 22 de junio de 1890.

El Anticosiero dejó de publicarse el 22 de junio de 1890,[24] cuatro días antes de que se estableciera en España el sufragio universal masculino. Ese mismo verano de 1890, con unas nuevas elecciones próximas por celebrarse que establecerían un nuevo turno en que Sagasta dio paso a la presidencia de Cánovas del Castillo (Martínez 1973), el secretario personal de José Canalejas era designado candidato liberal por el distrito de Morella en las elecciones, dejando vacante el puesto de secretario que ocupó José Castelló y Tárrega, lo que le obligó a instalarse durante unos meses en la capital del Estado.[25] En esa estancia junto a Canalejas se gestaría el futuro proyecto del canalejismo en la provincia de Castelló de la Plana (Forner 1993).

Con *El Anticosiero* fuera de escena, los anticossieros comarcales necesitaban de un rotativo que los apoyara sin ambigüedades. José Canalejas tenía la persona idónea en la provincia de Castelló para hacer realidad sus aspiraciones futuras; y José Castelló y Tárrega tenía la oportunidad de ser alguien en la escena política, sin miedo a adentrarse en «el ojo del huracán». Se creó así un perfecto triángulo de intereses.

3. Castelló y Tárrega, director de *El Liberal* en sus dos etapas (1890-1891 y 1892-1894): consolidación

Con el fin del verano de 1890, y después de su estancia en Madrid, José Castelló y Tárrega volvía a la provincia con el proyecto de fundar un nuevo rotativo llamado *El Liberal* que contaría con el apoyo de José Canalejas y de Práxedes Matero Sagasta. Con

---

24. *El Anticosiero*, 22 de junio de 1890.
25. «Carta de Madrid», *El Clamor de Castellón*, 20 de julio de 1890.

solo 1,5 pesetas, que invirtió en comprar el papel que necesitaba para iniciar las primeras tiradas, se establecía nuestro protagonista en Castelló de la Plana, al parecer pasando vicisitudes económicas y numerosos contratiempos que aportan un aura épica a su llegada a la ciudad y a sus inicios en el periodismo capitalino (Abad 2007). Aunque es verdad que en estos inicios el contexto nacional jugaría a su favor.

El restablecimiento de la aplicación del sufragio universal masculino –derogado con el fin de la Revolución Gloriosa– por el Gobierno de Sagasta en 1890 coincidió con el nacimiento de este rotativo. Este cambio no influiría en la naturaleza del régimen, que continuaría siendo un parlamentarismo liberal oligárquico, aunque sí permitiría, en determinadas zonas y situaciones, el triunfo de partidos políticos de oposición al régimen establecido (Yanini 1991). Esta nueva aplicación del sistema electoral para José Canalejas representaría «la superposición de la monarquía democrática y no doctrinaria», reforzada y con un papel decisivo en la vida política y parlamentaria, en la que los ministros eran los únicos responsables de la voluntad de la nación (Forner 1993). El nuevo sistema ayudaba a la integración gradual de la izquierda que, al salir de la marginalidad en que se encontraba, podía, con el tiempo, aceptar el régimen monárquico, evitando recelos y favoreciendo una situación tranquila. Esa tranquilidad resultaría idónea para las aspiraciones políticas de Canalejas, sobre todo después de la caída del Gobierno de Sagasta en julio de 1890 y la entrada de Antonio Cánovas del Castillo en la nueva presidencia. Fue precisamente en ese momento cuando Canalejas, rotas las relaciones políticas con el que fue su mentor en el partido, Cristino Martos, inició una serie de medidas que indicaban un desmarque hacia un protagonismo mayor de su persona dentro del Partido Liberal con la voluntad de optar a su jefatura en un futuro cercano (Forner 1993).

El surgimiento de *El Liberal* fue unido a esta serie de aconte-cimientos. Nacía el canalejismo como proyecto y, en Castelló de la Plana, el encargado de ir fraguando el concepto mediante la prensa sería José Castelló y Tárrega. Así pues, en el verano de 1890, con instrucciones de cómo actuar llegadas desde la cúpula del partido, nuestro periodista y político debía volver a la provincia para insta-larse en la capital y poner en práctica aquello que se le requería para impulsar el partido, pero que también beneficiaría a sus aspiracio-nes particulares, se preparaba la salida del nuevo rotativo.[26]

El Clamor de Castellón se refería en una breve crónica a una inmi-nente aparición, sin concretar el día, de un nuevo diario en Castelló de la Plana «atendido el carácter especial de su confección».[27] En sus inicios, el rotativo se presentaba como defensor de los intereses gene-rales de partido y de su «jefe indiscutible», Práxedes Mateo Sagasta,[28] pero parecía obvio –como ya hemos apuntado– que las intenciones eran de enaltecimiento y preparación de una futura política canale-jista en la capital de la Plana. En esta ambigüedad política tan ca-racterística de la prensa de esta etapa de la Restauración, se captaba un mayor abanico de seguidores, más amplio y heterogéneo (Seoane y Saiz 2007), sí, como una «abundante cosecha de percances», como auguraba *El Clamor de Castellón*.[29]

---

26. «… y entonces Castelló y Tárrega para servir mejor a Canalejas se tras-ladó a Castellón, fundó *El Liberal*…». «Bodas de Oro Sin Mácula», *Heraldo de Castellón*, 16 de enero de 1935. También «El Liberal. Órgano del Partido Liberal Dinástico y de propaganda anti-cosiera», *El Clamor de Castellón*, 4 de abril de 1890.

27. «Crónica local y General», *El Clamor de Castellón*», 29 de junio 1890.

28. «… al partido conservador, sustituirá en el gobierno de la nación el glo-rioso partido del eminente estadista e ilustre jefe nuestro don Práxedes Mateo Sagasta…». «No lo dude nadie», *El Liberal*, 8 de octubre de 1892.

29. «Crónica local y general», *El Clamor de Castellón*, 21 de septiembre de 1890.

A todos esos factores políticos, que incidieron para que José Castelló y Tárrega asumiera un papel importante en la comunicación del Partido Liberal en la provincia, se unía el esplendor que vivía la prensa del momento y su importancia a nivel político como medio y plataforma de difusión de grupos políticos o de presión. Cada órgano de partido tenía su periódico en la ciudad de Castelló de la Plana, medio imprescindible para invocar a sus correligionarios o para desprestigiar al contrario, algunos creados antes de un periodo electoral y con una duración reducida, como fue el caso de *El Diario de Castellón*, vocero fusionista que apareció para conducir el ataque directo a José Castelló y Tárrega, más que en defensa de una postura política concreta.[30] En este juego de intereses, el rol del emisor lo ocupaba un medio al servicio de una corriente política o partido y el receptor el correligionario. La subida de salarios y la bajada del precio de la prensa ayudarían, por su parte, al aumento de las ventas, aunque los índices de analfabetismo fueran todavía muy altos. Con los años, el porcentaje de personas que sabía leer y escribir en Castelló de la Plana fue creciendo, pero siguió siendo significativamente bajo y no se acercó al 50 % hasta los años de la Segunda República. Solo las zonas urbanas experimentaron un repunte en la escolarización en una generación de finales del siglo XIX llamada «post-isabelina», impulsora de la actividad periodística, publicista y artística (Aguilar 1985, 21).

El Liberal apareció en septiembre de 1890 y estuvo saliendo a la calle, aunque con un parón de unos meses como detallamos a continuación, hasta diciembre de 1894. En la ciudad de Valencia, en julio de ese mismo año 1890, es decir, pocos meses antes del inicio del diario, una pulmonía había puesto fin a la vida de Joaquín Morós, mentor ideológico y profesional de José Castelló y Tárrega,

---

30. «Crónica local y general», *El Clamor de Castellón*, 29 de julio y 5 de agosto de 1894.

y a quien nuestro personaje debía, en parte, su llegada a ese punto de su carrera profesional. A partir de entonces seguiría su andadura sin él.

El Liberal tuvo dos etapas, interrumpidas por el paso de José Castelló y Tárrega a redactor de *El Progreso* (diario fusionista). Las detallamos a continuación.

Primera etapa de El Liberal *(septiembre de 1890-diciembre de 1891)*

La primera etapa de *El Liberal* comprende exactamente desde la publicación del primer número el domingo 1 de septiembre de 1890[31] hasta el 31 de diciembre de 1891.[32] En ese periodo, el rotativo pasó de ser semanal a bisemanal, y llegó a salir tres veces por semana en octubre de 1891.[33]

El Liberal aparecía en la ciudad de Castelló de la Plana como «Órgano del Partido Liberal Dinástico». Su estructura se compone de cuatro páginas de gran tamaño (423 × 300 mm), que era el formato generalizado en la prensa de finales del siglo XIX y principios del XX. En la portada, bajo el encabezado, se encuentran las noticias políticas, en su mayoría de carácter nacional, y en la segunda y tercera páginas la política y los sucesos locales. Como la gran mayoría de rotativos de la época, la última plana se dedicó a los anuncios (Seoane y Saiz 2007).

Lamentablemente, los ejemplares de esta primera etapa no están archivados en el Archivo Municipal de Castellón donde sí encontramos los de la segunda, de modo que no se puede acceder a

---

31. «Crónica local y general», *El Clamor de Castellón*, 4 de septiembre y 6 de noviembre de 1890.

32. «Crónica local y general», *El Clamor de Castellón*, 31 de diciembre de 1891.

33. «Crónica local y general», *El Clamor de Castellón*, 8 de octubre 1891.

su consulta, por lo que perdemos un año y cuatro meses de afanosa vida política y periodística de Castelló y Tárrega en la capital contada desde su propia experiencia. Para intentar salvar este contratiempo, recurrimos a *El Clamor de Castellón*, periódico coetáneo que se editó también en la capital de la Plana, desde el cual podemos reconstruir una parte de la historia de nuestro personaje a partir de los ataques que le dedicaron sus adversarios políticos de forma constante en esos años, pues estaba abierta aún la herida que había producido el cambio político de José Castelló y Tárrega y su viraje a las filas liberales. Desde *El Clamor de Castellón* le llamaban «forastero y polaco»,[34] o «maestro sin escuela» por no haber ejercido de aquello en lo que se formó,[35] a lo que se sumaban las burlas por su estilo gramatical o el exiguo rigor periodístico que según ellos mostraba por haber participado en publicaciones consideradas de escasa reputación, refiriéndose, en este caso, al trabajo de redactor en un diario de «chismes» llamado la *Juventud de la Plana*, que tuvo que desempeñar José Castelló y Tárrega en sus primeros meses en la ciudad para cubrir sus necesidades económicas.[36] Aunque no se trata de una fuente imparcial, estos textos nos ofrecen ejemplos de la tensión que había entre José Castelló y Tárrega y la facción republicana a inicios de la década de 1890, y nos aportan otra visión de lo sucedido que nos ayuda a completar los datos de que disponemos.

Al mes de establecerse en la capital, y ya iniciadas las primeras tiradas de *El Liberal*, Castelló y Tárrega vivió su primer contratiempo, de los muchos que vendrían a partir de entonces. Constituido

---

34. En este artículo criticaban la intromisión de Castelló y Tárrega por pedir orden en las elecciones ante posibles altercados, al ser considerado un recién llegado a la ciudad, lo llaman textualmente «forastero y polaco». «Crónica local y general», *El Clamor de Castellón*, 1 de febrero de 1891.

35. «Crónica local y general», *El Clamor de Castellón*, 31 de mayo de 1891.

36. «Crónica local y general», *El Clamor de Castellón*, 11 de junio de 1891.

el Comité Local del Partido Fusionista del que participaba nuestro protagonista, este propuso como su presidente de honor a José Canalejas Méndez, pero su petición fue desestimada por unanimidad.[37] Este fue el detonante de una «manifiesta disidencia con las autoridades locales del partido» y de la aparición de un nuevo órgano del Partido Liberal en Castelló de la Plana,[38] que trasladaba las conocidas discrepancias políticas entre Sagasta y Canalejas al partido liberal provincial que estaba presidido por un convencido sagastino, Jaime Bellver (Paniagua y Piqueras 2006), con un vicepresidente, Pedro Aliaga, también opuesto a la corriente canalejista (Paniagua y Piqueras 2006).

En pleno desacuerdo con las directrices del partido local, y rotas las relaciones con sus líderes, José Castelló y Tárrega presentó su candidatura en los comicios de diciembre de 1890 por el feudo cossiero de Llucena-Viver,[39] donde el tetuanista Victorino Fabra Gil, *el Tío Pantorrilles*, era la figura política y caciquil más importante (Paniagua y Piqueras 2006). En la campaña electoral, *El Clamor de Castellón* desvelaría la existencia de cartas privadas de Castelló y Tárrega que comprometían su reputación y ponían en entredicho la honestidad del adalid «anticossiero».[40] En ellas se aireaba su intención de conseguir un puesto en la Diputación, renunciando al legado de Joaquín Morós y persuadiendo al líder cossiero para que pasara a engrosar las filas del Partido Liberal Fusionista (Pérez 1988), con el pretexto de una posible caída política de Cánovas que arrastraría tras de sí al duque de Tetuán (Reguillo 2001). Si se producía el «arreglo» de las elecciones, Castelló y Tárrega podría aprovechar el éxito asegurado de Victorino Fabra para ocupar un sillón

---

37. «Crónica local y general», *El Clamor de Castellón*, 30 de octubre de 1890.
38. «Crónica local y general», *El Clamor de Castellón*, 2 de noviembre de 1890.
39. «Crónica local y general», *El Clamor de Castellón*, 20 de noviembre de 1890.
40. «Crónica local y general», *El Clamor de Castellón*, 25 y 28 de diciembre de 1890.

en la Diputación Provincial ganando un importante espacio, tanto para sus propias aspiraciones, como para las de José Canalejas. El Tio Pantorrilles no entró dentro del «arreglo» político y siguió fiel al duque de Tetuán, lo que dejó en evidencia a Castelló y Tárrega, que obtuvo un pésimo resultado electoral en su debut como aspirante político. De los 7.796 electores de Llucena, más los 6.052 de Viver, obtuvo solo 554 votos contra los 6.479 electores que apoyaron a Victorino Fabra, sin el pacto que se pretendía: el liderazgo de Victorino Fabra era insalvable.[41] Esta anécdota ejemplifica la política del momento, en una época en la que el favor político, la coacción y los cambios de facción eran una constante entre los diferentes partidos con tal de salir beneficiado y sin que detrás existiera necesariamente una base ideológica firme (Pérez 1988).

No solo las elecciones fallidas, sino también desmarcarse de la línea ortodoxa del partido le pasó factura política y profesional a nuestro personaje. José Castelló y Tárrega quedó desautorizado por el Partido Fusionista de Castelló de la Plana.[42] Y seguramente su apuesta tuvo un coste personal también. Se sentía solo, estaba recién llegado a Castelló de la Plana, cuando su imagen fue vapuleada y se lo consideró un personaje carente de talento periodístico que mendigaba favores para escalar puestos a toda costa: «… se trata única y exclusivamente de un desdichado, de un insignificante bohemio de la política más atento a dar satisfacciones al estómago que a la propia conciencia…», escribían, por ejemplo, en *El Clamor de Castellón*.[43] A todo eso se unió el lamentable suceso que vivió en el despacho del gobernador civil, Federico Terrer. A decir de *El Clamor de Castellón*, al parecer Terrer lo agredió por unas declaraciones de

---

41. Para más información sobre resultados electorales: «Crónica electoral», *El Clamor de Castellón*, 10 de diciembre de 1890.

42. «El Partido Fusionista desautoriza a Castelló y se reía de él». «Crónica local y general», *El Clamor de Castellón*, 25 de octubre de 1891.

43. «Crónica local y general», *El Clamor de Castellón*, 9 de abril de 1891.

Castelló y Tárrega que no le gustaron y nuestro protagonista terminó con un labio partido. González Chermá, político republicano elegido a Cortes en las elecciones de 1891 denunció el suceso en el Congreso a petición del agredido, un favor criticado por la facción republicana a tenor del clima de hostilidad que vivían con el periodista. Silvela respondería desde el Congreso que el labio se lo partió en una de las estancias de la habitación y que nada tuvo que ver en ello Federico Terrer.[44]

Una vez más Castelló y Tárrega había intentado hacerse un hueco en las capas más altas de la política local y, una vez más, estaba en el centro de la noticia, su nombre aparecía en cada uno de los rotativos que se imprimían en la Plana. El *nuevo* no parecía que pudiera soportar una guerra en solitario, la clientela con Canalejas ayudaba, pero la soledad en la provincia pesaba más. Canalejas aún no era el hombre que llevaba el peso del partido y eso se plasmaba en la política local.

No obstante, a pesar de las adversidades y del mal momento que vivía, que dejó su imagen pública desacreditada, o quizás precisamente por eso, Castelló y Tárrega se resistió a claudicar y siguió publicando *El Liberal*, que además pasó de bisemanal a trisemanal.[45] Aunque es verdad que esa «huida hacia delante» duró poco. El 31 de diciembre de un 1891 duro y convulso, y tras poco más de un año, finalmente dejaba de salir a la calle *El Liberal* y con él, acababa de momento la dirección de Castelló y Tárrega que no tenía más remedio que claudicar ante tanto acoso.

Desde el cierre de *El Liberal* hasta su reaparición en octubre de 1892, José Castelló y Tárrega fungió como redactor en el periódico *El Progreso*. Este bisemanario, dirigido por Juan B. Calduch, nació a finales de 1891 para erigirse como órgano oficial del fusionismo

---

44. «Crónica local y general», *El Clamor de Castellón*, 10 y 14 de mayo de 1891.
45. «Crónica local y general», *El Clamor de Castellón*, 25 de octubre de 1891.

castellonense (Varela 2001), ejercía una competencia directa a *El Liberal* y, tras su desaparición, pretendía ser el nuevo órgano del Partido Fusionista. La directiva decidió incluir a Castelló y Tárrega en su redacción, en lo que interpretamos que debió ser un golpe duro a su orgullo. Desempeñó este puesto desde los últimos días de 1891[46] hasta septiembre de 1892.[47]

Esta primera etapa de *El Liberal* pudo ser la «cura de humildad» que quizás José Castelló y Tárrega necesitaba. Los rápidos éxitos iniciales se toparon con la cruda realidad política de la Restauración; pronto se vio que la protección de Canalejas no era suficiente y que nuestro personaje debería sobrevivir cada día en una ciudad hostil que no se lo pondría fácil al «forastero». Aunque es verdad que contaba con otros recursos de apoyo que llegaban de su entorno más inmediato.

Después de la muerte del abuelo paterno Joaquín Castelló Fas, ocurrida en el mes de febrero de 1891,[48] José Castelló y Tárrega se rodeó de toda la familia, menos de Vicente, el mayor de los hermanos Castelló y Tárrega, del que sabemos que vivía de sus negocios. Todos ellos, a diferente escala, formarán parte del apoyo que tan necesario será para José en un entorno tan hostil como el de la política y la comunicación, creando un clan cohesionado en derredor del líder que será el pilar básico sobre el que a partir de entonces se construiría una familia, tanto en lo personal, como en lo profesional: los Castelló y Tárrega.

Todo ello hizo que se mostrara decidido a conseguir sus objetivos. Poco después de su experiencia como redactor para un tercero, reaparecía con solidez *El Liberal* y ya definitivamente la prensa

---

46. «Crónica local y general», *El Clamor de Castellón*, 31 de diciembre de 1891.

47. «Crónica local y general», *El Clamor de Castellón*, 4 de septiembre de 1892.

48. «Anteayer a los 78 años dejó de existir don Joaquín Castelló Fas, abuelo de nuestro estimado colega el director de *El Liberal* periódico de esta localidad». «Crónica local y general», *El Clamor de Castellón*, 8 de febrero de 1891.

diaria estaría unida a su vida, primero como medio para conseguir un fin político y más tarde como medio de vida en sí mismo.

El Liberal *en su segunda etapa (octubre de 1892-diciembre de 1894)*

Para seguir acercándonos a nuestro personaje resulta imprescindible seguir ahondando en el diario que dirigió, desde donde, a falta de otros testimonios, damos forma a su día a día y descubrimos su entorno más cercano. Este fue un periodo de gran actividad y no solo en lo profesional, sino también en lo personal. En esta etapa José Castelló y Tárrega conoció a la que sería su futura esposa, Fidela Arroyo, y su hermano Ramiro se alzó como el otro complemento en su vida diaria.

En octubre de 1892, apenas un mes después de dejar *El Progreso*, reaparecía *El Liberal* como único medio que mantendría una tirada diaria en la provincia de Castelló. En esta su segunda etapa (de octubre de 1892 a diciembre de 1894) el rotativo emergió con más fuerza y no dejó de estar en primera línea de la información hasta el paso de José Castelló y Tárrega al *Heraldo de Castellón*. Las posibles discrepancias con la dirección del diario fusionista y su ambición personal parecían estar detrás de su renacimiento como director del diario. *El Liberal* reapareció como «Órgano del Partido Liberal».

La primera dirección del renacido periódico se estableció en la travesía Enchín, número 60 de la ciudad de la Plana, para pasar, el 26 de julio de 1893, a la calle Mayor, 114, dirección definitiva que corresponde también a la casa en la que José Castelló y Tárrega estableció su vivienda. El precio de cada ejemplar era de 1 peseta para la suscripción mensual y 5 céntimos el número suelto, precio generalizado a toda la prensa española (Seoane y Saiz 1983). Durante el primer mes, en el lema del diario aparecía anotado: «Periódico liberal dinástico y de propaganda anticosiera», para después pasar a anunciarse como «Diario político de anuncios avisos y noticias». Un mes después de su reaparición, *El Liberal* se convertiría en el único periódico de la provincia con tirada diaria.

En los últimos meses del año 1892 entrevemos reflejado en *El Liberal* a un Castelló y Tárrega que se va consolidando en el contexto de la ciudad, que participa de su vida social y que intenta cambiar la imagen del «forastero» que lo acompañaba. Actos como el celebrado en honor a Cristóbal Colón el día 12 de octubre de 1892, en el que se inauguró la calle que lleva el nombre de dicho conquistador, dan constancia de un José Castelló y Tárrega que, tanto con su presencia, como desde las páginas de su diario, se involucraba en todo aquello que tuviera que ver con la proyección social. La banda de música *La Lira* interpretó ese día una composición que llevaba como título precisamente *¡Castelló y Tárrega!*,[49] detalle que muestra la decisión de nuestro personaje de recomponer su nombre público en la ciudad.

La reunión que mantuvo con José Canalejas en Madrid como miembro de la Comisión del Partido Liberal a inicios del mes de diciembre de 1892,[50] adonde fue acompañado por José Escrig (Paniagua y Piqueras 2006), político con una dilatada trayectoria, y Cristóbal Aycart,[51] otro referente en la política provincial y del Partido Liberal, nos indica que las relaciones con el Partido Liberal local y provincial habían mejorado para entonces. El motivo de la reunión fue la solicitud, en nombre del Partido Liberal de Castelló, de la intervención de la alta política nacional para poner freno a los continuos abusos caciquiles que sufría la provincia a manos del

---

49. «La fiesta de ayer. En honor de Cristóbal Colón», *El Liberal*, 13 de octubre de 1892.

50. «Desde Madrid», *El Liberal*, 11 de diciembre de 1892.

51. «Desde Madrid», *El Liberal*, 13 de diciembre de 1892.

Cossi, demanda que fue atendida por Canalejas con la promesa de una actuación firme contra esta política dirigida por el tetuanista Victorino Fabra.[52]

El contexto político que marcó el año 1893 arrancó incluso antes de terminar 1892 (concretamente el 11 de diciembre). A nivel nacional, Cánovas presentaba su dimisión como presidente del Consejo de Ministros, dando paso al tercer Gobierno liberal, al frente del cual estuvo de nuevo Práxedes Mateo Sagasta, quien convocó elecciones para el 5 de marzo de 1893 (Reguillo 2001). En la ciudad de Castelló de la Plana continuaba como alcalde Cayo Gironés Álvarez, político que se mantendría en las antípodas ideológicas de Castelló y Tárrega durante toda su trayectoria política (Paniagua y Piqueras 2006). Y en la provincia se sucedían una cadena de acontecimientos que tocaban de lleno a la familia política cosiera.

A inicios del mes de febrero de 1893 se conocía la muerte de un icono de la política provincial del siglo xix como fue Victorino Fabra Gil.[53] Moría el Tio Pantorrilles dejando un patrimonio de 19.000 pesetas, cantidad importante para la época y que manifiesta lo rentable que debió ser su paso por la Administración pública y los cargos políticos (Yanini y Zurita 2001). Al poco de su muerte, desde *El Liberal* se hicieron eco de las palabras del nuevo presidente de la Diputación en la inauguración del renovado Hospital Provincial: «... el Señor Rambla al ocupar la presidencia hizo uso

---

52. «Carta De Madrid», *El Liberal*, 14 de diciembre de 1892.
53. «Político eminente y un entusiasta de la causa liberal de la provincia». «Don Victorino Fabra Gil», *El Liberal*, 6 de febrero de 1893. La descripción de su entierro en *El Liberal* es de un gran detalle y extensión, como puede verse en el artículo «Desde Lucena», *El Liberal*, 9 de febrero de 1893. Pocos días antes, desde las columnas de ese mismo rotativo, se mofaban del cacique de Llucena por ir con alpargatas y *saragüells* en sus visitas al Congreso: «Crónica local y provincial», *El Liberal*, 30 de enero de 1893.

de la palabra para decir en síntesis que desde hoy se abren las puertas de este edificio provincial a millares de personas que han vivido más de veinticinco años sin encontrar justicia en esta casa. Terminó dedicando sentidas frases a la memoria del malogrado expresidente de la Diputación y atleta infatigable de la política, don Victorino Fabra...».[54] En el mes de marzo se produjo la suspensión de la Diputación Provincial, que había sido el bastión principal de la política de Fabra, por supuestas múltiples irregularidades a manos del Cossi entre las que se aducían una deficiente gestión, tanto en la construcción del hospital, como en partidas y presupuestos que no llegaban al cometido para el que habían sido destinadas (Moreno 1996).

En ese «río revuelto» de la política local se abrió una oportunidad para los Castelló y Tárrega. Gracias a la amistad entre José y el gobernador civil, Ricardo Ayuso –*El Regional*, diario cossiero de la calle Enchín, se refería a José Castelló y Tárrega en tono sarcástico como el «subgobernador»–,[55] Ramiro pasó a trabajar en la secretaría de la suspendida y maltrecha Diputación como escribiente temporero,[56] momento en que ocupaba el cargo de presidente interino Francisco Rambla (Paniagua y Piqueras 2006). Aunque este puesto le duraría poco, pues Ramiro fue cesado tres meses después coincidiendo con la vuelta del Cossi a la Diputación.[57] Era

---

54. «Crónica local y ptovincial. La nueva Diputación», *El Liberal*, 22 de febrero de 1893.

55. *El Liberal*, 26 de agosto de 1893. Ricardo Ayuso fue trasladado a Soria el 21 de marzo de 1894. La emotiva despedida que le tributaron los Castelló y Tárrega fue narrada desde *El Liberal* de lo que se hizo eco el diario republicano: «Sección Política», *El Clamor de Castellón*, 28 de marzo de 1894.

56. Cargo duramente criticado por el diario cossiero *El Regional*. «Crónica local y provincial», *El Liberal*, 1 de julio de 1893.

57. José Castelló y Tárrega recurrió al sarcasmo para referirse al supuesto sobrecoste de 2 pesetas diarias que recibía su hermano Ramiro por el puesto del que fue cesado. *El Liberal*, 20 y 22 de septiembre de 1893.

una situación habitual en la política del momento, los cambios del equipo de gobierno eran aprovechados para cesar a los cargos designados por el grupo anterior, mientras la facción política entrante aprovechaba para asignar las plazas a sus «amigos políticos» (Gil 1961, 79).

Después del cese, Ramiro Castelló y Tárrega entró a formar parte de la redacción de *El Liberal* como redactor jefe, y Vicente Castelló Miquel, padre de los Castelló y Tárrega, se ocupó de la administración del rotativo, de modo que se hizo del periódico una empresa familiar.[58] Siendo redactor, Ramiro tuvo, además, la oportunidad de ser corresponsal del *Heraldo de Madrid* en la provincia de Castelló.[59] El *Heraldo* madrileño había sido adquirido por José Canalejas y su hermano Luis en 1893 (Seoane y Saiz 2007), y de su distribución en la Plana se encargó *El Liberal*.[60] La relación de interés –desde nuestro punto de vista–, entre Canalejas y Castelló y Tárrega, de amistad para Castelló y Tárrega de cara a sus lectores, ayudó sin duda a Ramiro a subir un peldaño más en su situación profesional, quizás también debido a su incansable ambición.

En otro ámbito, ese mismo año 1983 se celebraron las elecciones generales para diputados a Cortes, concretamente el 5 de marzo. Acaudillados por González Chermá, se unieron las tres corrientes republicanas, es decir, federales, unionistas y posibilistas, que fueron apoyadas por el Cossi. «… quien les tenía que profetizar a ustedes –publicaba *El liberal*–, los valientes enemigos de aquel odioso mandato del Cossi, se verían ahora tan amigos y tan buenos chicos…», publicaban en *El Liberal* del 11 de septiembre.[61] Con los republicanos y cossieros hermanados, fue el sagastiano Sánchez

---

58. «Crónica general», *El Liberal*, 1 de diciembre de 1893.
59. «Crónica general», *El Liberal*, 22 de septiembre de 1893.
60. «Crónica local y provincial», *El Liberal*, 16 de mayo de 1893.
61. «Crónica general», *El Liberal*, 11 de septiembre de 1893.

Pastor (Paniagua y Piqueras 2006) el que tomó la bandera del anticossierismo con la ayuda de las fuerzas ministeriales y el apoyo del gobernador civil, Ricardo Ayuso, a los que se unían los carlistas de Francisco Giner y los católicos (Archilés 2002a). Al terminar los comicios, *El Liberal* publicaba un artículo en portada titulado «Los jueces hacen justicia», en el que se acusaba al poder judicial provincial de ser parciales en sus sentencias:

> Los jueces cobran el sueldo de su respetable destino para administrar severa justicia, para que los jueces sean jueces, no para que se dediquen al servicio, unas veces de caciques enemigos del Gobierno de S. M. y otras al servicio de sus propios sentimientos políticos.[62]

Toda la tirada de *El Liberal* fue confiscada por orden del juez. José Castelló y Tárrega volvía así a estar inmerso en un proceso judicial en el que se le imputó un embargo de 750 pesetas por no haber liquidado la multa impuesta, además de cuatro meses y un día de arresto mayor y la suspensión del derecho de poder ejercitar cualquier cargo público.[63] En la carta de procesamiento se hacía constar que José Castelló y Tárrega recibía un sueldo como archivero en la Diputación,[64] al que debieron de acogerse para el cobro de la cantidad impuesta por el juez. Se embargaría la cuarta parte de su sueldo si no llegara a las 2.000 pesetas anuales y la tercera parte si cobrara entre 2.000 y 2.300 pesetas, sueldo este último que era el que recibía Castelló y Tárrega.[65] Las múltiples cartas de

---

62. El artículo completo en «Los jueces hacen justicia», *El Liberal*, 27 de mayo de 1893.

63. «Crónica local y provincial», *El Liberal*, 29, 30 y 31 de mayo de 1893. También: «Por el artículo *los jueces hacen justicia* nueva denuncia, secuestro y procesamiento», *El Liberal*, 2 de junio de 1893.

64. «Crónica local y provincial», *El Clamor de Castellón*, 13 de abril de 1893.

65. «El procesamiento del director de *El Liberal*», *El Liberal*, 5 de junio de 1893.

adhesión hacia el acusado colmaron todos los días el diario. Sirva de ejemplo la que envió Damián Roig, de la que reproducimos un pequeño fragmento:

> Mi querido Castelló y Tárrega: con gran disgusto mío y de todos sus menesterosos admiradores de este pueblo, origen del calvario que usted sufre por la causa anticossiera, he sabido la noticia de su procesamiento…, tiene a su incondicional disposición todo lo que es de su amigo y correligionario.[66]

En este contexto su popularidad aumentó (¿quizás por eso decidió no pagar la multa que le impuso el juez?) y él la trata de reforzar buscando notoriedad no solo en la política, también participando en diferentes iniciativas populares, como la realización del monumento a José Zorrilla en ese mismo año,[67] o la colocación de la estatua del *Rei en Jaume*, ubicada en la que era denominada como *plaça Nova*.[68] Estos actos descubren su deseo de aportar modernidad para Castelló, vinculándose a aquellas campañas que dotarían a la ciudad de la belleza y la monumentalidad acordes al progreso de otras ciudades españolas.[69] A todo ello se unió el interés de José Castelló y Tárrega por impulsar la alfabetización de la población, por lo que, desde *El Liberal* se apoyó la creación de un salón de lectura que desde sus inicios contó con 25 tomos de *La Historia de*

---

66. «El procesamiento del director de *El Liberal*», *El Liberal*, 3 de junio de 1893.

67. «Crónica local y provincial», *El Liberal*, 8 de mayo de 1893.

68. Juan Cardona cedió el dinero para que José Viciano realizara la monumental obra, que se convertiría en uno de los símbolos de la ciudad de la Plana desde su inauguración en 1897. «Crónica», *El Liberal*, 7 de enero de 1893.

69. Una de esas necesidades consistió en dotarla de luz eléctrica. Para ello se aprobó, por ejemplo, la concesión en 1893 a José Armengot del aprovechamiento del agua del Mijares en el término de Fanzara. «La luz eléctrica en Castellón», *El Tradicionalista*, 22 de julio de 1893.

España de Modesto Lafuente gracias a la donación hecha por el ministro Segismundo Moret.[70]

En el aspecto personal, 1893 también fue un año importante para nuestro personaje. Marcó el inicio de la relación con la que iba a ser su futura esposa, la tudelana Fidela Arroyo Pérez, hija del capitán de Infantería Melquiades Arroyo. Se habían conocido en los diferentes actos sociales de la élite castellonense a los que ambos solían asistir.[71]

Todo en esta vuelta de *El Liberal* parece positivo. En un cambio radical «de tornas» es ahora *El Liberal* quien se apodera de *El Progreso*. Una decisión que fue tomada por el Comité Provincial del partido. *El Progreso* quedaba bajo la dirección de *El Liberal* desde el 14 de octubre de 1893, de modo que se anunciaba en el encabezado que se consolidaba como «Órgano del partido liberal dinástico de la provincia».[72] Ahora será el director del extinto diario *El Progreso*, B. Calduch, quien abandone la redacción de *El Liberal* como lo hizo en su día Castelló y Tárrega en *El Progreso*. Las insalvables diferencias existentes entre ambos imposibilitarían el trabajo en una misma redacción y, mucho menos, seguir una misma línea editorial.[73]

En una entrevista en portada para su diario, José Castelló y Tárrega mostraba su imagen más personal, declarándose amante

---

70. *El Liberal*, 5 de agosto de 1893.

71. Castelló y Tárrega visitó la casa de Fidela Arroyo el día de su santo: «… la elegante y discreta Fidela…». «Crónica general», *El Liberal*, 24 de abril de 1894. También: «Fiesta caritativa en la que participan personalidades de la burguesía de la ciudad. Fidela Arroyo lee el poema que lleva como título 'Caridad', resaltando por encima del resto de concurrentes la personalidad de Fidela». «Fiesta de Caridad», *El Liberal*, 16 de octubre de 1893.

72. «Crónica general», *El Liberal*, 3 de mayo de 1893.

73. «Crónica local y provincial», *El Clamor de Castellón*, 10 y 14 de diciembre de 1893.

de las corbatas, fumador empedernido y abstemio.[74] Además, demostraba un estado de ánimo que representaba lo fructífero en lo personal que estaba siendo ese año. Su familia, instalada en la ciudad en derredor suyo y el inicio de una relación sentimental con una joven que alternaba la alta sociedad castellonense, contribuirían a esa situación de bienestar. En el aspecto profesional, su popularidad iba igualmente en aumento y las relaciones con los miembros del Partido Liberal parecían estar en calma.

Aunque toda esa «paz profesional» estaba a punto de dar un vuelco en el mes de noviembre de ese mismo año 1893. Por un lado, quedaba la vista oral por la publicación del artículo «Los jueces hacen justicia», un fallo de la sentencia desfavorable podía dar al traste con sus aspiraciones profesionales. El abogado que defendió la causa de José Castelló y Tárrega fue Plácido Meliá.[75] Por otro, el día 19 de ese mes se celebraron unas elecciones municipales en las que José Castelló y Tárrega quedó fuera de ser candidato y de la secretaría del partido, una vez más, y debió conformarse con el cargo de vocal,[76] una decisión que fue tomada por los líderes liberales con Cristóbal Aycart al frente, el mismo con el que el año anterior viajó a Madrid para reunirse con la cúpula del partido. De nuevo la competencia dentro del partido lo dejaba fuera, sus colegas le mostraban otra vez la cantidad de obstáculos que debía salvar para lograr su ascenso político, aunque esto, más que algo personal, se basaba en el recelo y la pugna por los puestos vacantes de los muchos demandantes que optaban a ellos y, en este caso, también las discrepancias internas entre Sagasta y Canalejas agravarían una situación que de la política nacional se trasladó una vez más a la

---

74. «José Castelló y Tárrega», *El Liberal*, 1 de noviembre de 1893.

75. «Los Jueces hacen justicia. Nuestro Director en la Audiencia», *El Liberal*, 15 de noviembre de 1893.

76. «Crónica», *El Tradicionalista*, 16 de diciembre de 1893.

provincia y que enfrentó a los partidarios de Sagasta en la línea ortodoxa y los que impulsaban el canalejismo con Castelló y Tárrega como su elemento más visible.[77]

Las elecciones en Castelló de la Plana dieron el triunfo al Partido Republicano, que reforzaba más su hegemonía en la capital, aunque el alcalde debía ser designado aún por el rey, en este caso sería el fusionista Eliseo Soler Breva. Desde *El Liberal* y bajo la dirección de Castelló y Tárrega, los comicios se cubrieron con una total asepsia debida, sin duda, al descontento de su director. Finalmente, Castelló y Tárrega dimitiría de su modesto cargo de vocal en el Comité Provincial del partido.[78] Se abría, así, una etapa para nuestro personaje que le haría volver a los fueros de la combatividad contra las facciones contrarias y los que debieron ser «los suyos».

El año 1894 se iniciaba con *El Liberal* inmerso en el proyecto del Camino de Lledó.[79] Como ya hemos apuntado, Castelló de la Plana se encontraba en un proceso de modernización y monumentalización de sus espacios, en el que José Castelló y Tárrega colaboró tanto con su participación directa, como en su difusión desde el diario que regentaba. En ese año apoyó la colocación del Obelisco Liberal, representación de la defensa de la ciudad en las guerras carlistas: Castelló y Tárrega y Carlos Llinás, amigo y redactor de *El Clamor de Castellón*, depositaron la primera piedra, un gesto que entendemos que perseguía asociar su imagen a una ceremonia de exaltación patriótica y liberal como la que se representó (Archilés 2002a). El llamado «forastero» emprendía desde su tribuna informativa numerosas campañas centradas, no solo en el embellecimiento de la ciudad o la promoción cultural, en algunos artículos

---

77. «La reunión magna del Partido Liberal y anticosiero de la provincia», *El Liberal*, 26 de septiembre de 1893.

78. «Crónica general», *El Liberal*, 9 de diciembre de 1893.

79. Para más información, véase el artículo completo en *El Liberal*, 13 de enero de 1894.

llamaba también al civismo de la población, denunciando prácticas nocivas y advirtiendo sobre la necesidad de ejercer un mayor control sobre el juego, sobre vigilar los vertidos de basura en la calle, o la excesiva velocidad de los carruajes,[80] también sobre las tabernas o «casas de mujeres de vida airada»,[81] así como sobre mejoras en la salubridad (Mas 1997). Entre otras demandas que saltaban a su agenda ya en esos años, se encontraba la de un puerto marítimo que cubriera las necesidades de los comerciantes para exportar su producto, en mayor medida la naranja. De hecho, veremos que Castelló y Tárrega utilizó sus periódicos para promocionar y alentar cada fase de la construcción del que sería uno de los trampolines más importantes de la economía de la Plana.[82]

De ese modo, la prensa castellonense de finales de siglo, y en especial las empresas periodísticas dirigidas por nuestro personaje, nos ofrecen un buen reflejo del crecimiento y la proyección que estaba viviendo el Castelló de la Plana de entre siglos. Vemos a través de ellas que se fue conformando una creciente red de comerciantes, funcionarios y representantes de la alta sociedad que empezaban a demandar espacios para el disfrute del ocio y el tiempo libre más allá de sus casinos y centros de reunión (Uría 2001). A ello respondió, por ejemplo, la construcción del Teatro Principal. Con este tipo de edificios se buscaba equiparar Castelló de la Plana con el resto de ciudades modernas españolas, por ello, el teatro pronto se convirtió en un edificio referente de la ciudad, epicentro de la alta sociedad, aunque su construcción no estuvo exenta de polémicas: «Señor Ros de Ursinos –le dijeron al terminar su obra–, ha construido usted

---

80. «Notas Municipales. Carros y caballerías en la vía pública», *El Liberal*, 6 de junio de 1894.

81. «Suscriben quejas de los viandantes de la Ronda Mijares por el incremento de la prostitución»: «Crónica general», *El Liberal*, 25 de abril de 1894.

82. «Notas provinciales. El Puerto de Castellón», *El Liberal*, 20 de junio de 1894.

en Castellón un teatro para señores; ahora sólo le falta encontrar a los señores». A lo que el arquitecto del Teatro Principal contestó: «De los casinos vendrán los señores, pero el Teatro será para todo el pueblo de Castellón» (Tirado 1995, 13). Con la zarzuela *El Ángel Guardián* quedaría inaugurado el que sería uno de los edificios insignia de Castelló de la Plana. Aunque los reporteros de *El Liberal* no gozaron de muchas facilidades para acceder al Teatro Principal para dar cuenta del estado de las obras, debido a los problemas estructurales que presentó e incluso, al realizar la crónica de la zarzuela,[83] no escatimaron en columnas para informar a la población de los pasos que se dieron tanto para su construcción como sobre las diferentes veladas que allí se ofrecieron.[84]

En su afán por hacerse un hueco en la sociedad castellonense, Castelló y Tárrega se involucró en otras experiencias culturales como los juegos florales, concursos literarios celebrados en la ciudad de Castelló de la Plana, tal como se hacía también en otras ciudades españolas (Ferrandis 1997). En 1894 el evento se enmarcó dentro de las Fiestas de Julio que conmemoraban la defensa liberal de la ciudad contra las fuerzas carlistas (Archilés 2002b). Pocos meses antes de ser nombrado ministro de Hacienda, José Canalejas aceptó la invitación de la Asociación de Prensa para asistir a este acontecimiento y dar el discurso inaugural de los juegos florales de ese año.[85] Llegó a Castellón acompañado por su secretario Santiago Mataix (Paniagua y Piqueras 2006). Algunos de los actos que se programaron en su visita fueron varios banquetes y la representación del pasodoble compuesto por la banda de música El Centro

---

83. «El Teatro Principal de Castellón», *El Liberal*, 15, 16 y 17 de febrero de 1894.

84. Para más información sobre los trámites empresariales de explotación y la subasta del Teatro Principal que se llevaron a cabo en octubre de 1898, consultar en el Archivo Histórico Nacional (en adelante AHN), exp.44/00239.

85. «Crónica general», *El Liberal*, 4 de junio de 1894.

Vallense en agradecimiento a la donación de libros de Canalejas a la localidad.[86]

José Castelló y Tárrega ganó este certamen literario con un tema referente a la milicia del 7 de julio de 1837 (Archilés 2002b), un premio que fue criticado por sus adversarios, pues veían en esta fiesta una simple expresión propagandística supuestamente orquestada por el propio Castelló y Tárrega.[87] Desde publicaciones como *El Tradicionalista*, a las que acudimos para tener la visión desde el otro punto de vista del mismo evento, obtenemos una información opuesta a la que, como no podía ser de otra forma, se difundió desde la prensa liberal. El reputado periodista y político, Agustín Sardá (colaborador de *El Tribuno*, *El País* y *El Liberal*, entre otros medios de la época) describe su paso por la ciudad de Castelló de la Plana y no deja en muy buen lugar los juegos florales:

Abunda en ellos la literatura, y lo que es peor, la literatura ligera. Cantan generalmente los poetas por una vana gloria. A la Virgen sin creer en ella, al campo sin amarle, a las flores sin haber cogido jamás un ramo para que adorne su despacho o adorne su mesa [...] anunciase con dos o tres meses de anticipación ¿qué trabajo serio puede hacerse en ese tiempo? Ninguno. Así es que las poesías suelen carecer de verdadero pensamiento, y los estudios sobre utilidad práctica de positiva sustancia y fondo. El acto rebosaba interés para las capas más altas de la sociedad en el que las mujeres lucen sus mejores galas adornadas con motivos florales para la ocasión y el Teatro de reciente construcción, está lleno sin que quede una butaca vacía. Y allí, con el jurado en el escenario, junto con los poetas laureados y la presidencia; en medio se alza un pequeño trono ocupado por la Reina de Los Juegos Florales del año, elegida por el poeta que obtuvo el premio «Flor Natural».[88]

86. «Crónica general», *El Liberal* 7, 8 y 10 de julio de 1894.
87. «Crónica general», *El Liberal*, 28 de mayo y 4 de junio de 1894.
88. «Los Juegos Florales», *El Tradicionalista*, 14 de julio de 1894.

Las diferencias ideológicas entre rotativos no fueron obstáculo para que, en 1894, se creara un Sindicato de Prensa en Castelló de la Plana, necesario para la protección y ayuda de las familias en caso de enfermedad o muerte de alguno de sus miembros (Seoane y Saiz 2007). *El Liberal* cedió su redacción para las reuniones del recién creado organismo que estuvo, en su primera comisión, dirigido por González Chermá (Paniagua y Piqueras 2006), en la que también participaron, con el cargo de vocales, los dos hermanos Castelló y Tárrega, José y Ramiro. Entre los puntos tratados en esta primera reunión, celebrada en la Fonda Europa de Castelló de la Plana, destaca la petición de libertad de J. Martínez Barrajón, exredactor de *El Clamor de Castellón*, que había sido detenido por un delito de imprenta. También, desde este nuevo sindicato, se manifestaba la necesidad de aunar fuerzas entre todos los rotativos para ayudar en la construcción del puerto de la ciudad.[89]

Durante su estancia en Castelló de la Plana en el mes de julio de 1894, como decíamos, para presentar los juegos florales, José Canalejas no fue recibido por ningún miembro del Partido Liberal de la localidad, solo por los canalejistas reconocidos, entre los que se encontraban los Castelló y Tárrega. Con este «desplante» se pone de manifiesto la brecha que existía en el seno del Partido Liberal.[90] Inmersos en ese ambiente, José Castelló y Tárrega se presentó como candidato en una demarcación ya conocida por él, la de Llucena-Viver, para las elecciones de noviembre.[91] Durante

89. «Crónica», *El Liberal*, 10 y 12 de abril de 1894. Véase también: *El Tradicional*, 14 de abril de 1894.

90. Francisco Rambla, Gironés o Aliaga, como representantes del Partido Liberal, no recibieron a José Canalejas a su llegada a la ciudad de Castelló de la Plana. «Canalejas. El Partido Fusionista de Castellón», *El Clamor de Castellón*, 12 de julio de 1894.

91. Después de los juegos florales y tras la partida de Canalejas de la ciudad comenzó la campaña electoral de Castelló y Tárrega por el distrito Lucena-Viver. «Triunfamos», *El Liberal*, 31 de julio de 1894.

la campaña electoral contó con el apoyo de su inseparable hermano, Ramiro Manuel, quien lo acompañó en sus mítines por los diferentes pueblos de la zona.[92] En todos transmitían el mismo mensaje, representaban la única opción liberal válida y anticossiera: «… cuando sus contrincantes de ahora ni siquiera tenían el valor de llamarse públicamente fusionistas y cuando sólo el señor Castelló y Tárrega hacía la campaña en *El Liberal* que elevó al poder hace poco tiempo al partido de su nombre».[93]

> Candidatura para Diputado Provincial por Lucena-Viver, José Castelló y Tárrega. Electores: Votad esta candidatura, la única verdaderamente liberal que solicita vuestros sufragios. Votad al que esclavo de vuestra voluntad durante cuatro años, promete seguir la suerte en ese distrito, en el poder como en la oposición, con la misma ciega obediencia como hasta ahora lo ha venido haciendo. Votad a don José Castelló y Tárrega, cuyas actividades tan noblemente han transformado la política y la administración de este distrito. Votad al director de El Liberal y a la par que rendiréis culto solemne a la gratitud, afianzareis el noble ideal de la libertad traicionado, ya que no vendido, por el partido imperante de la provincia.[94]

Los comicios nos ofrecen buenos ejemplos de la situación del liberalismo local y especialmente del desprestigio a que sometieron los medios de comunicación a la figura de nuestro protagonista. *El Correo de Valencia*, por ejemplo, presentaba a José Castelló y Tárrega como un político que actuaba despechado por no haber entrado en los planes de los fusionistas provinciales, afirmación que *El Liberal* trató de contrarrestar argumentando que, antes de que no contara

---

92. «Crónica general», *El Liberal*, 27 de agosto de 1894.
93. «Elecciones provinciales», *El Liberal*, 18 de julio de 1894.
94. «Crónica general», *El Liberal*, 21 de agosto de 1894.

en los planes de los liberales provinciales, Castelló y Tárrega ya se desmarcó para que «no le salpicara el desorden»,[95] de una facción en la que sus miembros más importantes eran los mismos destructores del órgano de partido que ahora proclamaban,[96] entre ellos Cayo Gironés, al que tachaban de vanidoso y de tener como único interés el poder conseguido a costa de los ideales liberales.[97] Junto a este político, también Francisco Rambla, a través de una misiva enviada a Sagasta, se desmarcaba de cualquier relación política con José Castelló y Tárrega.

> ¡Quién lo hubiera dicho! El señor Rambla nuestro símbolo de una veneración casi rayana en la esclavitud. El señor Rambla por quien hemos tenido verdaderas batallas de muerte comprometiendo muchas veces nuestra vida. El señor Rambla, a quien hemos seguido siempre ciegamente abandonándonos siempre a su voluntad y poniendo a su incondicional servicio más suyas que nuestras las columnas de El Liberal, nos ha abandonado ayer firmando con sus enemigos de siempre, Gironés, Forés y Vázquez el remitido que estos dirigen al Heraldo de Madrid... ¿Y para qué señor Rambla? ¿Para qué don Francisco? Para firmar usted mismo su contradicción al precio de la aparente obtención del favor oficial [...].[98]

El vocero fusionista *El Diario de Castellón* se refería a *El Liberal* como «*El Liberalete* amigo de *El Clamor*» y a Castelló y Tárrega como periodista con poca formación académica, emplazándolo a que volviera a la escuela para aprender el castellano, «idioma que

---

95. «Al corresponsal de *El Correo de Valencia*», *El Liberal*, 1 de agosto de 1894.
96. «Palabrería», *El Liberal*, 25 de agosto de 1894.
97. «Crónica general», *El Liberal*, 3 de agosto de 1894.
98. Texto completo en «Crónica», *El Tradicional*, 16 de noviembre de 1894.

creemos desconoce por completo».[99] *El Clamor de Castellón*, por su parte, si hasta hacía poco había sido crítico con los cambios políticos del director de *El Liberal*, ahora no dudaba en salir en su defensa al considerar esta campaña poco ejemplarizante por parte de Rambla, Gironés y Porcar.[100] A diferencia de las elecciones municipales de 1893, en estas sí, *El Liberal* mostró una clara vehemencia editorial, ya no solo para la promoción de la candidatura de su director, sino también por el acoso político que estaba recibiendo de los fusionistas.[101] Estos no dudaban en utilizar para su fin un medio creado únicamente para las elecciones, lo que nos lleva de nuevo a las actitudes de partido comunes en la política de la Restauración, cuando diarios de vida fantasmagórica, que eran llamados coloquialmente «sapos», eran creados únicamente para la propaganda electoral y el desprestigio del rival (Seoane y Saiz 2007, 26-27).

El Liberal pasaría de la exaltación en campaña al reconocimiento de un nuevo fracaso electoral de José Castelló y Tárrega. Desde el diario se agradecía a aquellos que lo arroparon en una situación de acoso en lo profesional,[102] a la que tuvo que añadir un duro golpe en el aspecto personal provocado por la muerte del hijo de su amigo Cristóbal Montoliu, que era ahijado del propio Castelló y Tárrega.[103]

Una vez terminadas las elecciones, un artículo de Ramiro Castelló y Tárrega publicado en el *Heraldo de Madrid* en el que acusaba al gobernador civil, Tomás Pérez Pérez, de recibir solo a políticos carlistas, manteniendo las puertas cerradas a los Castelló y

---

99. «Zaranjadas», *El Diario de Castellón*, 25 de agosto de 1894.

100. «*El Clamor, El Diario de Castellón* y Castelló y Tárrega», *El Liberal*, 8 de agosto de 1894.

101. Para muestra de la campaña de Castelló y Tárrega desde el diario *El Liberal*, véase el número del 7 de septiembre de 1894.

102. «A casa a casa», *El Liberal*, 11 de septiembre de 1894.

103. «Crónica general», *El Liberal*, 14 de septiembre de 1894.

Tárrega,[104] llevó de nuevo a José Castelló y Tárrega a sentarse en el banquillo de un juzgado, en una causa por la que se le pidieron 500 pesetas de multa o la entrada en prisión. Aplicando el artículo 22 de la Ley Provincial, se le acusaba de unas faltas a la autoridad del gobernador civil al señalar que Tomás Pérez Pérez pecaba de benevolencia con los alcaldes carlistas de la provincia. La causa traspasaría los límites de la Plana y fue el mismo Segismudo Moret quien escribió a Castelló y Tárrega para comunicarle que se ocuparía personalmente del caso.[105] En *El Liberal* aprovechaban para reafirmar la figura de su director: «Avanza más y más, se acerca al corazón del pueblo el señor Castelló y Tárrega cuanto más se le acosa y más los distancian de la calle los tabiques de la celda del presidiario. Venga de ahí, que así crece tanto la víctima como se empequeñecen sus sacrificadores».[106] Y en otro artículo aprovechaban para minimizar el supuesto agravio cometido por Castelló y Tárrega:

> Si faltar al respeto de la autoridad es decir que un gobernador que no entiende; que la casaca le viene ancha y el bastón corto; que prestaría un señalado servicio a la provincia que manda marchándose a casa; [...] si a los respetos de un gobernador se falta diciendo todas estas cosas, ¿no es verdad que es un milagro de Dios que a estas horas no hayan pasado por la cárcel todos los españoles?[107]

Sus amigos más cercanos ofrecían llevarle enseres a la cárcel: dulces le llegarían de parte de su buen amigo Eduardo Blasco; la picadura para su eterno cigarrillo se la enviarían las Juventudes

---

104. «Castelló y Tárrega. En la Cárcel», *El Liberal*, 18 de septiembre de 1894.
105. «La última palabra». «Castelló y Tárrega en la cárcel», *El Liberal*, 26 de septiembre de 1894.
106. «Castelló y Tárrega en la Cárcel», *El Liberal* 21 de septiembre de 1894.
107. «Un artículo y una multa de 500 pesetas», *El Liberal*, 19 de septiembre de 1894.

Liberales, y el café lo mandaría Paco Flecher. Estos gestos nos ofrecen nuevos detalles de la red de personas próximas a Castelló y Tárrega. Según las páginas de *El Liberal*, el chocolate que se iba a servir en una próxima boda iba a ser guardado para el que se consideraba «un acusado de forma injusta».[108]

La situación de nuestro protagonista saltó igualmente a las páginas de los diarios nacionales como *El País*, *El Tiempo* o *El Nacional*. También *La Época* publicó un artículo titulado «El caciquismo en Castellón».[109] El ingreso en prisión no se llegó a producir y, quizás para contrarrestar tanta «fama» sobrevenida, no tardaría *El Diario de Castellón* en tratar de desposeer a su enemigo de ese «aura de mártir» que parecía estar forjando, refiriéndose al proceso como una farsa que habría quedado solo en pasajes musicales tributados por sus allegados.[110] La pena se debía cumplir el día 27 de septiembre, Castelló y Tárrega acudió al centro penitenciario, pero el portero le comunicó que no había orden para su ingreso.[111] ¿Habían recibido instrucciones directamente desde Madrid?

No contento con el arrinconamiento y desgaste profesional al que sometió a Castelló y Tárrega, *El Diario de Castellón* cruzó la línea del decoro profesional inmiscuyéndose en su vida personal, concretamente en la relación que iniciaba con Fidela Arroyo, hija del comandante de infantería y juez instructor de la zona de Reserva de Castelló de la Plana, Melquiades Arroyo: «Castelló y Tárrega, se atreve más con los hombres militares que con las

---

108. «Castelló y Tárrega en la cárcel», *El Liberal*, 20 de septiembre de 1894.
109. «Uri Poncio Fusionista», *El Nacional*, 22 de septiembre de 1894.
110. Para más información ver, «Zaranjadas», *El Diario de Castellón*, 2 de octubre de 1894. Sobre la absolución de Castelló y Tárrega, ver también: «A vuela pluma», *El Clamor de Castellón*, 20 de septiembre de 1894.
111. «Castelló y Tárrega en la cárcel», *El Liberal*, 27 de septiembre de 1894.

mujeres que acompañan a los batallones».[112] Castelló y Tárrega mantuvo una relación de amistad y respeto con Melquiades Arroyo,[113]
que moriría repentinamente el 30 de noviembre,[114] sumando así un
golpe más en un año difícil para nuestro protagonista.

El 11 de diciembre de 1894 *El Liberal* fue dado de baja definitivamente en la Administración de hacienda. Parece que Castelló y
Tárrega no pudo superar tanto acoso, aunque otras versiones soste-
nían que su padre, Vicente Castelló Miquel, que fungía de propietario de la imprenta, no cumplió con los plazos de pago acordados
por el alquiler de las máquinas de impresión que eran propiedad
del dirigente carlista Francisco Giner.[115] No podemos dejar de recordar, en este caso, que los Castelló y Tárrega protagonizaron desencuentros con los carlistas por las acusaciones a Tomás Pérez que
supuestamente les había dado un trato de favor, motivo que nos
parece que debió enturbiar la relación contractual.[116]

---

112. La amistad que le unía con diferentes oficiales y su carácter introvertido
fuera de la línea profesional haría que caricaturizaran la imagen de Castelló y
Tárrega en su relación con Fidela Arroyo. «Zaranjadas», *El Diario de Castellón*, 2
de octubre de 1894.

113. *A nuestro distinguido amigo* es el tratamiento con el que se refieren en la
etapa en que ya se cita a Fidela Arroyo. Desde *El Liberal* se hacen eco de la condecoración de la Cruz de San Hermenegildo. «Crónica general», *El Liberal*, 11 de
septiembre de 1894.

114. «Víctima de una afección cardiaca, ha fallecido el comandante de infantería, juez instructor de la zona de reserva de esta capital, don Melquiades Arroyo
García». «Crónica», *El Tradicionalista*, 30 de noviembre de 1894.

115. «Crónica», *El Clamor de Castellón*, 13 de diciembre de 1894.

116. «Crónica», *El Tradicionalista*, 23 de noviembre de 1894. También: «Debe
decirlo El Liberal, explicando su conducta de hoy dentro de la familia sagastina,
debe decirlo sacando a la superficie lo que se esconde en el fondo entre el fango
de las cosas feas y de las acciones poco cristianas. Mientras así no lo haga, estamos
en el derecho de asegurar ante los fusionistas de la provincia que el papel Girones
está en alza». «El papel Gironés en alza», *El Clamor de Castellón*, 25 de noviembre
de 1894.

José Castelló y Tárrega buscó el refugio que le proporcionaba su familia, recién establecida en la ciudad. Como puede verse en las crónicas analizadas, Ramiro aparece ya mimetizado en el contexto social y profesional de la ciudad de la Plana. Por ellas sabemos también que llevó a cabo otros proyectos que ejemplifican su carácter fuerte, inquieto y emprendedor, combinando el trabajo de la redacción con pequeños negocios y con otros empleos como el de amanuense,[117] o subdelegado en la aseguradora La Unión, y también gerente de almacén de abonos.[118] Ya como redactor de *El Liberal*, mano derecha de su hermano José y corresponsal del *Heraldo de Madrid* en Castelló de la Plana, Ramiro tuvo la oportunidad de subir un peldaño más en su recién estrenada profesión con la oferta de trabajar en la redacción del diario propiedad de José Canalejas en Madrid, oferta que aumentaría, más si cabe, el nexo de unión entre José Castelló y Tárrega y José Canalejas.[119] También a partir de entonces su pareja y amigos íntimos, que le eran incondicionales, serían su firme apoyo; entre estos últimos se encontraba el confitero Eduardo Blasco,[120] el practicante Cristóbal Montoliu y «el acaudalado» Sebastián Carpi, entre otros.[121]

Ambición, constancia y trabajo han sido hasta ahora las características más sobresalientes de José Castelló y Tárrega que, con el fin de *El Liberal*, cerraba una etapa complicada, pero que, a la vez, le había servido para posicionarse en la capital de la Plana. A

---

117. «Crónica general», *El Liberal*, 9 de marzo de 1894.

118. «Crónica general», *El Liberal*, 16 de junio de 1894.

119. «Crónica general», *El Liberal*, 7 de abril de 1894.

120. Eduardo Blasco, que era redactor del periódico *El Liberal* y amigo de José Castelló, Tárrega, inauguró una confitería que sería anunciada primero en *El Liberal* y después en el *Heraldo de Castellón*. Ejemplo de los lazos de amistad o intereses que podían existir entre empresas y los diarios que las anunciaban. «Crónica general», *El Liberal*, 30 de diciembre de 1893.

121. Personaje muy cercano a la familia que aparece desde *El Liberal* con el adjetivo de *acaudalado*. «Crónica general», *El Liberal*, 9 de febrero de 1894.

finales del año 1894, el precio del proyecto encomendado por José Canalejas, pero también el suyo propio de ascensión personal, estaban siendo muy altos, en la letra pequeña aparecía una clase política hostil que, al igual que él, había llegado para quedarse y no estaba dispuesta a dejar que nadie ocupara su sitio.

Pero cuando parecía que estaba vencido (fue expulsado del Comité Provincial del Partido Dinástico y acorralado por los suyos una vez más), resurgió con más fuerza para emprender un nuevo proyecto periodístico de mayor magnitud que el anterior. Se preparaba así un cambio de rumbo para cumplir sus objetivos personales y para ayudar a la consolidación de José Canalejas en la provincia.[122]

Si algo nos parece que sobresale de estas primeras experiencias de José Castelló y Tárrega, tanto en la política como en la prensa, es que puso todo su empeño en invertir en capital social vinculándose a grupos económicos y políticos de la Plana e impulsando empresas urbanísticas y modernizadoras, con sus paralelas campañas de prestigio que le ayudasen a afianzar su posición en la sociedad castellonense. En ese objetivo el círculo de amistades se volvió imprescindible y los medios de comunicación fueron el mejor elemento para reforzar sus redes locales y afianzar lazos con las nacionales. La siguiente etapa de la historia de José Castelló y Tárrega aparece íntimamente unida a una nueva y más potente empresa periodística: el *Heraldo de Castellón*.

---

122. «Castelló y Tárrega en la cárcel», *El Liberal*, 20 de septiembre de 1894.

CAPÍTULO 2

JOSÉ CASTELLÓ Y TÁRREGA SE AFIANZA EN LA CIUDAD. PRIMEROS AÑOS DEL *HERALDO DE CASTELLÓN* (1895-1901)

Si *El Liberal* dio a conocer a un periodista con intención política que no se amedrentó por las dificultades, fue con el nacimiento del *Heraldo de Castellón*, cuando José Castelló y Tárrega se consolidó en la ciudad y la recompensa a su tenacidad se vio representada en un diario que marcaría una época.

En el número 115 de la calle Mayor de la capital de la Plana nacía, el 2 de enero de 1895, un periódico que se convertiría en testigo de la historia de Castelló de la Plana desde el final del siglo XIX hasta el primer tercio del XX. José Castelló y Tárrega había creado una marca, una gran familia a su alrededor con la que se protegería, así como una red de «amistades» que se tornarían necesarias para la supervivencia profesional y para lograr sus aspiraciones futuras.

Para sus colegas de la prensa local, la recién estrenada publicación no era más que una prolongación de *El Liberal*. «Nuestro colega *El Liberal* ha cambiado este título por el de *Heraldo de Castellón* con el que se publica desde el día 2 de este mes, habiendo, además, aumentado su tamaño, siendo el de hoy igual al de *El Tradicionalista*».[123] El mismo director, José Castelló y Tárrega,

---

123. «Crónica», *El Tradicionalista*, 5 de enero de 1895.

al servicio de los intereses de José Canalejas. La fórmula se repetía, pero ahora con tintes de un proyecto más ambicioso, un diario filial de su «hermano mayor», *El Heraldo de Madrid*, propiedad de Canalejas, con tirada diaria y con una inyección económica que no podemos determinar, pero que permitió contratar a la Agencia Mencheta, de modo que se vería favorecido por la exclusividad de la noticia frente a sus competidores.

En los acápites siguientes, que agrupamos en tres facetas de la vida de José Castelló y Tárrega paralelas a la publicación del *Heraldo de Castellón*, desmembramos al personaje en diferentes aspectos de su vida social, profesional y personal, aspectos que resultan necesarios para seguir reconstruyendo su trayectoria en esta etapa que ahora nos ocupa. El ejercicio subjetivo de percepción y análisis de sus escritos y actos es nuestra principal fuente para tratar de entender quién fue en realidad José Castelló y Tárrega. Se trata de una arriesgada apuesta que deja la puerta abierta a otras interpretaciones debido a la complejidad del personaje, pero que a la vez lo dota del interés necesario, a nuestro entender, para emprender este estudio biográfico, por las múltiples preguntas que plantea.

Este segundo capítulo analizará todos esos aspectos que, como hemos dicho, consideramos imprescindibles para conocer quién fue José Castelló y Tárrega, pero de momento acotados al año de inicio del *Heraldo de Castellón* en 1895 y hasta 1901, cuando aprovechó su primera oportunidad para ejercer en política como concejal de la ciudad de la Plana. Por ello, en este caso, situamos a José Castelló y Tárrega en el Castelló de entre siglos para ver, entre otras cosas, qué papel jugaron tanto él como el *Heraldo de Castellón* en ese momento histórico. Empezamos por ahondar algo más en su vida privada y en sus relaciones personales y sociales.

1. La importancia de la familia y los «amigos». Aspectos personales y de la vida íntima de Castelló y Tárrega

Este apartado nos introduce en la vida privada de nuestro personaje, ejercicio necesario en toda biografía que se precie. El estudio de sus relaciones personales, tratos familiares, su desarrollo intelectual, incluso la enfermedad y los cuidados corporales, nos ayudarán a hacer un acercamiento psicológico al personaje centrándonos en su aspecto más personal para aproximarnos de una manera más cercana a quién fue José Castelló y Tárrega (Montanari, Fernández y Dumoulin 1993).

A los pocos días del inicio del *Heraldo de Castellón*, el 8 de enero de 1895, en la iglesia de Santa María de la capital de la Plana, José Castelló y Tárrega contraía matrimonio con Fidela Arroyo Pérez, ejerciendo como padrinos Ramiro Castelló y Tárrega y Carmen Aycart. La boda se celebró a las 6:30 h, horario condicionado al luto por la reciente muerte de Melquiades Arroyo, padre de la novia. Entre los asistentes a la ceremonia estuvieron los familiares más cercanos y amigos íntimos de la pareja; en la crónica que publicó el *Heraldo de Castellón* solo se cita al confitero Eduardo Blasco y a Melquiades Arroyo, hermano de Fidela quien en poco tiempo, siguiendo los pasos de su padre, ascendería a sargento en el Regimiento castellonense de Otumba.[124] Desde el diario se quiso dejar constancia de los regalos que recibieron los contrayentes de sus muchas amistades, incluso antes de que acabara su noviazgo: «El director del *Heraldo* don José Castelló y Tárrega y la señorita doña Fidela Arroyo Pérez, continúan recibiendo, con motivo de su enlace próximo, muchos y valiosos regalos de sus numerosas y distinguidas relaciones de esta capital y de fuera».[125] Entre estas

---

124. «Crónica general», *Heraldo de Castellón*, 9 de enero de 1895.
125. «Crónica local», *Heraldo de Castellón*, 5 enero de 1895.

muestras de afecto destacamos la de Antonio Escuder, discípulo del escultor Viciano. Este autor, que tiene entre otras obras el Cristo de la iglesia de San Cristóbal en Castelló de la Plana, regaló un busto de Fidela Arroyo, suponemos que en agradecimiento de todas las menciones que de su talento hacía el periódico de Castelló y Tárrega. La obra del eminente escultor se expuso en la tienda de tejidos de Juan Busutil, amigo de la familia.[126]

Tras el enlace matrimonial, la pareja viajó a Francia en viaje de bodas, y a su vuelta descansó en Valencia donde recibieron más regalos y agasajos de antiguas amistades, entre las que destacaban los sobrinos del malogrado canónigo Joaquín Morós, detalle que sugiere que los contactos con su familia continuaron después de la muerte de quien tanta influencia tuvo en los inicios políticos de Castelló y Tárrega.[127]

El primer hijo de la pareja, al que llamaron José Benito Castelló Arroyo, llegó en 1896: «La esposa de nuestro director ha dado a luz con toda felicidad un robusto niño. Tanto la madre como el primogénito de los señores de Castelló y Tárrega siguen sin novedad».[128] Pocos días después fue bautizado, y como madrina ejerció María Peyrat, hija del director de *El Tradicionalista*, el borrianense Andrés Peyrat, y como padrino Sebastián Carpi.[129] La alegría duró poco, la enfermedad le sobrevino con solo tres años.[130] El *Heraldo de Castellón* describe las atenciones del practicante, amigo de la familia, Cristóbal Montoliu y del Dr. Armengot, que nada pudieron hacer por evitar el fatídico desenlace. En junio de 1899 moriría José Benito Castelló Arroyo, al que llamaban cariñosamente

---

126. «Castellón», *Heraldo de Castellón*, 16 de febrero de 1897.
127. «Crónica general», *Heraldo de Castellón*, 12 de enero de 1895.
128. «Cronica local», *Heraldo de Castellón*, 21 de marzo de 1896.
129. «Cronica local», *Heraldo de Castellón*, 28 de marzo de 1896.
130. «Dios salve al enfermo y conceda fuerzas bastantes a los padres para atenderlo». «Castellón», *Heraldo de Castellón*, 13 de junio de 1899.

Pepito.[131] El triste suceso y el entierro se describieron con detalle en el diario. Las crónicas nos ayudan a seguir componiendo el círculo de amigos y las personas más cercanas a Castelló y Tárrega, con nombres como el de Federico Bosch Tárrega, como representante familiar (Paniagua y Piqueras 2006), Eduardo Blasco, al que citan como «hermano más que amigo» y su inseparable Sebastián Carpi, que cedió el panteón familiar para dar sepultura a su apadrinado: «Señor Carpi que en la presente triste ocasión más que un padrino ha sido un padre de este ángel».[132] Castelló y Tárrega, que se encontraba inmerso en plena campaña electoral (como describimos más adelante), se retiró unos días de la actividad diaria, dejando la dirección del periódico en manos de su hermano Ramiro.[133] Poco tiempo después un nuevo nacimiento devolvía la alegría a casa de los Castelló-Arroyo, en 1900 nacía una niña, a la que llamarían cariñosamente Pepita.[134]

No fueron estas las únicas muertes que tuvo que lamentar José Castelló y Tárrega en estos años. Aunque seguramente no comparable con el dolor producido por la de su hijo, también tuvo que enterrar a Claudio Castelló, hijo de Vicente, su hermano mayor,[135] quien volvería a sepultar a otro de sus hijos unos años después.[136]

---

131. «Castellón», *Heraldo de Castellón*, 13 de junio de 1899.

132. Tres columnas cubrieron el suceso de la muerte del pequeño Pepito, más una esquela que ocupaba toda la portada en el *Heraldo de Castellón* del 15 de junio de 1899.

133. «Ramiro ha dado muestras de una gran actividad y de mucha discreción». «Castellón», *Heraldo de Castellón*, 15 y 16 de junio de 1899.

134. «Castellón», *Heraldo de Castellón*, 2 de julio de 1900.

135. «Ha subido al cielo en la Vall d'Uixó, como en otro sitio de este mismo número anunciamos, el precioso hijo Claudio del hermano mayor de nuestro director, Don Vicente Castelló y Tárrega». «Crónica local», *Heraldo de Castellón*, 1 de mayo de 1895.

136. Vicente era el otro hijo del hermano mayor de Castelló y Tárrega. «Castellón», *Heraldo de Castellón*, 25 de mayo de 1900.

Las noticias de niños fallecidos son una constante en el diario, una mortalidad que en la España de finales del siglo XIX y principios del XX, se debía en gran medida a las epidemias como el cólera, especialmente virulentas en la década de los 80 y en los años 90; también la viruela, el sarampión y la tuberculosis eran enfermedades comunes que para muchos resultaron mortales, los datos muestran que fallecían ocho de cada 100 niños antes de cumplir los diez años (Sanz y Ramiro 2002).

Otros personajes cercanos a José Castelló y Tárrega que fallecieron en este periodo fueron Matías Cruzado Tárrega, veterinario de La Vall d'Uixó, que murió en 1895,[137] y en 1897 José Tárrega y Torres, médico cirujano del Hospital Provincial de Castelló de la Plana (Mas 1997), donde también fue director, y tío de José Castelló y Tárrega: «… despedirse llorando en este sitio, quien es de su amigo de la infancia, quien de su protector, quien de su pariente querido».[138] Esta cita textual guarda un mensaje entre líneas; al referirse a su tío como «protector» nos sugiere que quizás José Castelló y Tárrega tuviera otro apoyo en su llegada a la ciudad de Castelló de la Plana en la persona de José Tárrega, personaje importante de la sociedad castellonense que no descartamos que lo avalara y ayudara a darse a conocer entre los círculos más elitistas de su comarca.

Entre el círculo familiar de los Castelló y Tárrega destaca también el guitarrista, internacionalmente conocido, Francisco Tárrega: «El eminente guitarrista y distinguido paisano nuestro don Francisco Tárrega, le escribe ayer desde Barcelona a su próximo pariente el director del Heraldo».[139] José Castelló y Tárrega guardó tal admiración para con su primo, según relatan sus descendientes, que quiso mantener el apellido Castelló y Tárrega compuesto para sus hijos

---

137. «Crónica local», *Heraldo de Castellón*, 11 de diciembre de 1895.
138. «Don José Tárrega», *Heraldo de Castellón*, 29 de enero de 1897.
139. «Castellón», *Heraldo de Castellón*, 21 de enero de 1899.

y nietos, para no perder los lazos con el afamado guitarrista, como así se cumplió.[140]

Salta a la vista que el apellido Tárrega, proveniente de la madre de nuestro protagonista, lo llevan diferentes personalidades influyentes de diversos ámbitos dentro del Castelló de entre siglos, además del guitarrista y de su tío, también Federico Bosch Tárrega y un presbítero de la ciudad. Todos ellos pertenecían a la clase media de la sociedad castellonense, según la escala de Miguel Martínez Cuadrado, por lo que de nuevo ponemos en entredicho el supuesto origen humilde de José Castelló y Tárrega.

En esta etapa el bastión familiar que se estaba conformando en la ciudad alrededor de José Castelló y Tárrega se ensanchó al incorporarse a la redacción del *Heraldo* al hermano menor Fausto,[141] también a Manuel Tárrega, hijo del recientemente fallecido José Tárrega,[142] así como a Vicente Castelló Miquel, padre del clan familiar que sería el recaudador del diario.[143] Pero quien de verdad fue un apoyo y pieza fundamental para José en esta nueva empresa periodística (aunque también en el aspecto político por la posibilidad de

---

140. En las diferentes entrevistas que hemos mantenido con los nietos de José Castelló y Tárrega así lo hemos constatado; especialmente María José Marí Castelló y Tárrega, (como se observa, el segundo apellido compuesto) relataba la relación estrecha que tuvo de niña su madre con Francisco Tárrega, los regalos que les traía de las diferentes ciudades que visitaba el guitarrista y los juegos que les hacía en casa tocando la guitarra con los ojos vendados. Sobre este músico, véase también «Castellón», *Heraldo de Castellón*, 21 de enero de 1899.

141. «Desde hoy forma parte de esta redacción de este periódico, don Fausto Castelló y Tárrega, hermano menor del director del *Heraldo*», «Castellón», *Heraldo de Castellón*, 9 de noviembre de 1897. Fausto, de dedicada salud, pasó periodos largos en el Sanatorio de Porta-Celi desde donde escribía asiduamente crónicas de su estancia para el *Heraldo de Castellón*. Por su enfermedad fue dado de inútil para «el servicio de activo de las armas». «Castellón», *Heraldo de Castellón*, 24 de marzo de 1901.

142. «Castellón», *Heraldo de Castellón*, 4 de noviembre de 1899.

143. «Castellón», *Heraldo de Castellón*, 5 de diciembre de 1899.

dejar en sus manos la empresa) fue Ramiro, que ocupó el cargo de redactor jefe,[144] nombramiento que alternaba con el de director en funciones en las habituales convalecencias por enfermedad de su hermano.[145] Su personalidad temperamental se manifestaba en su pluma y en el trato directo que mantuvo con diferentes personalidades de la política y la sociedad castellonense como atestiguan en este mismo año diferentes desencuentros con Salvador Guinot (Paniagua y Piqueras 2006), o con el republicano José Forcada (Paniagua y Piqueras 2006), por sus críticas a la gestión de los seguros municipales por parte de algunos miembros del consistorio: «… la redacción del heraldo se hace solidaria de cuanto ha dicho su redactor jefe Don Ramiro M. Castelló, a quien felicita por su entereza y energía. Si bien deplora el encuentro».[146] Los colegas de la prensa republicana también tuvieron sus diferencias con el joven periodista al que quisieron desprestigiar poniendo en duda su talento periodístico: «El jefe de redacción del *Heraldo*, apenas salido del cascarón, en carta que dirige a *El Tradicionalista*, reniega de haber sido demócrata. Veremos si don Ramiro I en la aristocracia, aprende gramática».[147] Aun con su calidad periodística puesta en entredicho en la provincia, Ramiro fue contratado por *El Heraldo de Madrid* para cubrir las noticias de la provincia de Castelló de la

144. «En el correo de esta mañana ha regresado de Benicarló el redactor jefe del *Heraldo* don Ramiro M. Castelló que se trasladó el día antes al referido pueblo para escribir la crónica del paso del señor Ruiz Zorrilla por esta estación uniéndose en la de Benicarló al ilustre viajero». «Crónica general», *Heraldo de Castellón*, 16 de febrero de 1895.

145. Como muestra de las muchas convalecencias de José Castelló y Tárrega: «Castellón», *Heraldo de Castellón*, 1 de julio de 1898; «Castellón», *Heraldo de Castellón*, 5 de enero de 1899; «Castellón», *Heraldo de Castellón*, 28 de febrero de 1899.

146. «Crónica», *Heraldo de Castellón*, 28 de noviembre de 1895.

147. «Crónica», *El Clamor de Castellón*, 22 de diciembre de 1895.

Plana, gracias a la relación que mantenían con José Canalejas,[148] un hecho, como podremos ver más adelante, que marcó su carrera profesional y política.

Antes del cambio de siglo, Ramiro, ya establecido en la capital de la Plana, contrajo matrimonio con Araceli Pérez Royo, sobrina del comandante Francisco Brotons.[149] Se establecía así una nueva relación de los Castelló y Tárrega con hijas de militares, un estrato social que, según Octavio Gil, era denostado por la burguesía de finales del siglo XIX (Gil 1961). También cultivó Ramiro las relaciones personales, parece que no quería conformarse con vivir a la sombra de José; además, impulsó sus propios negocios como el de importación de guano para la agricultura,[150] y apoyó la publicación del *Boletín Democrático*, seguramente para demostrarse que podía ser algo más que el segundo de a bordo del diario propiedad de su hermano.[151]

Para cerrar este acápite sobre el aspecto más íntimo y personal de nuestro personaje en esta selección de años, nos aventuramos a concluir que estamos frente a un José Castelló y Tárrega que está entrando en lo que consideramos su madurez, fruto del equilibrio emocional que le proporciona su amplio núcleo familiar. En poco tiempo conoció la alegría al unirse a Fidela Arroyo y con el nacimiento de sus hijos, pero también el dolor más profundo tras la muerte de uno de ellos, sin duda todo haría mella en él, pero lo fortalecería al mismo tiempo. Su familia, bajo su protección, fue

---

148. «Crónica local», *Heraldo de Castellón*, 5 de diciembre de 1895.

149. «En la Iglesia de San Miguel contraerá mañana matrimonio con la virtuosa y amable señorita Araceli Pérez, el joven redactor jefe de el *Heraldo* don Ramiro M. Castelló. Apadrinarán a los novicios, la cariñosa señora doña Agustina Royo de Brotons, tía de la novia y el director del *Heraldo*, señor Castelló y Tárrega, hermano del contrayente». «Castellón», *Heraldo de Castellón*, 23 de noviembre de 1899.

150. «Castellón», *Heraldo de Castellón*, 26 de enero de 1899.

151. «Castellón», *Heraldo de Castellón*, 29 de mayo de 1901.

consiguiendo también estabilidad laboral y económica. Y el clan en su conjunto, a su vez, propiciaría parte del éxito del *Heraldo de Castellón* y con ello del José político.

2. Desarrollo profesional de José Castelló y Tárrega en el Castelló de entre siglos

Si en estos últimos años del siglo XIX llegó para nuestro protagonista la madurez en lo personal, también en el aspecto profesional conoció una evolución que empezó con el nuevo proyecto de periódico y con los distintos cargos y nombramientos que, aunque todavía modestos en importancia, son indicadores de la línea ascendente de José Castelló y Tárrega en el conjunto de la sociedad.

Recién llegado a la capital «vendió» una imagen de personalidad importante, para ello se hizo sitio en los actos y acontecimientos sociales más destacados mostrando que era uno más de la élite de la ciudad y preocupado por todo lo que acontecía en ella. A base de tenacidad, estaba creando una marca propia y una familia, tanto en lo personal como en lo profesional. Quedaba mucho por hacer, pero los distintos nombramientos y nuevos cargos que reúne en este periodo, indican un camino ascendente hacia grandes objetivos. De hecho, esta etapa que hemos marcado terminó con su triunfo en las elecciones municipales y el tan ansiado cargo de concejal del Ayuntamiento de Castelló de la Plana. Pero vayamos por partes viendo esa evolución profesional y política.

Uno de los cargos que ocupó nuestro personaje fue el de representante del constructor de obras del puerto, un compromiso que adquirió con Pedro Bové en el año 1896, del que hablaremos más adelante. En 1897 fue nombrado socio de mérito del Casino

Valenciano de Madrid,[152] y también honorario de La Sociedad Teatral recién constituida en la ciudad de la Plana, seguramente por su compromiso con la cultura; todos estos nombramientos son un indicativo de que ya en ese año Castelló y Tárrega gozaba de una buena imagen en la ciudad: «La Sociedad Teatral recientemente constituida en esta ciudad, ha honrado a nuestro director con el título de socio honorario. El señor Castelló y Tárrega agradece en lo que vale tal distinción y procurará merecerla correspondiendo con los modestos auxilios del Heraldo á la culta empresa que se ha impuesto la referida sociedad».[153]

Por otro lado, a lo largo de su trayectoria profesional y política, optó por mantener una política social de ayuda a los más desfavorecidos, espejo, como veremos, del ideario que asumió de Canalejas. Ello le llevó a pertenecer a organizaciones como la Cruz Roja que le otorgó su medalla de oro en reconocimiento a su compromiso y a la ayuda prestada a dicha entidad.[154] Al año siguiente lo nombraron su secretario.[155] En ese mismo año 1900 recibió otro reconocimiento por su implicación con los llegados del frente de guerra, de nuevo la Cruz Roja Española le otorgaba su más alta distinción, la

152. «El director del Heraldo, ha sido honrado con el nombramiento de socio de mérito del Casino Valenciano de Madrid, distinción que agradece mucho el señor Castelló y Tárrega, a quien felicitamos». «Castellón», *Heraldo de Castellón*, 24 de marzo de 1897.

153. «Castellón», *Heraldo de Castellón*, 22 de julio de 1897.

154. «Castellón», *Heraldo de Castellón*, 9 de septiembre de 1899. Como ejemplo de la ayuda hacia la Cruz Roja: «Esta noche se celebrará en las oficinas de el Heraldo la anunciada reunión de ciclistas para tratar de la constitución del cuerpo auxiliar ciclista de *La Cruz Roja*». «Castellón», *Heraldo de Castellón*, 12 de junio de 1899.

155. «Castellón», *Heraldo de Castellón*, 18 de enero de 1900.

Placa de Honor y Mérito creada por Real Orden del 20 de junio de 1876.[156]

Para José Castelló y Tárrega, 1900 fue un año de continuos nombramientos, el cambio de siglo parecía ser el detonante de su despegue profesional. La Federación Gimnástica de España lo nombró delegado provincial de esa «nueva institución consagrada a la regeneración intelectual y física de la juventud»;[157] también, en base a su ideario regeneracionista, fue nombrado vocal de la Comisión Provincial del Congreso Social y Económico Hispano Americano (García 1992), cargo que pasaría a ser de delegado un año después;[158] asimismo, fue designado socio honorario de la asociación de Escuelas de Reserva de Castelló de la Plana,[159] un nombramiento que ya anunciaba su interés por el mundo educativo. A estos cargos se unió el de «Delegado por la Abolición de los Consumos en la Provincia de Castellón».[160]

De todos los nombramientos, cargos y menciones que le otorgaron a José Castelló y Tárrega, el de más relevancia tuvo lugar en el mismo año 1900, cuando recibió la Cruz de Primera Clase del Mérito Militar. Su implicación caritativa y patriótica con los reservistas de la guerra de Cuba parece ser que fue una de las razones de peso para que le fuera otorgada tal distinción, a lo que añadiríamos, sin desmerecer méritos, que la relación cercana con el organismo

---

156. «Castellón», *Heraldo de Castellón*, 14 de septiembre de 1901. En el cartel del certamen literario de ese año al que hacemos mención en otro acápite aparece el emblema de la Cruz Roja, detalle que muestra la importancia que tenía esta organización para José Castelló y Tárrega.

157. «Castellón», *Heraldo de Castellón*, 13 de febrero de 1900.

158. «Castellón», *Heraldo de Castellón*, 2 de julio de 1900; «Castellón», *El Heraldo de Castellón*, 23 de mayo de 1901.

159. «Castellón», *Heraldo de Castellón*, 11 de agosto de 1900.

160. «Castellón», *Heraldo de Castellón*, 19 de septiembre de 1901.

militar de la ciudad,[161] debió influir también, sin olvidar que fue hijo político del fallecido Melquiades Arroyo: «El Gobierno Militar de la provincia le dio traslado anteayer al director del Heraldo, señor Castelló y Tárrega, de la Real Orden del Ministerio de la Guerra, concediéndole la Cruz de 1ª Clase del Mérito Militar con distintivo blanco, libre de derechos».[162]

Como vemos, la mayor parte de los nombramientos que recibió se concentran en el tránsito entre siglos y guardan un denominador común, su sesgo regeneracionista, premisa fundamental en el ideario de Castelló y Tárrega. La otra lectura que extraemos de estas distinciones es la revalorización y fortalecimiento del personaje público que se estaba forjando en estos años de finales del siglo XIX, especialmente después de la campaña con los reservistas en los años que duró la guerra en Cuba, Puerto Rico y Filipinas de la que hablamos a continuación. La guerra no solo favoreció la consolidación del diario, sin duda también la imagen pública de Castelló y Tárrega que entraba en el siglo XX con un aura diferente, se estaba ganando el respeto de la sociedad, por su trabajo y posiblemente también por su «buena prensa».

3. José Canalejas y José Castelló y Tárrega, una relación ¿interesada? a través del *Heraldo de Castellón*

Como comentábamos en la introducción de esta investigación, a día de hoy no se puede consultar el archivo privado de José

---

161. Como veremos en este mismo capítulo, José Castelló y Tárrega apoyó en 1896 la candidatura del capitán Eduardo Cassola, demostrando una continua afinidad con los oficiales del Ejército. Véase en el acápite dedicado a las elecciones de este mismo capítulo.

162. «Castellón», *Heraldo de Castellón*, 24 de abril de 1900.

Canalejas y la ausencia de archivo de José Castelló y Tárrega nos presenta una dificultad añadida en la investigación de nuestro personaje especialmente para establecer cuál fue la relación personal entre ambos, desde los intereses más puramente políticos a los de la esfera privada y de amistad real. Nos queda, pues, la construcción de sus vínculos a partir del *Heraldo de Castellón*. El análisis de cada uno de los números de este diario nos ha ayudado a interpretar qué tipo de acercamiento mantuvieron ambos personajes; una fuente, la periodística que, en el caso de Castelló y Tárrega, supuso una prolongación de su vida desde la que muchas veces transparenta su aspecto más íntimo y emocional.

Por otro lado, en este estudio biográfico de José Castelló y Tárrega resulta imprescindible hacer mención de la influencia que José Canalejas tuvo sobre su desarrollo político. Consciente de ello, se abordan en este acápite los puntos más importantes del ideario político de José Canalejas y las diferentes situaciones vividas por el político, trasladándolas a la visión que de ello dio el *Heraldo de Castellón*, que en ocasiones resulta un espejo de cada movimiento de José Canalejas.

Esto tiene que ver también con que José Castelló y Tárrega fue un discípulo ideológico convencido de José Canalejas y en esos años la coyuntura se tornó favorable para acercar sus destinos. Castelló de la Plana disponía de un nicho político en la provincia que todavía no estaba ocupado, de modo que a Castelló y Tárrega se le abría la oportunidad en su zona de abanderar el canalejismo aún dentro del partido Liberal, una apuesta difícil, pero a la que no podía renunciar.

Se puede establecer un paralelismo claro entre los dos personajes en varios aspectos que analizamos a continuación. Empezamos con su origen político. Como ya hemos apuntado en diversas ocasiones, en su adolescencia, Castelló y Tárrega fue secretario del Partido Zorrillista de su localidad. Demostraba así una inquietud política temprana, aunque puede que fuera ayudado por algunos contactos en la localidad que le brindaron la posibilidad de tener una remuneración. No vio en este posicionamiento ninguna amenaza para sus creencias religiosas y tampoco le supondría ninguna contradicción, el viejo líder republicano, Ruiz Zorrilla, no tenía a la iglesia como a un rival, todo lo contrario, vio en oponerse a ella y a las políticas anticlericales un auténtico riesgo; de hecho, no sería hasta después de su muerte cuando el anticlericalismo se convertiría en un arma política de movilización popular para el partido republicano (La Parra y Sánchez 1998).

José Canalejas también estuvo adscrito al republicanismo de Ruiz Zorrilla (Varela 2001). Diego Sevilla atribuye esta adscripción a la relación de amistad que tenía el político republicano con su padre. Aunque Canalejas, según la versión de Sevilla, era incompatible con Zorrilla, este quería la revolución para sí mismo y Canalejas para cambiar la sociedad (Sevilla 1956). Salvador Forner, por su parte, sitúa el posicionamiento de Canalejas en favor de la monarquía en el año 1885, algunos años antes que Castelló y Tárrega que aún en 1890 era citado por el diario republicano *El Clamor* como «amigo correligionario»; en ese año, recordemos, publicaba *El Anticosiero* y se iniciaba la relación entre Castelló y Tárrega y Canalejas plantando con ello la semilla del futuro canalejismo provincial (Forner 1993).

De modo que ambos personajes tuvieron su bautismo político de la mano del republicanismo, aunque la tendencia ideológica monárquica dentro del sistema de la Restauración sería para Canalejas una mejor oportunidad para medrar en política, algo que también debió pensar Castelló y Tárrega que siguió igualmente esta corriente, ayudado seguramente por la posibilidad de acercarse a Canalejas.

Otro punto que los acercaba está relacionado con el militarismo, el patriotismo y la idea de nación, unas cuestiones que a finales del siglo XIX estaban de plena actualidad por las guerras que estaba disputando España en Cuba, Puerto Rico y Filipinas tratando de conservar los últimos vestigios de su imperio colonial. La situación empeoró con el asesinato de Cánovas del Castillo en el año 1897 a manos del anarquista italiano Michele Angiolillo (Fernández 1994). Entre otras cosas, su muerte llevó al gobierno provisional del general Azcárraga. El acceso de los liberales al poder significó un giro inmediato y radical en la política cubana por la destitución del general Weyler, quien, a pesar de sus errores, había conseguido «pacificar» gran parte del territorio y se había mostrado dispuesto a hacer lo mismo en la parte oriental de la isla (Stucki 20017).

A pesar de las nuevas medidas tomadas, que incluían la reducción al mínimo de las acciones militares, la concesión del estatuto de autonomía a la isla, la congelación de los planes de Weyler y la amnistía a los presos políticos de Cuba y Puerto Rico, afloró más el movimiento independentista con la presión estadounidense. Si desde el comienzo de la guerra se había actuado por la vía diplomática y por la propia «opinión pública» estadounidense, esta presión fue cada vez más directa aumentando con la voladura del Maine el 15 de febrero de 1898, cuya responsabilidad fue atribuida al Gobierno español por una comisión de investigación norteamericana, aunque sin pruebas contrastadas. Este buque acorazado estaba atracado en el puerto de La Habana con la misión de salvaguardar los intereses de los ciudadanos y empresas norteamericanos en la isla, su explosión hizo que los estadunidenses tuvieran la excusa perfecta para una intervención más directa en el conflicto hispano-cubano, por lo que muchos autores lo califican de *casus belli* (Calleja 1990).

Después de la derrota del Cavité, ocurrida en el mes de mayo de 1898 en Filipinas, en España las reacciones políticas tuvieron, entre otras expresiones, destituciones ministeriales y motines en muchas ciudades del país. El almirante Cervera, con un final conocido desde que salió para Cuba en el año 1898, certificó lo que ya se sabía, una derrota total junto a Filipinas.

La pérdida de estos territorios, y el desgaste que provocó, llevó a una profunda crisis y no solo en el territorio español; según José M.ª Jover, no solo la Península sufrió su 98, el ansia imperialista que se vivía entonces hizo que otros países europeos, sobre todo de la «Europa latina», sufrieran circunstancias críticas, en especial Italia y Francia. Este autor lo define como una frustración colonial y una crisis interna en todos los aspectos, tanto política como social, moral e intelectual (Jover 1979).

Nuestro personaje no se mantuvo ajeno a la guerra y al desastre que finalmente supuso para España. Analizar su posicionamiento político reflejado en el *Heraldo* nos ayudará a entender la posición ideológica y política de su director que abanderó ideas como las que siguen:

PARA CUBA.

El honor de la patria comprometido en fratricida lucha con las devastadoras hordas de la Manigua exige el sacrificio de los buenos españoles, mil veces puestos a prueba, pero jamás vencidos en su valor que llena las páginas más brillantes de la historia.

Allá, en la inhospitalaria tierra cubana, entre encubridoras selvas y mefíticos pantanos, se discute hoy con el sangriento razonar de las armas el legítimo dominio de la soberanía española. Nuestro ejército, siempre sufrido, siempre heroico, traza en los anales contemporáneos una epopeya de inmortales hazañas. La sangre de los iberos, de los esforzados almogávares, de conquistadores de mil imperios, de los invencibles en mil gloriosos combates, circula aun ardiente por las venas de nuestros soldados y se vierte generosa en desiguales luchas, indignas de tan levantados ánimos.[163]

---

163. «Para Cuba», *Heraldo de Castellón,* 10 de marzo de 1895.

El artículo, publicado en 1895, muestra un refuerzo patriótico y un ensalzamiento de los soldados españoles que está en sintonía con los avances en la manigua. En otro de ellos, el primero publicado sobre la guerra en el mes de febrero se transmite calma, las partidas insurrectas han sido reducidas y sus cabecillas apresados.[164] Parecen no dar mucha importancia de momento a un conflicto que en los días sucesivos iría cogiendo peso en las columnas del rotativo.[165] Dos días después de informar sobre la gravedad de los sucesos, conocemos la incorporación de cuatro oficiales subalternos de la guarnición de Castelló de la Plana y de 117 soldados.[166] El destacamento de Segorbe fue uno de los que se desplazó en los primeros días, de sus hombres se ensalza su bizarría y heroísmo, adjetivos que fueron una constante en las primeras salidas de soldados hacia la guerra: «Reina gran entusiasmo para despedir a las fuerzas destinadas a Cuba».[167]

A partir de entonces, el recién nacido diario que se estrenaba en un suceso tan decisivo en la historia de España como fue la guerra de Cuba se hacía eco de noticias relacionadas con el conflicto como la salida del general Martínez Campos, el mensaje de tranquilidad y de dominio de la situación que lanzó el General Calleja,[168] la posterior entrada en escena del general Valeriano Weyler,[169] o el

---

164. «Última Hora. Lo de Cuba», *Heraldo de Castellón*, 27 de febrero de 1895.

165. Entre otros titulares que encabezaron las noticias de la Guerra: «De Cuba», «Lo de Cuba», «Última Hora. Lo de Cuba», «Noticias de Cuba».

166. «Alcance. A Cuba», *Heraldo de Castellón*, 4 de marzo de 1895.

167. «Noticias de Cuba», *Heraldo de Castellón*, 7 de marzo de 1895. También: «Digno de encomio como el patriotismo que le ha inspirado aquella resolución». «Crónica general», *Heraldo de Castellón*, 12 de marzo de 1895.

168. «Última Hora. Lo de Cuba», *Heraldo de Castellón*, 6 de marzo de 1895.

169. «Noticias de Cuba», *Heraldo de Castellón*, 11 de marzo de 1895.

momento crítico de la dimisión de Sagasta en pleno conflicto, con la irrupción de Cánovas en el poder.[170]

En ese contexto, el *Heraldo de Castellón* inició su propia campaña de patriotismo concienciador obligado para los pobres, obreros y campesinos que, a la postre, eran los encargados de defender a la patria, como reflejaba Blasco Ibáñez desde las columnas de *El Pueblo* (León 1978). Para dar muestras de su lealtad, se publicaban testimonios de soldados que mostraban su compromiso con la causa, nada se hablaba del miedo, del desastre que causaba su marcha a las familias; los artículos mostraban, sin embargo, las ganas de defender la nación por unos soldados que, en su mayor parte eran provenientes de los estratos más humildes de la sociedad, la mayoría campesinos y obreros urbanos (Martínez 1973). El *Heraldo de Castellón*, volcado en dar una imagen de concienciación patriótica de todos los que partían al frente, exaltó, edulcoró e incluso pudo exagerar declaraciones de soldados a los que representaba como orgullosos defensores de la patria a la que consideraban «una segunda madre»:

Ni la manera brusca o inopinada como han sido arrancado de sus hogares, ni el raudal de lágrimas que cual cariñosa estela dejaron tras de sí, han podido amenguar su varonil entereza. Son españoles y al grito sacrosanto de ¡Viva España! y teniendo por único abrigo los pliegues de nuestra bandera, irán decididos tras de sus jefes en busca de la anhelada victoria.[171]

Las despedidas de los reservistas eran narradas como auténticas fiestas patrióticas y los artículos que se publicaban en el *Heraldo*

---

170. «Última Hora. La dimisión del Gobierno de Sagasta», *Heraldo de Castellón*, 18 de marzo de 1895.
171. «Crónica general», *Heraldo de Castellón*, 9 de agosto de 1895.

de Castellón se convertían en proclamas nacionalistas contra el separatismo cubano (De Miguel, Izquierdo y Navarro 2014). El espectáculo estaba servido y José Castelló y Tárrega no iba a desperdiciar esta oportunidad de tener parte de protagonismo, también en un conflicto que se desarrollaba en la otra orilla del Atlántico.

Para él los oficiales al frente de los distintos batallones eran héroes de la patria. Algunos de ellos hicieron las veces de cronistas de guerra para el *Heraldo de Castellón*. Noticias publicadas en especiales del periódico que, en un alarde de «política social» del diario, eran regaladas a los familiares de los reservistas.[172] Entre estos militares se encontraba el teniente Doumere (Usó 1982), el capitán Banquells,[173] el coronel Fernando Fernández Getino,[174] el teniente coronel Gonzalo[175] y el comandante Gómez Estrada.[176] De todos los oficiales destacados en Cuba rescatamos, por la efusividad con que se describe la despedida, al comandante Luis Tejeiro,[177] el mismo que meses después ocuparía numerosas columnas por su muerte

---

172. «Crónica local», *Heraldo de Castellón*, 31 de enero de 1896.

173. «Vaya descansado hacia donde su patriotismo le lleva y crea que no es el Heraldo quien menos votos hace al cielo por que le asista el dios de la victoria y pueda regresar pronto a la madre Patria. ¡Viva la integridad de la patria!, ¡Viva Cuba española!, ¡Viva el valiente ejército español!», «Crónica general. El capitán Banquells», *Heraldo de Castellón*, 29 de agosto de 1895.

174. «Castellón», *Heraldo de Castellón*, 12 de junio de 1897.

175. «El Heraldo saluda a la llegada a la Península de tan valeroso jefe de nuestro imponderable ejército […] enhorabuena por los servicios en la campaña de Filipinas…». «Castellón», *Heraldo de Castellón*, 20 de julio de 1897. A este militar se le otorgó la Cruz del Mérito Militar de Segunda Clase. «Castellón», *Heraldo de Castellón*, 29 de septiembre de 1897.

176. «Gómez Estrada en Castellón», *Heraldo de Castellón*, 29 de marzo de 1897.

177. «Crónica local», *Heraldo de Castellón*, 23 de septiembre de 1895; «El comandante don Luis Teigeiro en Cuba», *Heraldo de Castellón*, 20 de marzo de 1896.

en la isla.[178] En 1896 todavía se transmite un mensaje positivo y de ánimo. El periódico invitaba a la población a engalanar balcones (De Miguel, Izquierdo y Navarro 2014),[179] se dedicaron planas enteras con emotivos artículos para los que marchaban, que nombraban especialmente a aquellos que daban ejemplo y eran premiados por su valentía en la batalla.[180]

> En tan críticos instantes El Heraldo de Castellón que no quiere ser el último en tributar el testimonio de su admiración al brillante Batallón de Otumba expedicionario a Cuba, al cual considera como una parte de la gran familia castellonense, solo puede decir que siente su marcha como pueden sentir dos hermanos queridos su separación y que se alegra al propio de ella porque cifra en su valor, bizarría, caballerosidad y pundonor, grandes esperanzas para la madre Patria y muchos días de gloria para Castellón.[181]

---

178. «Luis Teijeiro», *Heraldo de Castellón*, 18 de noviembre de 1896. También las esquelas en el *Heraldo de Castellón*, 24 de noviembre de 1896. Pocos días después de la muerte del comandante Luis Tejeiro, el *Heraldo de Castellón* no escatimó en columnas para anunciar en portada la muerte del «cabecilla insurrecto Maceo», refiriéndose al general Antonio Maceo: «Lo del día. Detalles de la muerte de Maceo», *Heraldo de Castellón*, 10 de diciembre de 1896.

179. «El Casino Antiguo de Castellón al Batallón de Otumba expedicionario a Cuba», *Heraldo de Castellón*, 10 de febrero de 1896. También reportajes de Ramiro el que acompañó a los soldados hasta Barcelona, relatando la partida: «El expedicionario Batallón de Otumba a Cuba», *Heraldo de Castellón*, 12 y 13 de febrero de 1896. Para conocer los detalles de la salida del San Francisco visto por Ramiro desde el puerto: «Otumba a Cuba desde Barcelona», *Heraldo de Castellón*, 14 de febrero de 1896.

180. «De Cuba. Premio a los valientes», *Heraldo de Castellón*, 13 de septiembre de 1895. En la provincia de Castelló consiguieron esta distinción tres militares. Enrique de Miguel Fernández Carranza, Rafael Izquierdo Canosa y Francisco Javier Navarro Chueca, *La Provincia de Castellón en la Guerra de Cuba*, p. 21.

181. «Hasta luego», *Heraldo de Castellón*, 11 de febrero de 1896.

Si la guerra ya era motivo de grandes tiradas, con la toma del Cavité se redobló el interés.[182] Los EE. UU. aparecían en escena y la redacción del *Heraldo de Castellón* se llenaba de impacientes por saber las últimas noticias. Las ventas aumentaban, la guerra y el contrato con la Agencia Mencheta, que garantizaba las noticias nacionales, estaba siendo vital para el arranque del diario, que mantuvo, a nuestro entender, la misma falta de ética de los periódicos monárquicos del momento, culpados después de la derrota por su patrioterismo insensato y señalados como una de las causas de la catástrofe (Seoane y Saiz 2007). La prensa se encargó de crear un imaginario patriótico, fomentando la necesidad de defender los intereses españoles, fenómeno que se trasladaría después a Cuba y que reproduciría una historiografía centrada en la exaltación a sus héroes (Camacho 2002).

Parece que se asiste a un cambio paulatino en la opinión sobre la guerra después de los artículos de exaltación nacionalista y de defensa contra el separatismo cubano. A finales de 1895, por ejemplo, publicaban textos que, sin ser exacerbados hacia la política gubernamental en la contienda, daban cuenta de las ingentes cifras invertidas en las acciones bélicas que, afirmaban, gastadas en otros menesteres, serían más beneficiosas para España: «… todos los millones que cuesta esta malhadada guerra de Cuba empleados en el desarrollo de Obras Públicas que nos son tan necesarias nos pondrían a la cabeza de las naciones civilizadas, y harían a la nuestra próspera y feliz».[183] Esta nueva opinión, que también secundaba su hermano Ramiro en artículos igualmente críticos en referencia

---

182. «Castellón por la toma de Cavité», *Heraldo de Castellón*, 3 de abril de 1897; «Lo del día. Beligerancia declarada», *Heraldo de Castellón*, 7 de abril de 1896.

183. «Lo que cuesta la guerra de Cuba», *Heraldo de Castellón*, 2 de diciembre de 1895.

al gasto desproporcionado,[184] se contradice con la sostenida pocos meses antes cuando, precisamente se pedía más esfuerzo económico al Gobierno de Cánovas para frenar a los insurrectos: «… para la guerra tuvieron dispuesto su bolsillo, téngalo ahora mucho más dispuesto y con mayor motivo para el infame separatismo cubano».[185]

Aunque José Castelló y Tàrrega sería encasillado entre los belicistas, o los que, en este caso, apoyaban el mantenimiento de la colonia aunque costase «hasta el último hombre y la última peseta» (Piqueras 2008, 52), el conflicto se alargaba y en 1897 las noticias desde el frente eran poco esperanzadoras; listados de muertes y ajusticiamientos a desertores eran crónicas habituales en el *Heraldo de Castellón* (Piqueras 2008), que publicó los primeros nombres de reservistas de la provincia fallecidos en la guerra, en combate o por la temida enfermedad del vómito (De Miguel, Izquierdo y Navarro 2014).

El *Heraldo de Castellón* bajó la inicial intensidad patriótica en sus editoriales –obviamente, no era lo mismo 1895 que 1897– lo que consideramos que, sin ser un ejercicio de «arrepentimiento», sí lo sería de eximirse de todo aquello promulgado y que, pasado el tiempo, no fuera criticado también por el propio Canalejas, el mismo que abogó por eliminar la redención en metálico para no ser incorporado a filas (Fernández 1955), algo que jamás secundó José Castelló y Tárrega.[186]

En relación con esta argumentación, resulta paradójico que en el transcurso de la guerra, Castelló y Tárrega mostrase su lado

---

184. «Otumba a Cuba», *Heraldo de Castellón*, 26 de enero de 1896.

185. «Instantanea», *Heraldo de Castellón*, 7 de agosto de 1895.

186. «… ingresarán en las filas el día 5 de julio, concediéndoles lo que resta de dicho mes para que puedan redimirse a metálico». «De Cuba», *Heraldo de Castellón*, 11 de junio de 1895. Para más detalles acerca de la normativa de la redención al servicio militar, véase también «De Cuba. *Redención*», *Heraldo de Castellón*, 14 de junio de 1895.

patriótico de exaltación nacional y favorable al belicismo, y a la vez, en este mismo periodo, encontramos igualmente en las páginas de su periódico un claro compromiso social y para con los más desfavorecidos, los mismos, eso sí, a los que «empujaba» en sus titulares al deber de defensa de la patria, en lo que consideramos un juego de doble moral. Puede parecer por tanto una contradicción que abogue de un lado por los más necesitados y que, del otro, nunca se queje, o incluso le parezca lógico que deba ir a la guerra aquel que no pueda costearse el derecho a no cruzar el Atlántico. Hechos como este refuerzan la idea de que Castelló y Tárrega no realizó un solo movimiento aparentemente altruista que no fuera para su beneficio y para la propaganda de su partido y de su periódico. Mientras pedía ayuda para «las pobres familias de los reservistas de la provincia de Castellón»,[187] y colaboraba con 40 cajetillas de tabaco para ellos,[188] encadenaba artículos en los que demandaba «acciones patrióticas y cristianas» para ayudar a España.[189]

---

187. «Instantánea. ¡Pobres familias de los reservistas de esta provincia!, *Heraldo de Castellón*, 29 de agosto de 1895. «Crónica general», *Heraldo de Castellón*, 7 de agosto de 1895; también, aprovechando la salida de la reserva del año 1891 se pidió un esfuerzo a la Diputación y al Ayuntamiento para las familias: «Crónica general. La familia de los reservistas», *Heraldo de Castellón*, 27 de agosto de 1895.

188. «La cajetilla del soldado. Suscripción popular», *El Heraldo de Castellón*, 28 de agosto de 1896. También «Castellón», *Heraldo de Castellón*, 3 de septiembre de 1896. La suscripción continuó una vez despedidos los soldados. «Castellón», *Heraldo de Castellón*, 13 de septiembre de 1896. Referente a las donaciones de tabaco por parte de Castelló y Tárrega: «Castellón», *Heraldo de Castellón*, 31 de agosto de 1896 y «Castellón», *Heraldo de Castellón*, 2 de septiembre de 1896.

189. «El redactor jefe de El Heraldo, Sr. Castelló y Tárrega, ha visitado esta mañana a todas las autoridades de la capital, invitándolas a dicha función y rogándoles al propio tiempo un valioso consumo para mayor éxito de la fiesta patriótica del viernes». «Castellón. Función patriótica», *Heraldo de Castellón*, 16, 17 y 18 de noviembre de 1896; «Suscripción para aumentar la de *El Imparcial* en

Cuando con el transcurso de los años los periódicos reflejaban con un tono pesimista las derrotas que se sucedían mientras no se veía solución alguna, desde los editoriales del *Heraldo de Castellón*, Castelló y Tárrega hacía uso del poder de la comunicación apelando al españolismo y pidiendo el último esfuerzo hacia la causa imperial. A diferencia, por ejemplo, de otros líderes políticos como el republicano Gasset que sí se posicionó en contra de tener que realizar pagos para no ir al frente porque desfavorecía a las personas con menos recursos económicos, Castelló y Tárrega no mostró su opinión al respecto desde sus editoriales mientras no lo hiciera José Canalejas (Badenes 2003).

El final de la guerra se dedicó principalmente a publicar las noticias de los reservistas que volvían a Castelló de la Plana y que llegaban en condiciones de auténtica miseria. Por ello, desde el *Heraldo* se pedían ayudas a las autoridades para los que habían ido a «defender a la patria contra los desleales» (De Miguel, Izquierdo y Navarro 2014, 20). Poco a poco, los artículos fueron pasando progresivamente a otros aspectos de la vida política y social, mientras las tragedias familiares quedaban olvidadas por los que tiempo atrás vitoreaban, alentaban y aplaudían desde los andenes la despedida de los reservistas que debían cumplir con «su deber» como patriotas.

El desánimo saltó a las páginas del *Heraldo* como ocurrió con tantos otros periódicos españoles al final de la guerra. El 98 marcó no solo una crisis económica, ese año es sinónimo también de crisis ideológica y del surgimiento de un regeneracionismo que se manifiesta de forma generalizada después del «desastre» (Sánchez y Montero 2004). Aunque ya antes encontramos expresiones de crítica al sistema político y denuncia de los problemas sociales, donde

---

socorro de los enfermos e inútiles de la guerra de cuba y filipinas», *Heraldo de Castellón*, 16 de noviembre de 1896.

se ven indicios de que una nueva vida política y social se está gestando, por ejemplo, con la creación de nuevos lugares de reunión y
debate para la clase política, tanto a nivel nacional como provincial,
y por tanto trasladado a la provincia de Castellón. Precisamente,
estas reuniones en la ciudad de la Plana aparecen en el *Heraldo
de Castellón* a partir de artículos en los que se habla de las veladas
organizadas en el Casino, lugar de reciente creación y de reunión
de las clases de poder social y político del Castelló de la Plana de
la época.

Vemos surgir un público elitista que se reúne, discute, trata los
temas políticos y demanda información y necesita también del poder de la comunicación y de conocer de otras corrientes ideológicas,
lo cual facilita, como veremos, que las publicaciones en estos años
marcados por diferentes corrientes ideológicas, en muchos casos
surjan por la necesidad de atender una nueva política y de responder a las necesidades de otro tipo de sociedad naciente.

Además de la guerra de Cuba, otro de los aspectos que nos permite comparar las posturas de nuestro personaje con la opinión de
su «mentor» político es el relativo a las políticas fiscales. Los consumos era un sistema fiscal implantado en el año 1845. Se trataba
de un impuesto contrario a la conciencia colectiva de finales del
siglo XIX que lo consideraba «levísimo para el rico, ruinoso y ani-
quilador para el proletariado» (Forner 1993). El «odiado impuesto»
venía fijado por el Gobierno y recaía sobre los productos de «comer,
beber y arder», por ello los progresistas vieron en él todos los males
para la clase obrera (Reig 1986, 173). El municipio se quedaba una
parte del impuesto y el resto se lo entregaba al aparato estatal. La
recaudación se hacía mediante el reparto a los gremios, encabeza-
mientos, fielatos o casetas de consumos.

Este impuesto, combatido por los liberales españoles desde
1812 (Canalejas 2004), fue ampliamente criticado en un artículo
publicado en el *Heraldo de Castellón* y firmado por Manuel Iranzo

Benedito (Paniagua y Piqueras 2006) que, consideramos, refleja y resumen bien el sentir del *Heraldo de Castellón* (muchos otros artículos similares se publicaron en sus páginas) y su tajante postura en contra de su continuidad. Se trata de una reivindicación que formaría parte del ideario político de José Castelló y Tárrega, como veremos más adelante. Veamos de momento el parecer de Iranzo:

La cuestión de los consumos. La contribución de consumos en España, en su doble aspecto de tributo al estado e impuesto municipal se basa en un equívoco legal, consecuencia lógica de todo el sistema político imperante, mediante el que la intervención abusiva del Estado no ha respetado leyes, ni éste se ha cuidado siquiera de procurárselas definidas y claras para conectar sus ataques a la autonomía de los municipios. La demostración es sencilla. La ley municipal vigente, al enumerar, en su artículo 135, los ingresos de los ayuntamientos, autoriza los impuestos sobre los artículos de comer, beber y arder, y más adelante, en el 139, añade que para el cumplimiento de tal autorización, el Ayuntamiento y asociados, reunidos en Junta, determinarán las especies que han de ser objeto del impuesto de consumos, así como las tarifas por las que se haya de regir su exacción y la forma en que esta haya de hacerse. Las tarifas -viene a continuación- no excederán en ningún caso del 25 por 100 del precio del artículo en la localidad respectiva, según su clase. Al redactarse de tal suerte la ley, se tenía presente y a la vista de la legislación francesa. Allí, el impuesto de consumos es puramente municipal, sin que el Estado perciba por tal concepto suma alguna. Leyendo el texto transcrito, parece que lo mismo iba a suceder en España. Regía, no obstante, al promulgarse tal ley, el decreto de 26 de junio de 1874, por el que se habían restablecido los consumos con el carácter de contribución del Estado con todo el pormenor de tarifas, géneros sujetos a las mismas, etc. Uno y otro cuerpo legal estaban en oposición flagrante, sin embargo, nadie imaginó siquiera el segundo pudo haber derogado al anterior, y las sucesivas leyes de presupuestos continuaron anualmente, convalidando la vigencia del citado decreto.

Al Ayuntamiento de Madrid hubieron de saltarle dudas sobre cuál de las dos leyes había de cumplirse. Pronto resolvió el Gobierno la dificultad, y por medio de una Real Orden declaró que era de ineludible observancia la de presupuestos, y que debía tenerse por modificada la municipal. Todavía luego ha llegado el atropello a mayor límite, pues variadas las tarifas por la ley de presupuestos de 1888, se subieron estas, rebasando ya de un modo descarado el límite, del 25 por 100; y como las tarifas continúan intangibles y el precio de los géneros fluctúa, se da el caso del vino que, valiendo 50 céntimos el decalitro, paga por consumos en Castellón, por ejemplo, 1´84 pesetas, y así por el estilo en las demás poblaciones. ¿Puede esto continuar? Es de tal naturaleza la cuestión, que exige una acción eficaz y justiciera por parte de los poderes públicos. Se trata de algo más que del interés respetabilísimo y capital de una producción que por su extraordinaria importancia se relaciona con toda la vida económica nacional, cuya producción no pide sino ser reintegrada a la equidad y al derecho; se trata de la autonomía y de la descentralización municipal, hoy sobre el tapete; se trata de saber si va a seguir siendo posible en nuestro país que los preceptos sustantivos de las leyes orgánicas sean anuladas por reales órdenes y que el Poder Ejecutivo muy potente no encuentre límites a sus demasías en el Parlamento. De todo esto puede y debe tratarse alrededor del asunto, al parecer secundario cuál es el de los consumos sobre el vino. Realizándose así mediante su planteamiento una enérgica apelación a la realidad práctica de la vida española.

M. Iranzo Benedito.[190]

Los editoriales se sucedían contra el impuesto en el año 1901 justo cuando José Castelló y Tárrega mostraba su cara más reivindicativa, suponemos que motivado por las próximas elecciones a

---

190. «La cuestión de los consumos», *Heraldo de Castellón*, 22 de agosto de 1901.

las que iba a concurrir como candidato. De hecho, hizo de este mensaje su lema, tal vez buscando la reacción de los sectores más desfavorecidos que podrían ver en él y en su política un referente y defensor de los más necesitados, con programas dirigidos a un sector proletarizado y agrícola que interpretaba este impuesto como un agravio a sus escasas rentas. En plena campaña electoral, en uno de sus mítines habló de un regeneracionismo necesario de la sociedad que todavía vivía en el letargo de antiguas tradiciones y no intentaba cambiar aquello que la oprimía: «¿Qué supone la traba eterna de los consumos, al lado de una corrida de vaquillas? Nada… y así somos así seremos. ¡Pobre España y pobres de aquellos que se empeñan en la urgente necesaria obra de la regeneración del pueblo!».[191]

El posicionamiento de José Castelló y Tárrega sobre la cuestión de los consumos respondía a aquello que Canalejas difundía en su ideario político, aunque era también consecuente con la línea reformista y progresista que siempre sostuvo para Castelló de la Plana y su provincia en la medida de sus posibilidades comunicativas, de influencia y políticas.

Canalejas, según Salvador Forner, abogó por la paulatina introducción de impuestos individuales de carácter progresivo y por una disminución de los que gravaban los productos básicos de consumo, lo que sería, a su entender, la puesta en práctica de una política social efectiva. Este tipo de acciones en beneficio de los más desfavorecidos formaron parte igualmente del ideario de Castelló y Tárrega desde sus inicios y fueron una constante en su programa político y en sus demandas expresadas desde su tribuna periodística. Así lo formuló con relación al vino:

---

191. «Castellón», *Heraldo de Castellón*, 22 de agosto de 1901.

La campaña contra los consumos sobre el vino, en buena hora inicia en el Congreso por nuestro ilustre y entrañable amigo don José Canalejas y tan competente y activamente secundada desde entonces en las mismas cortes, en la prensa y en los meetings por el joven diputado por Albaida don Manuel Iranzo, marcha viento en popa y todo hace esperar el éxito a qué aspiran sus prestigiosos campeones y el que debemos aspirar todos. Castellón y su provincia se están pronunciando completamente en favor de tan legítima iniciativa y lo mismo ocurre en Valencia y Alicante. La comisión provincial, ayer y hoy el Ayuntamiento, se han adherido al mitin monstruo de Albaida y a estas adhesiones que nos producen vivísima satisfacción, no creemos que tardarán mucho en seguir los de los demás ayuntamientos y centros agrícolas de la provincia. Adelante sin desmayos hasta conseguir, ahora la supresión de los consumos en los vinos y después, la absoluta abolición de tan odioso y odiado impuesto.[192]

El nombramiento de José Castelló y Tárrega como delegado de la abolición de consumos en la provincia, que hemos apuntado anteriormente, hacía que su imagen se asociara, una vez más, a un motivo cercano al pueblo, sabedor que era un impuesto muy criticado y que abanderar esta lucha le podía reportar beneficios.

La opinión sobre la religión fue otro de los puntos que acercaban a nuestro protagonista a José Canalejas. La religión cristiana tiene un componente muy marcado en las páginas del *Heraldo de Castellón* en consonancia con la religiosidad manifiesta de su director. De hecho, los apartados religiosos llenaron el diario con artículos y expresiones relacionadas con los designios divinos. Son muchas las exaltaciones a renombrados hombres de la iglesia tildados de «buenos cristianos», donde también aparecen expresiones de

---

192. «Los consumos, El vino y la exportación», *Heraldo de Castellón*, 23 de agosto de 1901.

invocación a las fuerzas divinas. En muchas de las noticias de sociedad aparecen banquetes con sacerdotes o miembros destacados de la Iglesia y por eso se entiende que una de las faltas o agravios importantes que se le podía hacer a un político, a un grupo o a persona individual desde el periódico que dirigió Castelló y Tárrega, era el de no ser buen cristiano.

La religiosidad está presente así en cada uno de los números del periódico, bien sea para anunciar la celebración de misas, por rogativas para sanar a algún amigo o conocido del periódico, o para recoger noticias y actos religiosos que aparecen en apartados específicos –lo cual es una evidencia de la importancia que se le concede a esta cuestión– a los que han acudido personajes ilustres a los que se nombra expresamente, u otros acontecimientos cuya realización futura se anuncia.[193]

Por ello, nos parece de obligada mención algunos de los sucesos en los que José Castelló y Tárrega se mostró benevolente con el clero local, siempre en pugna con los miembros del Partido Republicano, situaciones que también muestran los cambios en su posicionamiento dependiendo del interés político del momento. Uno de estos casos fue la demanda, por parte de la facción republicana, del cambio del nombre de la calle San Joaquín a Ruiz Zorrilla, lo que motivó la respuesta contraria del clero local y el posicionamiento de Castelló y Tárrega que interpretó este hecho como una falta de respeto a la institución y a los valores morales de la Iglesia.[194] Mayor resonancia tuvo en estos primeros años, en lo que a la cuestión religiosa y a Castelló y Tárrega se refiere, el enfrentamiento del clérigo y colaborador del *Heraldo de Castellón*,

193. Sirva como ejemplo: «Muere en Castellón el obispo don José Climent. Efeméride del día», *Heraldo de Castellón*, 28 de noviembre de 1895.
194. Más información sobre el cruce de acusaciones y reproches entre ambos periódicos en «Notas municipales. Lo de la calle de San Joaquín», *Heraldo de Castellón*, 26 y 27 de junio de 1895.

Antonio Faulí, y la facción republicana, una situación que se conoció como el primer acto antiliberal de Castelló de la Plana, a decir de Ferran Archilés. Después de la muerte de González Chermá, el conocido como Padre Faulí, criticó que no apareciera ninguna cruz en la esquela del líder republicano,[195] comentario que motivó la respuesta de *El Clamor de Castellón*, en un artículo titulado «Dios ha muerto». La respuesta de Faulí en otro artículo, siempre desde el *Heraldo de Castellón*, no se hizo esperar. En él pedía responsabilidades y que apareciera el autor de lo que consideraba una afrenta al poder de la Iglesia: «Digan quién es, no me tenga miedo ni le intimide mi sotana: porqué yo soy un pobre sacerdote ignorante (como el Clamor suele llamar a los clérigos)».[196] Detrás, decía, estaban aquellos a los que acusaba de pertenecer a una logia masónica, o de estar «endemoniados» por su ateísmo, además de declararse anticlericales.[197]

Tras más de tres meses de incendiarios artículos reproduciendo la polémica entre ambos contendientes, el suceso perdió fuerza, y se cobró una excomunión del secretario del Ayuntamiento, Agustín Betoret, uno de los personajes más activos en la lucha abierta contra el padre Faulí.[198] El cruce de acusaciones que parecía haber terminado reapareció con más fuerza, si cabe, en los últimos meses de 1897. Gasset citó al padre Faulí a un debate público en el Teatro Principal de Castelló para exponer sus posturas, pero el clérigo no acudió alegando que los asistentes no eran académicos y sí gente

---

195. «Ecos de la opinión. Una carta del Padre Faulí», *Heraldo de Castellón*, 28 de julio de 1896.

196. «Ecos de la opinión. El Padre Faulí á El Clamor», *Heraldo de Castellón*, 20 de agosto de 1896.

197. «Carta abierta. Del Padre Faulí», *Heraldo de Castellón*, 26 de octubre de 1896.

198. «Carta abierta Del Padre Faulí», *Heraldo de Castellón*, 21 de diciembre de 1896.

analfabeta «vociranga y asalariados, sin ninguna formación», detalle que ejemplifica que para algunos, como este clérigo, aún seguían vigentes las distinciones sociales entre estamentos.[199] De esta polémica no quedaría al margen José Castelló y Tárrega, al estar al frente del periódico que le dio cobertura. Tampoco en la que en 1899 enfrentó a los feligreses que celebraban la festividad del Corazón de Jesús contra los republicanos. En esa ocasión tuvo incluso que escoltar al sacerdote que ofició la misa y aprovechó el diario para lanzar mensajes de calma. Esta posición neutral fue vista por los republicanos como un posicionamiento en favor del clero, hecho que no favorecería a nuestro protagonista en su acercamiento meditado para ganarse la aceptación de las capas más populares.[200] El caso llegó hasta *El Pueblo* de Blasco Ibáñez en lo que entendemos debió de ser una situación comprometida para Castelló y Tárrega, que quedaba así en la encrucijada de defender a los miembros de la Iglesia por una cuestión de creencias, pero también para mantener a lectores de la burguesía que, en opinión de Martínez Cuadrado, solían ser clericales, ya fuera por cobardía o por debilidad, pero a los que también se debía, a juzgar por los anuncios que publicaba en su vocero.

Este tipo de polémicas no era exclusivo de la provincia de Castelló de la Plana. Las manifestaciones anticlericales se sucedieron en la mayoría de ciudades españolas en esos años y el antijesuitismo se convirtió en un «cuerpo de doctrina» para los republicanos, con ello, la cuestión religiosa se convirtió en uno de los problemas más importantes en una sociedad deprimida después del desastre colonial (Archilés 2002a).

---

199. «En el Teatro Principal. Conferencia de D. Fernando Gasset», *Heraldo de Castellón*, 20 de noviembre de 1897.

200. «La gran vergüenza de ayer. Nos equivocamos», *Heraldo de Castellón*, 7 de agosto de 1899; «Lo de los escudos del Sagrado Corazón de Jesús», *Heraldo de Castellón*, 7 de agosto de 1899.

Bien fuera por convicción, o por pura estrategia comercial, o quizás por ambas cosas a la vez, la verdad es que José Castelló y Tárrega, profundo creyente declarado (igual que Canalejas) nunca dudó en hablar de la cuestión, siempre enalteciendo al clero de la provincia que aparece muchas veces relacionado con su persona. De hecho, su posicionamiento religioso fue mayor, o al menos más demostrado públicamente que el de Canalejas, quien destacó por atacar duramente al clero español. En este caso, hay que distinguir entre anticlericalismo y antirreligiosidad, y esta última nunca fue explicitada por Canalejas.[201]

Su marcada religiosidad no se mantuvo constante a lo largo de toda la etapa que ahora nos ocupa. Precisamente, una de las evoluciones más acentuadas dentro del ideario de Castelló y Tárrega, y por extensión dentro del periódico que dirigió, fue la cuestión religiosa que paulatinamente fue perdiendo espacio en las páginas del rotativo, sobre todo desde comienzos del nuevo siglo cuando fue nombrado nuevo director su hermano Ramiro Castelló Tárrega (adoctrinado también y perteneciente al Partido Liberal Democrático).

De todos modos, ese descenso en una cuestión de importancia notoria para el rotativo[202] no parece ser debido únicamente a la nueva dirección asumida en el año 1902. Más bien parece que se siguió la línea editorial marcada e impuesta desde la fundación del periódico por su hermano José. Por ello, una primera explicación que podríamos dar a esta evolución es que desde la dirección

---

201. Dentro de la antirreligiosidad se encuadran las expresiones en contra del dogma o de las ideas, mientras que las manifestaciones anticlericales tienen como objetivo las instituciones religiosas y sus representantes.

202. «Instantanea», *Heraldo de Castellón*, 4 de mayo de 1895. También en la misma línea de exaltación religiosa, la mención de la llegada de las monjas capuchinas a la ciudad en «Una carta de las Capuchinas de Guatemala», *Heraldo de Castellón*, 13 de julio de 1895.

general del partido se marcó la tendencia a seguir en lo que a la religión se refería, suavizando por tanto las noticias de ese género y las referencias al clero para mantener una línea editorial común y un cuerpo ideológico de partido sin diferencias notables en las provincias, algo que puede verse tanto en el *Heraldo de Castellón*, como en su homónimo madrileño.

Por otra parte, Canalejas se identificó dentro de la corriente centrada en la justicia social y se caracterizó por tener una concepción radical de la democracia y defender un humanismo cristiano (Forner 1993). Esto hizo que se le considerara como un religioso anticlerical. En ese sentido, volvemos a marcar la diferencia entre antirreligiosidad y anticlericalismo, especialmente en el caso de Canalejas, un católico liberal que tenía en su propia casa una capilla y que, a decir de su esposa, llevó siempre una medalla de la Virgen de Guadalupe y otra de la Virgen del Pilar (Fernández 1955), emergió, sin embargo, como la máxima representación del anticlericalismo gubernamental, pero controlado, ajeno a las manifestaciones populares y enclavado en el tradicional anticlericalismo liberal (La Parra y Suárez 1998).

Religioso y creyente, el líder liberal quiso relegar a la Iglesia al lugar que creía le correspondía, es decir, separada de la política, con el deseo de que nunca pudiera intervenir en cuestiones de Estado, promoviendo además una educación laica y sin que esta institución pudiera imponer dogmas a los más jóvenes. Aunque consideraba importante que la Iglesia estuviera involucrada en la educación, sin embargo, lo veía peligroso por los poderes que podían obtener desde los centros educativos y el ideario concreto que podían inculcar a los alumnos. Canalejas representaba así la educación laica y la «defensa de la tradición ilustrada» (Reig 1986, 171).

Su acercamiento al líder seguramente llevó a José Castelló y Tárrega, en su intento de implementar la misma línea de partido a nivel provincial, a abandonar su primigenia afinidad manifiesta al clero y la línea de apoyo a la Iglesia provincial. De todos modos, no podía ser lo mismo el Madrid de Canalejas, anticlerical y punto central del Estado, que el Castellón de José Castelló y Tárrega, anclado más en la continuidad y con una Iglesia con presencia social y política importante, aunque el liberalismo fuera un elemento que definía la idiosincrasia castellonense (Garrido 1984b). De hecho, el de la Plana siempre tuvo esa proximidad con el clero que tal vez Canalejas no necesitó en el ámbito estatal. Para desenvolverse en la vida de la ciudad pequeña y de la provincia, Castelló y Tárrega sí que la requería por el poder que tuvo la Iglesia y por el hecho de que un hombre que quisiera ascender de nivel social dentro de su red de amistades tenía que tender buenos lazos con la institución y, por ende, con sus representantes.

Las páginas del *Heraldo de Castellón* sirvieron para difundir en la provincia el ideario político de Canalejas con publicación puntual de sus manifestaciones y discursos. También se expresaba sobre el clero y la Iglesia y, haciendo gala de su anticlericalismo, manifestaba su deseo de que esta institución y sus representantes fueran sometidos a la Ley de Asociaciones como lo estaban el resto de organizaciones del país, en clara discrepancia con Sagasta (Sevilla 1956).

Todos los puntos analizados hasta aquí en relación con el ideario de José Canalejas recuerdan –con la excepción del tratamiento específico de la cuestión religiosa– las propias manifestaciones hechas en el rotativo castellonense por su fundador, como no podía ser de otro modo teniendo en cuenta que defendían la misma ideología.

Cabe la posibilidad –según la opinión de José Varela– de que el anticlericalismo de Canalejas respondiera a una estrategia calculada para atraer a la izquierda (Forner 1993), posibilidad que cobra fuerza en el caso de Castelló y Tárrega, pero lo cierto es que, bajo nuestro punto de vista, fue la controversia moral más complicada de sostener para este personaje del que conocemos, ya no solo por sus publicaciones en su diario, sino también por el testimonio de sus descendientes directos, de su acendrada religiosidad.

Otro paralelismo que encontramos entre los dos personajes es la importancia que le dieron los dos a la prensa. Si Castelló y Tárrega dejó de ejercer como maestro para dedicarse al periodismo, algo similar hizo también José Canalejas en 1893, tras las continuas desavenencias políticas surgidas en el seno del Partido Liberal (Seoane y Saiz 2007). En este periodo ejercía la abogacía, pero su verdadera pasión se encontraba en el periodismo y, junto a su hermano Luis, adquirió *El Heraldo de Madrid* (Seoane y Saiz 1996).

La prensa se consideraba un poderoso instrumento político, difundía los éxitos propios y exageraba los fracasos de los adversarios (Sevilla 1956). De su valía era buen conocedor Canalejas, como lo fue también José Castelló y Tárrega, y por ello, inmersos en una coyuntura política revuelta, ambos apuntalaron sus proyectos en ella. Como hemos visto, cuando en 1895 Castelló y Tárrega reaparecía en la escena local con el *Heraldo de Castellón*, lo hacía igualmente tras un dilatado proceso de escisión de su partido en la provincia paralelo al que vivía Canalejas (Fernández 1955), por ello no quedaba lugar para ambigüedades, adquiría el nombre del diario propiedad de Canalejas adaptándolo a la ciudad de Castelló, nada podía ya ocultar las intenciones de José Castelló y Tárrega en la provincia de la Plana.

La relación que se estableció por tanto entre ambos personajes aparece íntimamente ligada a la coyuntura política provincial y especialmente a la necesidad de establecer redes de apoyo para lograr cualquier objetivo político propuesto. Pocos estudios de la Restauración no tienen entre sus páginas la definición obligada de clientelismo. Una de las premisas de la definición, que más se adapta a lo que intuimos que sucedería en la relación entre Castelló y Tárrega y Canalejas, es la que detalla el clientelismo como una relación entre desiguales, con intercambios recíprocos que se consideran beneficiosos para ambas partes (Robles 1996). Si sustituimos las variables, tenemos la desigualdad existente entre José Castelló y Tárrega y José Canalejas. El primero, joven, humilde que sale del pueblo, quiere posicionarse y ascender. Canalejas, ilustre, político y ministro, pero que necesita un homólogo, a ser posible ambicioso, para su proyecto en la provincia.

De ese modo, en los aproximadamente 22 años que duró su relación (1890-1912) y analizados diferentes aspectos que tuvieron en común, nos hemos acercado al grado de «amistad» o la relación de intereses que existió entre ambos. Lo hemos visto, por ejemplo, en el paralelismo existente entre las opiniones que ambos personajes vertieron sobre el conflicto cubano de finales del siglo XIX. José Canalejas fue crítico con el gasto económico y de vidas humanas que estaba suponiendo. En 1897, con la muerte de Cánovas todavía coleando y después del fallecimiento de su primera esposa, María Saint-Aubin,[203] el *Heraldo de Castellón* publicaba –haciendo gala de la cercanía con el exministro– la carta en la que Canalejas le anuncia su salida para conocer de primera mano qué sucedía en Cuba (Canalejas 1928) un viaje que haría acompañado de su cuñado Alejandro Saint-Aubin (Paniagua y Piqueras 2006). Castelló y Tárrega quiso unirse a la expedición pero, al parecer, según apuntó en el diario, la oposición familiar se lo impidió.[204] Eso sí, acudió a la despedida de Canalejas en el puerto de Valencia como muestra de amistad y le hizo entrega de una imagen de su difunta esposa realizada por el escultor «de la casa», Antonio Escuder.[205] De esta noticia dejó constancia el *Heraldo de Castellón* para que el lector tuviera una prueba más del grado de amistad existente entre ambos. Desde

---

203. «Castellón», *Heraldo de Castellón*, 28 de julio de 1897.

204. «Si logra vencer la resistencia de su familia, acompañará también a este viaje al ilustre demócrata el director de El Heraldo, señor Castelló y Tárrega». «Castellón», *Heraldo de Castellón*, 28 de agosto de 1897.

205. «Castellón», *Heraldo de Castellón*, 23 de septiembre de 1897.

La Habana, José Canalejas envió artículos al *Heraldo de Madrid*, hasta que el Gobierno los intervino por dar una visión pesimista del viaje (Espina 1960). En enero del año 1898, cuando volvió a España visiblemente desmejorado (Canalejas 1928), Castelló y Tárrega manifestó que no podría viajar hasta Cádiz para recibirlo por encontrarse aquejado de uno de sus múltiples resfriados que lo obligaban a guardar cama.[206]

De ese modo, José Castelló y Tárrega mostraba proximidad a José Canalejas y su relación como una verdadera amistad, aunque se mantuviera a través de cartas. En la etapa de la Restauración fue muy común la correspondencia directa entre clientes y patronos. Las relaciones clientelares, como podría ser la que nos ocupa, mantenían elementos afectivos y el tratamiento de «amigo» era muy habitual (Moreno 1995). La distancia desgasta las relaciones y las misivas eran el alimento necesario para mantener el contacto de una relación de intereses (Piqueras 2008).

Otro ejemplo de esta época, en relación con la comunicación directa y personal entre ambos personajes, se produjo con la muerte de la primera esposa de Canalejas, María Saint-Aubin, en el año 1897. En este caso, José Castelló y Tárrega decidió que era importante que el lector supiera que Canalejas le respondió a su preocupación por el estado de salud de su esposa, la que, a pesar de la leve mejoría que refería su cónyuge, fallecía pocos días después de la misiva: «El joven exministro liberal don José Canalejas escribe al director del Heraldo que su señora ha experimentado algún alivio en la grave dolencia que le aqueja».[207]

---

206. «Castellón», *Heraldo de Castellón*, 22 de enero de 1898. Al llegar a España ya se sabe de sus gestos como el de pensionar a 18 soldados heridos durante la guerra. «Castellón», *Heraldo de Castellón*, 20 de enero de 1898

207. «Castellón», *Heraldo de Castellón*, 19 de julio de 1897.

Es imposible saber si detrás de estas misivas publicadas en el periódico castellonense se escondía una preocupación sincera de su director por su afligido amigo o es una muestra más de una relación cordial establecida por interés como tantas otras que Canalejas estableció en otros puntos de la geografía española, lo que sí podemos afirmar es que de esa relación dio buena y cumplida cuenta el *Heraldo de Castellón*: «... el director de El Heraldo que tiene con el Sr. Canalejas Menéndez la Antigua y leal amistad que ya conocen nuestros lectores, expidió un largo despacho telefónico al atribulado viudo...».[208]

Que existió relación entre ambos es obvio por tratarse de políticos del mismo partido y tal vez Canalejas guardaba ciertas simpatías hacia Castelló y Tárrega, pero no nos es posible afirmar con rotundidad que existiera una verdadera relación de amistad entre ambos en esos años. Entendemos que durante las visitas de Canalejas a la ciudad de Castelló de la Plana en los diferentes certámenes literarios se reuniera con Castelló y Tárrega junto con otros miembros del Partido Liberal, pero nunca, que sepamos, se vieron solos en casa de nuestro biografiado, puede que esto fuera por motivos de agenda del político gallego, pero nos parece más extraño que, si había una auténtica relación de amistad, no conste ninguna felicitación por los nacimientos de los hijos de Castelló y Tárrega, ni tampoco condolencias por la desgraciada muerte del primero. En ninguno de estos trascendentales casos se hace mención desde el *Heraldo de Castellón* de ninguna carta de Canalejas, lo que resulta significativo conociendo el proceder de publicitar cada una de ellas en el periódico, como hemos visto en otros tantos casos.

---

208. «Castellón», *Heraldo de Castellón*, 28 de julio de 1897.

CAPÍTULO 3

ENTRE EL DESEO DE PROGRESO Y LA ESTRATEGIA POLÍTICA. IDEARIO DE JOSÉ CASTELLÓ Y TÁRREGA APLICADO A LA CIUDAD DE CASTELLÓ DE LA PLANA ENTRE SIGLOS

Ante todo, José Castelló y Tárrega era político. Su estrategia personal y periodística así lo señala. Y como político trazó una línea de trabajo centrada en la mejora de la ciudad que lo acogió. Su idea de ciudad pasaba por promover los cambios y mejoras que requería para ser una ciudad moderna, digna de ser la capital de la provincia y, por qué no, mirar de igual a igual al resto de capitales de provincia españolas. No solo sería de vital importancia −como acostumbramos a leer en la bibliografía de la época−, la construcción del puerto, también promover el civismo, la educación, la higiene y otras tantas mejoras urbanísticas que fueron las premisas que se iban a repetir a lo largo de toda su trayectoria profesional, por lo que consideramos que es importante que queden reflejadas en este trabajo.

Consciente del importante atraso económico y de la existencia de una estructura social «injusta» común a toda España (Moreno y Núñez 2013, 21-24), José Castelló y Tárrega dirigió sus esfuerzos en beneficio de aquello que consideraba mejor para la ciudad y sus habitantes, sus acciones tuvieron un denominador común: la idea de regeneración, progreso y reformismo social. Tras su elección como edil del Ayuntamiento de la ciudad en las postrimerías de 1901 –momento en que cerramos este capítulo–, pudo poner en práctica todas sus demandas, quedando encargado de la supervisión del mercado, lo que le dio la oportunidad de demostrar que no eran solo exigencias hechas desde su tribuna, sino que, como veremos, trabajó con ahínco para conseguirlas precisamente en la etapa previa a su debut en el consistorio, que es de lo que ahora nos ocupamos. Empezamos con sus propuestas higiénicas.

1. Limpieza, salubridad, civismo... y los mendigos

Sabemos que José Castelló y Tárrega llegó a Castelló en el año 1890. Desde entonces dedicó su tiempo y sus esfuerzos de manera altruista a embellecer, en la medida que pudo, la ciudad promoviendo distintas iniciativas que todavía hoy podemos reconocer en el Castelló de la Plana actual. Este esfuerzo por la ciudad creó, sin embargo, recelos en sus adversarios políticos que, de manera simplista se dirigieron a él como «forastero», recordándole que no había nacido en la ciudad, como fue el caso del colega de la prensa conservadora *El Regional*, lo que le llevó a aducir que tanto su madre como su tío, el conocido José Tárrega, exalcalde y exdirector del Hospital Provincial, eran de Castelló de la Plana.[209]

Numerosos artículos publicados en su diario muestran el amor de José Castelló y Tárrega por la capital de la Plana, por su «querido Castellón».[210] Y ello tuvo reflejos a su vez, en su ideario y especialmente en sus propuestas dirigidas a incidir directamente en el día a día de la ciudad y de todos los estratos sociales que

---

209. «Castellón», *Heraldo de Castelló*, 23 de agosto de 1898.
210. «Vall d'Uixó. Impresiones de mi viaje», *Heraldo de Castelló*, 21 de octubre de 1899.

en ella convivían y que iban creciendo con el paso de los años, como estaba ocurriendo también en el resto de España. Los censos demográficos de 1887 y 1900 dejaban constancia de un importante incremento urbano en general, reflejo de las transformaciones sociales, aunque el país seguía compuesto en su mayoría todavía de población rural, solo el 9 por ciento de la población española de 1900 vivía en una ciudad. El carácter urbano de algunas pequeñas capitales venía condicionado por la existencia de Ateneos, prensa, institutos, hospitales y todo tipo de edificios públicos. Con todos esos elementos, el ferrocarril y un puerto, en el caso de las ciudades costeras, generaban tráfico e intercambio de mercancías y personas. Así, las nuevas calles y ensanches respondían a una necesidad, ya no solo de orden y embellecimiento citadino, sino también del incremento de población y especialmente del asentamiento de una nueva burguesía que buscaba espacios de residencia ubicados fuera de los centros históricos que en la mayoría de los casos estaban deteriorados y envejecidos (Sánchez y Montero 2004).

José Castelló y Tárrega era conocedor de la tendencia higienista imperante desde la década de los 90 del siglo XIX y su diario se convirtió en la voz de una burguesía castellonense preocupada por la sanidad y la salubridad en la ciudad (Mas 1997). El cambio debía partir no solo de las instituciones públicas, también de la concienciación ciudadana y especialmente de erradicar sus prácticas antihigiénicas,[211] como ejemplifica el artículo que denunciaba que las calles de Castelló de la Plana parecían auténticos vertederos:

---

211. «Ruegos al alcalde», *Heraldo de Castellón*, 13 de febrero de 1895; También en «Crónica», *Heraldo de Castellón*, 30 de mayo y 1 de junio 1895. Para conocer más de la demanda de urbanización de la plaza del Ayuntamiento de Castelló de la Plana: «Castellón», *Heraldo de Castellón*, 7 de diciembre de 1897; «Y vamos viviendo… en Chodos», *Heraldo de Castellón*, 27 de agosto de 1901. Más información de la campaña de mejora de la ronda Mijares en «Castellón», *Heraldo de Castellón*, 29 de agosto de 1901.

Pase –que no debía pasar– lo que cada vecino disponga, su capricho de la vía pública. Pase también –que tampoco debía pasar– lo de que las criadas conviertan en sentinas de los corrales de sus casas, el arroyo de la calle. Pero de lo de la matanza de los cerdos en aquel mismo sitio, eso, señor alcalde, eso señores concejales, no puede pasar.[212]

El Hospital Provincial sería el eje desde donde pivotaría el cambio en la higiene y la sanidad, en una ciudad que, como vemos, reclamaba avances inminentes (Mas 1997).

Entre las demandas de nuestro protagonista relacionadas con la salud cobró especial importancia la del mercado de la ciudad, ya no solo por ser una de las plazas más caras de España tras la de Madrid y Bilbao, según el *Heraldo de Castellón*, sino también, y precisamente, por sus malas condiciones y su insalubridad.[213] Así lo resumían en 1895:

Nadie que dé una vuelta por nuestros mercados seguramente habrá de salir satisfecho del celo de nuestro municipio. Las inmundicias y basuras de todas clases que se encuentran en los mismos en forma de muladares, lo mismo que los olores nauseabundos que hay, son una prueba inequívoca de la falta de celo de quienes están obligados por razón de sus cargos a velar por la salubridad del pueblo que habitamos. Tanto la pescadería como los puestos de frutas, son focos permanentes de infección que además de lo perjudicial para la salud resulta, es

---

212. «¿En dónde estamos? ¡en Castellón o en Chodos!», *Heraldo de Castellón*, 23 de enero de 1895. En otro de sus editoriales se hacía eco de las inmundicias de una vía de la importancia de la Calle Herrero: «Castellón», *Heraldo de Castellón*, 9 de enero de 1900.

213. «¿Se necesita un orden en los precios?», *Heraldo de Castellón*, 3 de agosto de 1896; «Castellón»; «Y en Castellón ¿cuándo se forma la cooperativa de que tan necesitadas están todas las clases sociales como único remedio a los abusos de nuestra plaza?»; «Castellón», *Heraldo de Castellón*, 26 de enero de 1900.

también bochornoso y a la vez repugnante que se venga con tanta indiferencia tolerando.[214]

El *Heraldo de Castellón* nos presenta en sus diferentes números a un José Castelló y Tárrega implicado en distintas causas para la mejora de la ciudad, percepción que pudiera estar contaminada por ser extraída desde su propio rotativo, pero que nos la constatan sus coetáneos de diferente signo político, lo que nos ayuda a reafirmar nuestras hipótesis: «La prensa, particularmente en el *Heraldo de Castellón* es el periódico que más directamente se ha ocupado de este importante asunto, evidenciando la escandalosa carestía que se viene observando en nuestro mercado, y proponiendo medios conducentes a su abaratamiento» (Ribelles 1905, 238).

Los juegos en la calle era otro de los motivos de queja de José Castelló y Tárrega. En su nombre, y posiblemente empujado también por suscriptores influyentes del diario, manifestaba en sus columnas el descontento por el caso omiso que las autoridades hacían ante el juego de pelota a mano que se practicaba en las calles de la ciudad (Llopis, 1999). Para la práctica de este juego se utilizaba cualquier fachada lisa como frontón, con el consecuente agravio del propietario pero también de los viandantes: «Se juega a pelota en la salina, se juega en la fachada de Santa María, en la de San Miguel, en la de San Agustín; en la misma del Gobierno civil y [...]. ¿A qué cansarnos citando más puntos? [...]. Se juega a todas partes y a todas horas».[215]

---

214. «Los mercados de Castellón», *Heraldo de Castellón*, 20 de mayo de 1895.

215. «Castellón», *Heraldo de Castellón*, 12 de mayo de 1898; «¿Hasta cuándo?», *Heraldo de Castellón*, 7 de febrero de 1896; «Castellón», *Heraldo de Castellón*, 29 de abril de 1899. Todavía existen en la mayoría de pueblos de la provincia pequeñas hendiduras en las paredes construidas exprofeso para evitar el golpeo de la

Otro de los juegos practicados en la calle que causaba igualmente importantes molestias y las consecuentes quejas desde el diario hacia las autoridades, fue el *frendi*, habitualmente practicado por niños. Este juego requería de una pieza de hierro en forma de cuña y un palo para lanzarla a gran velocidad, por lo que en ocasiones hería a algún viandante.

> Otra vez, los chiquillos –publicaban en 1895– vuelven con piezas cuadradas de hierro a jugar por las calles a eso que ellos llaman Frendy y peligran las piernas del pobre transeúnte. Habiendo sellado el caso, que se lastimara alguno. Que los alguaciles recojan esas piezas de media libra de hierro con que aquellos se dedican a sus infantiles juegos y se evitará el que se moleste y lastime al transeúnte.[216]

Entre las diversiones a las que Castelló y Tárrega dirigió sus críticas, también estuvo las corridas de toros que se celebraban en los diferentes pueblos de la provincia. Frecuentemente denunciaba que ayuntamientos con escasez económica gastaran el erario público en fiestas que consideraba retrógradas.[217] Después del Desastre del 98, los toros eran seña de identidad nacional y símbolo del «populacho», considerados en las antípodas del progreso y la cultura por una parte de la sociedad contraria a estos festejos (Andreu 2016). Liberales y republicanos aceptaron el espectáculo en el periodo de la Restauración y vieron en las corridas de toros una vía de escape

---

pelota en las paredes. Como podemos ver, por ejemplo, en las calles de Borriol, concretamente en Avda. Saragossa, 46 y calle Doctor Portolés, 12.

216. «Crónica local», *Heraldo de Castellón*, 31 de enero de 1895.

217. «También han pedido dinero para vaquillas: ¡No faltaba más!», *Heraldo de Castellón*, 19 de agosto de 1897; «Nada, que vamos derechitos a la regeneración con tan cultos e inocentes entretenimientos», «Castellón», *Heraldo de Castellón*, 23 de agosto de 1899; la prohibición por parte del gobernador civil de las capeas de vaquillas en los pueblos en «Castellón», *Heraldo de Castellón*, 13 de abril de 1901.

para la sociedad y un beneficio político. Esto se ejemplifica tanto en *El Clamor* como en el *Heraldo de Castellón*,[218] ambos periódicos cubrían «el acontecimiento nacional» (Tierno 1988), que tenía lugar en el coso taurino de la actual calle Pérez Galdós, un edificio que sirvió de nexo entre la ciudad y el ferrocarril y que cubría parte de las necesidades de ocio de un sector de la población (Gimeno 1926). Aunque Castelló y Tárrega se mostraba contrario a esos espectáculos, ya fueran en la calle o en la plaza, el *Heraldo de Castellón* informaba de todo lo que concernía a las corridas, desde las negociaciones en la contratación de los toreros y las ganaderías, la llegada de las reses a los corrales y la crítica –cada vez más especializada de la corrida–, creando así una estrecha relación de dependencia entre prensa y espectáculo que favorecía a las dos partes (Laguna y Martínez 2018).

En otro ámbito, pero también dentro de la apuesta por el civismo ciudadano, se encuentra la cruzada perpetua que mantuvo Castelló y Tárrega contra la prostitución y los juegos prohibidos –se refería a los juegos de cartas–,[219] a los que dedicaría numerosas campañas desde el diario; también contra las tabernas que señalaba como lugares de malos vicios,[220] porque distraían a muchos jornaleros antes de ir al trabajo (cuando lo tenían) o a la vuelta, pues a veces, con la excusa de poder conseguir allí otro contrato, muchos de ellos gastaban el jornal en vino (Gil 1961). Según Ramiro Reig, el discurso liberal burgués respondió a una idea de orden, seguridad

---

218. También el diario se encargó de organizar festivales benéficos en el coso taurino de la actual calle de Pérez Galdós, entre ellos el realizado para los reservistas de Cuba: «Castellón», *Heraldo de Castellón*, 20 y 22 de junio de 1898; También en «Castellón», *Heraldo de Castellón*, 17 de marzo de 1899.

219. Desde el diario, y junto al gobernador civil, se emprendió una campaña contra los juegos prohibidos. «Castellón», *Heraldo de Castellón*, 21 de septiembre de 1899.

220. «Castellón», *Heraldo de Castellón*, 17 de julio de 1896.

y privacidad (Reig 1986). José Castelló y Tárrega, reconociéndose dentro de esa élite, quiso promoverla desde su diario, ya no solo para contentar a sus clientes y suscriptores, sino porque creía que así debía ser, la lucha contra el alcohol y el vicio fue una quimera que defendió durante toda su vida.[221]

Como ocurrió con la mendicidad. Nuestro protagonista mantuvo un ideario reformista que se explica también por su preocupación por la cuestión social, llevando a la práctica sus demandas y sus propuestas de soluciones desde los editoriales del *Heraldo de Castellón*. En los años noventa existió un consenso entre conservadores, católicos y Krausistas (Avilés 1974), sobre la necesidad de llevar a cabo una intervención con carácter subsidiario en proyectos en beneficio del trabajador más desfavorecido (Sánchez y Montero 2004). Algo que se necesitaba también en Castelló de la Plana, pues era una ciudad que sufría un profundo atraso económico comparada con otras del resto de España (Ramos 1989). La imagen que ofrecía José Castelló y Tárrega de persona comprometida con la pobreza, podía deberse a una estrategia de reclamo para ganarse el favor de un abanico más amplio de población, pero no cabe duda de que empleó sus esfuerzos en aquello que reclamaba, como por ejemplo en la construcción del albergue de nocturnidad,[222] que consideraba tan necesario en una ciudad que albergaba 30.000 habitantes en el año 1900 de los que solo el 40 % trabajaban: «El

---

221. En la entrevista mantenida con María José Marí Castelló y Tárrega, nieta de José Castelló y Tárrega, nos confesaba la animadversión de su abuelo hacia el alcohol, tanto que giraba la copa del vino en cada comida social señalando así no querer ser servido y en forma de repulsa hacia ese tipo de bebidas. Entrevista del autor en casa de María José Marí el día 7 de octubre de 2018.

222. A Castelló y Tárrega se le ofreció depositar la primera piedra del Asilo de Nocturnidad. «Castellón», *Heraldo de Castellón*, 7 de septiembre de 1900.

proyecto, pues del señor Pastor puede considerarse hecho y por adelantado. Felicitamos a los pobres de Castellón».[223]

Si la pobreza y las dificultades de los jornaleros para poder sustentar a sus familias fue una preocupación para Castelló y Tárrega, en contrapunto, lo fue también la mendicidad, una práctica cada vez más común en la ciudad y que era denunciada desde el *Heraldo de Castellón* como impropia de una capital de provincia que aspiraba al progreso. Según él, los mendigos provenían de todas partes, sus vestimentas y suciedad aportaban mala imagen y su comportamiento era abusivo con los viandantes. Además, los consideraba «profesionales de la limosna» y se refería a ellos con un lenguaje y adjetivos descalificativos sobre su condición, que distaban mucho de la diplomacia periodística a la que entonces acostumbraba:

Excelencia: la capital no hubiera pobres de solemnidad de sobra una verdadera banda de mendigos de fuera, entre los que sobresalen por el número, lo mismo que por su aspecto asquerosísimo los extranjeros, han venido a aumentar las filas de los pedigüeños, haciéndose de todo punto imposible salir a la calle.[224]

Sobre este tema se expresaba, como vemos, con más fuerza, reclamando una actuación contundente de las autoridades contra

---

223. «Castellón», *Heraldo de Castellón*, 12 de noviembre de 1897. Debido a las dificultades económicas en la ciudad, que se agravaron por el temporal de lluvia del año 1897, el amigo íntimo de José Castelló y Tárrega, el «acaudalado» Sebastián Carpi, donó para los más necesitados 300 pares de alpargatas: «Castellón», *Heraldo de Castellón*, 20 de noviembre de 1897. También, en la misma línea, en otros editoriales de esta etapa: «Instantánea. Para los pobres», *Heraldo de Castellón,* 19 de diciembre de 1899; otra iniciativa en el estreno del siglo XX, que se promocionaba también desde el diario, fue la recogida de pan para los necesitados: «Fin de siglo. El pan para los pobres», *Heraldo de Castellón*, 31 de diciembre de 1900 y 2 de enero de 1901.

224. «Ruegos al alcalde», *Heraldo de Castellón*, 22 de enero de 1895.

estas personas, coincidiendo con la alcaldía de Salvador Masip Navarro (noviembre de 1897 a marzo de 1899): «Los mendigos infantiles son la semilla de los grandes criminales. No conocen ni llegan a conocer ni la religión cristiana. Ni la del honor. Y con tales desconocimientos. ¿Qué puede esperarse del hombre? ¿Qué de la mujer?».[225]

José Castelló Tárrega no escatimó en esfuerzos para que todas sus demandas se materializaran, pues era una condición *sine qua non* de su política reformista. Y para ello utilizó todos los recursos que estaban a su alcance, desde la presión ejercida a través de la prensa, a usar sus influencias cada vez mayores y, poco después, aprove-chando las posibilidades que le brindaría la política. Presentó su candidatura al Ayuntamiento por primera vez en 1899, año difícil como sabemos después de la muerte de su primer hijo. Entre sus promesas electorales aparecen las mismas demandas que puso so-bre la mesa desde que aterrizara en la capital utilizando las páginas de *El Liberal*, demandas que no dejó de denunciar, como vemos, desde el *Heraldo de Castellón*. Aunque apuntaba que no se presen-taba por ningún partido en particular, desde su vocero enumeraba problemáticas que ayudaría a resolver como por ejemplo: abara-tamiento de la plaza pública, adoquinado de las principales vías, construcción de fuentes públicas y mingitorios, la finalización del paseo de Lledó y la construcción de un cuartel para las fuerzas de caballería.[226] La elección en 1899 no llegó a consumarse, dejando latentes estas proclamas para cuando llegó su primer éxito político en 1901, como veremos más adelante.

---

225. «Castellón por dentro», *Heraldo de Castellón*, 20 de julio de 1899.
226. «Castellón», *Heraldo de Castellón*, 22 de abril de 1899.

2. El puerto, urbanismo y la cultura

Una de las principales reivindicaciones de la burguesía caste-llonense fue la construcción del puerto de Castelló de la Plana. Y a este proyecto estuvo siempre ligado el director del *Heraldo de Castellón*. Esta construcción implicaba el saneamiento de la costa, así como distintas adecuaciones del entorno urbano. La capitalidad de Castelló de la Plana reconocida en 1833 fue fundamental para el impulso del proyecto portuario, necesario para las exportaciones y los negocios de una burguesía que lo reclamaba por el bien de «todos» (Valls, Llansola y Monlleó 2003, 38-39).

Consciente de las necesidades crecientes de su ciudad en el pla-no económico, contribuyó a dar impulso a un proyecto que había comenzado en el mes de mayo de 1882 cuando el entonces minis-tro de Fomento, el Sr. Albareda, autorizó su construcción por real decreto, aunque hasta el 16 de marzo del año 1891 no se iniciarían las obras. Si bien los principales impulsores de este primer momen-to del puerto fueron Vicente Ruiz Vila y Leandro Alloza Agut, y por más de veinticinco años su presidente sería el conservador, Carlos González-Espresati, José Castelló y Tárrega hizo suya esta empresa a sabiendas de que serviría de trampolín del comercio que en aquellos tiempos vivía una progresión creciente, aportando ri-queza en un momento clave para el cultivo y la exportación de la naranja impulsados principalmente en esos últimos años del siglo (Abad 1984).

Por otro lado, su implicación directa desde la prensa en el im-pulso del proyecto fue otra piedra más de la pared en que se cimen-tó la presencia de Castelló y Tárrega en la sociedad y la política local (Valls, Llansola y Monlleó 2003). En esta primera etapa del *Heraldo de Castellón*, en lo que a las noticias locales respecta, las del puerto cuentan con un porcentaje de ocupación de espacio superior a cualquier otro suceso acontecido en la ciudad que contó con una sección titulada precisamente «Más sobre el puerto», aunque compartido con la guerra de Cuba. Castelló y Tárrega comprendió la importancia del puerto para la ciudadanía y el diario así lo reflejó, tomando una vez más el pulso a la sociedad local para ofrecer la noticia en consonancia con la demanda.

En marzo de 1895 José Canalejas dimitió de su cargo como diputado a Cortes por el distrito de Alcoi. Y tras la caída de Sagasta, Juan Navarro Reverter entró como ministro de Hacienda del Gobierno de Cánovas (Sevilla 1956). Su nombramiento se celebró desde el *Heraldo de Castellón* como si de un miembro del partido se tratara, esperando quizás su apoyo para el tan anhelado proyecto:

> […] el nombramiento de V.E. para el ministro de Hacienda del nuevo Gobierno de la nación ha producido en esta provincia verdadero entusiasmo y que extraños, lo mismo que adictos a la política conservadora castellonense se prometen grandes cosas de la gestión de V.E. al frente del importante departamento ministerial que dejará vacante recientemente la dimisión irrevocable del ilustre diputado a cortes por Alcoy y amigo mío muy estimado don José Canalejas Méndez.[227]

Tras la subasta de las obras en 1895, la concesión se adjudicó al contratista de Reus, Pedro Bové. La rebaja del 35 % que ofreció frente al resto de pliegos despertó sospechas y recelos que se confirmaron al poco de la adquisición con una interrupción en las obras, aunque la empresa adjudicataria aludía a imperfecciones en la vía de transporte de la cantera de Les Serretes.[228] El desánimo era patente y la Liga de Contribuyentes, a través de una misiva firmada por Fernando Gasset Lacasaña, pedía ayuda al recién incorporado

---

227. «El puerto de Castellón», *Heraldo de Castellón*, 27 de marzo de 1895.
228. «Más del Puerto», *Heraldo de Castellón*, 8 de noviembre de 1895.

ministro de Hacienda, Navarro Reverter. A los pocos días, Castelló de la Plana recibía la noticia de una inyección de 37.000 pesetas, fruto de las gestiones del ministro al que el *Heraldo de Castellón* enalteció efusivamente desde sus editoriales.[229]

Pedro Bové continuaba creando desconfianza en su gestión al frente de las obras y, después de haber contratado a Andrés Peyrat como representante del contratista en la ciudad sin buenos resultados, en octubre de 1896 José Castelló y Tárrega ocupó su lugar. Suponemos que, conocedor de la importancia de la prensa y de su influencia, Bové pensó en servirse del *Heraldo de Castellón* para reconducir su cuestionada profesionalidad, aunque esta unión profesional seguramente favorecía también a Castelló y Tárrega que pasaba así, de mero informador de la situación de las obras, a ser el epicentro de la noticia:

El contratista de las obras del puerto de Castellón Don Pedro Bové, ha nombrado representante suyo en esta capital al director de esta publicación, señor Castelló y Tárrega... Esta representación tiene para el señor Castelló y Tárrega, entre otros méritos a cual más honroso el de no haberla solicitado, no será motivo de compromiso alguno para el *Heraldo* que en este asunto del puerto, como en todos los demás de interés para Castellón, estará decidida y legalmente al lado de los castellonenses cuyas aspiraciones son las suyas y cuyos nobles anhelos jamás dejarán de ser los suyos también.[230]

Las anteriores críticas de Castelló y Tárrega a la gestión portuaria no tardaron en tornarse en una visión positiva de los avances en las obras. Desde el *Heraldo de Castellón* se trascribían las cartas de

---

229. «El Heraldo ni olvidará al Sr. Navarro Reverter ni dejará de hacerle justicia en ningún tiempo», *Heraldo de Castellón*, 31 de marzo de 1896.
230. «Castellón», *Heraldo de Castellón*, 10 de octubre de 1896.

Bové en las que mostraba las ganas de continuar con el proyecto, convirtiéndose una vez más el diario en plataforma y tribuna del interés personal de su director:

> Todo va, pues, en el asunto de las obras del puerto como una seda, según se ve por lo que acabamos de decir y por lo que en este mismo número leían nuestros abonados haciendo suponer todo esto y lo que del señor Bové se sabe, que muy en breve se reanudarán aquellas tan deseadísimas y famosas obras.[231]

Hombres de negocios como el importante hacendado Cayetano Huguet mostraron recelo ante la «exagerada» impaciencia de Pedro Bové de reiniciar las obras y, por extensión, desconfiaban también de la imparcialidad del *Heraldo de Castellón*,[232] a lo que el diario contestaba defendiendo su profesionalidad en el tratamiento de la noticia: «El Heraldo no se casa con nadie...»,[233] al tiempo que denunciaban posibles usos deshonestos de la información: «Ni vale tampoco extraviar a la opinión haciendo de una causa tan sagrada como las obras de nuestro Puerto, arma atrevida de la política de unos cuantos o de los resentimientos personales de otros pocos».[234] Las pruebas de la vía de la cantera se volvían a poner en marcha y allí estuvo, dentro de los vagones, José Castelló y Tárrega,[235] que se iba convirtiendo, cada vez más, en protagonista de las obras y de la construcción portuaria:

---

231. «Castellón», *Heraldo de Castellón*, 21 de octubre de 1896.
232. «Carta abierta. El puerto de Castellón», *Heraldo de Castellón*, 1 de diciembre de 1896.
233. «Castellón», *Heraldo de Castellón*, 2 de diciembre de 1896.
234. «Castellón», *Heraldo de Castellón*, 7 de diciembre de 1896.
235. «Castellón», *Heraldo de Castellón*, 16 de diciembre de 1896.

Antes de dar término a esta crónica. Reproduciremos varios párrafos de la última carta del señor Bové, más que para la satisfacción de nuestro director, para la de esa gran parte de público que por haber desconfiado tanto del contratista de las obras del puerto, tan difícil hacía la gestión del señor Castelló y Tárrega como representante del señor Bové.[236]

La reanudación de las obras del puerto produjo, con ayuda de la prensa, un gran ambiente festivo y de acontecimiento en la ciudad.[237] Aunque duraría poco, pues de nuevo se volvían a paralizar debido a la falta de compromiso y seriedad de la empresa adjudicataria de las obras.[238] José Castelló y Tárrega empezó a desvincularse de una empresa que, cada vez más, se asociaba con la paralización del puerto. El silencio que mantuvo el *Heraldo* sobre el tema se interrumpió con la noticia de la llegada a la ciudad de Navarro Reverter en el mes de abril de 1897, al que agasajaron con un banquete en agradecimiento por sus gestiones celebrado en la Fonda Europa, local de referencia en el Castellón de la época al que acudieron todos los próceres de la ciudad incluido José Castelló y Tárrega, que asistió en condición de reportero.[239]

Ante este nuevo revés, nuestro protagonista dejó de ser representante de Bové. Y con ello las crónicas en su periódico relacionadas con las obras del puerto pasaron a ser más esporádicas e imparciales: «En el último tren del Grao regresaron ayer tarde los expedicionarios a la cantera de *Les Serretes* invitados por el amable

---

236. «Castellón», *Heraldo de Castellón*, 7 de diciembre de 1896.
237. «Castellón. El puerto de Castellón», *Heraldo de Castellón*, 13 de enero de 1897. Para ver los actos festivos dedicados al puerto: «Puerto de Castellón», *Heraldo de Castellón*, 18 de enero de 1897.
238. «Castellón», *Heraldo de Castellón*, 4 de febrero de 1897.
239. En portada: «Navarro Reverter en Castellón», *Heraldo de Castellón*, 16 de abril de 1897.

representante del contratista de las obras del puerto en construcción, señor Guasch».[240]

Todavía en 1899, en el cierre de siglo, como apunta Manuel Martí, el puerto estaba aún a medio hacer y no solo apremiaba su finalización por su importancia económica, sino también porque seguía coleando la competencia por la capitalidad con otras localidades como Vinarós o Borriana que también tenían puerto (Archilés 2002a).

José Castelló y Tárrega siguió apoyando tan magna empresa en beneficio de Castelló de la Plana. Aunque la apuesta de la representación no salió bien, quedaban los titulares y los editoriales que dejaban constancia de que su interés seguía más vivo que nunca en espera de tiempos más favorables: «La campaña tan perseverante como patriótica, que sigue el Heraldo en defensa del puerto es digna de admiración y debe encontrar eco entre las sociedades de Castellón que tanto se han distinguido en varias ocasiones trabajando en pro de las obras que constituyen todo nuestro ideal».[241]

Las noticias en el último año que ocupa este apartado en referencia a las obras no son relevantes, Castelló y Tárrega estaba lejos del epicentro portuario, aunque esa posición estaba a punto de cambiar. Sería desde la política que cobraría protagonismo de nuevo el puerto, no sin la ayuda y el golpe de efecto que le dio José Canalejas. Lo vemos más adelante.

Porque antes hemos de ver otros proyectos de los que también se hizo eco el *Heraldo de Castellón*, como la construcción del camino de Lledó que respondía a la necesidad de acondicionar una vía hacia el ermitorio (hoy basílica) de la patrona de la ciudad (Sánchez 1955), una *Mare de Déu* que fue, según Ferran Archilés, patrimonio

---

240. «Castellón», *Heraldo de Castellón*, 7 de septiembre de 1897.

241. «Ecos de la opinión. El Puerto», *Heraldo de Castellón*, 7 de mayo de 1900.

local tanto para los liberales como para los republicanos (Archilés, Martí, García y Andre 2011). La devoción a esta virgen fue una constante también en la vida de Castelló y Tárrega.

El diario mostró interés en la consecución de las obras del camino, interrumpidas en numerosas ocasiones por la falta de dinero, lo que motivó la organización de una suscripción para la recaudación de fondos. El listado de los donantes se publicó en el mismo periódico, convertido en lo que consideramos un escaparate de exhibición económica para algunos miembros de una misma clase social y de «obligación» o devoción para otros.[242] En marzo de 1900 parece que las obras tomaban vuelo y esta noticia se reflejaba en el *Heraldo de Castellón* como un gran acontecimiento local, ahora con la exaltación del alcalde Joaquín Peris, quien gozaba del beneplácito editorial de Castelló y Tárrega, aprovechando cualquier motivo para engrandecer su figura: «¡Viva el alcalde don Joaquín Peris! ¡Viva la Junta constructora del nuevo paseo! ¡Viva Castellón! ¡Gloria a su excelsa patrona!».[243] Desde el diario se lanzó la consulta popular a la ciudadanía sobre la preferencia de un camino o un paseo: «¿El camino de Lidón debe ser tal camino, camino paseo o solo paseo?», preguntaban en el número del 14 de marzo del año 1900.

También estas obras se dilatarían en el tiempo por lo que las donaciones para su consecución debieron continuar. En este caso, el *Heraldo de Castellón*, dependiendo de quién comandara en cada momento la política local, mantendría una línea más crítica o más condescendiente al respecto.[244]

La promoción cultural fue otra de las constantes en el ideario de José Castelló y Tárrega. Recordemos que ya durante la publicación de *El Liberal*, y al poco tiempo de establecerse en la ciudad, impulsó

---

242. «Cuestación», *Heraldo de Castellón*, 12 de mayo de 1896.
243. *Heraldo de Castellón*, 14 de marzo de 1900.
244. «Castellón», *Heraldo de Castellón*, 29 de julio y 30 de agosto de 1901.

la organización de los juegos florales, un concurso o certamen literario más entre otros proyectos culturales que contaron con su apoyo. Consideramos que este tipo de eventos no respondería a la sola voluntad altruista de impulsar la cultura en la ciudad, eran las élites sociales, la nueva clase aburguesada, la que disfrutaba de estos actos en los que participaban los escritores que pertenecían a la misma clase social quienes, sin grandes preocupaciones, cantaban a la tierra (Gil 1961). Estas exhibiciones y concursos no estuvieron exentos de críticas. La prensa carlista y diarios como *El Regional* y *El Clamor de Castellón*, por ejemplo, pusieron en tela de juicio la categoría de los escritos presentados y la justicia de los galardones (Ramos 1989). Ya fuera por afán de protagonismo de nuestro protagonista, por su vocación frustrada de escritor, o por una necesidad real de potenciar la cultura de la ciudad, es de justicia reconocer la importancia que cobró el acto en las letras castellonenses y el reconocimiento social que tuvo, ayudando al auge artístico que se vivió en la ciudad en el final del siglo XIX (La Parra y Suárez 1998).

Aunque no es un objetivo de este estudio el análisis pormenorizado de los diferentes actos, ya fueran certámenes, veladas literarias o juegos florales, sin embargo, sí consideramos necesario mostrar la implicación que tuvo José Castelló y Tárrega en ellos consciente de que podía sumar réditos políticos y sociales también de su apuesta por la promoción cultural. De todos modos, encontramos mucho también de interés personal y de amor por la literatura y las artes en general, como constatan las modestas creaciones literarias de su juventud.

Otra iniciativa para destacar fue la celebrada en el año 1900 en la que estuvo directamente involucrado nuestro protagonista: «Para dar una muestra del Estado de Cultura de esta provincia a fines del siglo XIX el Heraldo de Castellón está preparando un

Certamen Literario y artístico».[245] De este encuentro ha quedado el cartel que lo anunciaba de estilo ochocentista que actualmente está expuesto en el Museo de Bellas Artes de Castelló de la Plana. En él se representan elementos icónicos de la ciudad como el Obelisco, el paseo de Lledó y las dos cruces rojas que simbolizaban la institución a la que pertenecía José Castelló y Tárrega. Este cartel, realizado por Ramiro Leza Agost, está dedicado a nuestro protagonista: «A mi querido amigo Don José Castello y Tárrega suyo siempre. Castellón, 1900», lo que nos habla de la implicación de nuestro protagonista en el certamen. La obra fue donada a la Diputación Provincial de Castelló, el 29 de noviembre de 1951 por Fidela Arroyo Pérez, viuda de José Castello y Tárrega (Meseguer y Palomero 2007, 276-277).

El acto del año 1900 estuvo rodeado del esplendor que caracterizaba a este tipo de eventos y de ello se encargó el propio José Castelló y Tárrega. Algo que repitió al año siguiente en un nuevo certamen literario que supuso su consolidación total en la ciudad. Contó con la presencia de Alejandro Saint-Aubin y del propio José Canalejas, además, uno de los premios, una escribanía de oro y bronce, lo donó la reina regente, lo que dotó al acto de rango y categoría: «De real orden se le ha comunicado hoy al director del Heraldo que la reina regente atendido el carácter y la gran importancia del Certamen Literario y artístico organizado por este periódico ve con mucho gusto el feliz desarrollo de tan culta iniciativa».[246] Castelló y Tárrega se desplazó a Valencia para recibir a Canalejas y acompañarlo en el viaje hasta Castelló de la Plana.

---

245. «Castellón», *Heraldo de Castellón*, 3 de marzo de 1900.

246. El cuñado de José Canalejas, que guardaba una estrecha relación con la reina regente, también aportó categoría al evento. Acudió en condición de crítico, lo que motivaría que la monarca donara uno de los premios del certamen: «La Reina Regente concedió una escribanía de Oro y Bronce», *Heraldo de Castellón*, 6 de febrero de 1901.

Su estancia en la ciudad duró tres días y nuestro protagonista pudo compartir comida con Canalejas y otros personajes de la política liberal de la ciudad.[247]

Más allá de la proyección local que la organización de este tipo de certámenes proporcionaban a nuestro personaje, no cabe duda de que la visita de Canalejas a la ciudad por segunda vez para asistir, además, a un evento organizado por él, le debió aportar una gran satisfacción y sin duda reforzaba la alianza estratégica que habían establecido en un momento político crucial para el político gallego tras la escisión del Partido Liberal (Forner 1993). La cercanía de las elecciones a las que se presentaba José Castelló y Tárrega y la preparación del futuro partido debieron ser otros alicientes que motivaran a Canalejas a acercarse a la Plana (Forner 1993).

3. Nace el político local: José Castelló y Tárrega en las elecciones generales y municipales

Si era importante la vida social y los diferentes proyectos ciudadanos en los que José Castelló y Tárrega participaba, las elecciones fueron la máxima expresión de sus aspiraciones políticas. Para el 12 de mayo del año 1895 estaban convocadas las primeras elecciones municipales que cubriría el *Heraldo de Castellón*. Unas elecciones en las que la composición de la población de la ciudad jugó un papel crucial para el cambio en el consistorio.

El censo electoral de Castelló de la Plana en 1895 registraba que un 33,93 % de los censados estaba compuesto por jornaleros, el 17,40 % eran labradores y un 23,47 % correspondía a trabajadores manuales. El 3,90 % eran albañiles, el 3,87 % alpargateros

---

247. «Castellón», *Heraldo de Castellón*, 17 y 19 de abril de 1901.

y trabajadores de la soga el 3,80 % (Archilés 2002a, 217), una relación de oficios y categorías sociales de una ciudad en la que González Chermá, por el Partido Republicano –con Fernando Gasset Lacasaña a la cabeza-, se presentaba con el aval de haber conseguido en las pasadas elecciones municipales 18 de los 25 concejales que pertenecían al Ayuntamiento de Castelló de la Plana.

La lucha en los distintos distritos la formaron, por una parte, partidos como el Liberal Conservador, del llamado Cossi de la tercera etapa, conocedor de la importancia de la Administración pública y dependiente del votante de las capas más elitistas, ricos propietarios y personalidades pertenecientes a profesiones liberales (Reguillo 2001); y de la otra, el Partido Fusionista, que tenía como referente nacional a Práxedes Mateo Sagasta y dividido en los partidarios de Cayo Gironés, por un lado, el médico Francisco Rambla (Paniagua y Piqueras 2006), proveniente del posibilismo, y la otra tendencia sería la canalejista, con Castelló y Tárrega en busca de un sitio dentro del partido. Los resultados electorales dieron el triunfo a los republicanos, pero también subieron en cantidad de votos los conservadores (Reguillo 2001). Mientras, el gran perdedor fue el Partido Fusionista representado por Cayo Gironés, fracaso que fue motivo de júbilo para Castelló y Tárrega:

> [...] Castellón no puede merecer ni el gobierno fusionista ni los hombres de don Cayo Gironés [...]. Convénzanse los aludidos fusionistas castellonenses de esta gran verdad y tengan el necesario valor de una retirada verdadera en bien de su seriedad y en obsequio de la paz pública y del sosiego de sus contados adeptos [...]. [248]

---

248. «Las elecciones del 12 de mayo de 1895 en Castellón», *Heraldo de Castellón*, 14 de mayo de 1895. También en *Heraldo de Castellón*, 16, 17, 18 y 19 de mayo de 1895.

José Castelló y Tárrega aprovechaba la situación para proponer una coalición monárquica con los conservadores, postura que se justificaba en el éxito obtenido por Rambla, gracias precisamente a su unión con estos y, por supuesto, por el fracaso de Gironés: «... el resultado de la elección de anteayer puede ser el primer aviso del sensato cuerpo electoral de esta ciudad para la constitución de un gran partido de coalición monárquica». Esta línea editorial sobre el Partido Fusionista le valió a nuestro protagonista la acusación de traidor y apóstata.[249]

De ese modo, nuestro protagonista vivió las primeras elecciones desde la creación del *Heraldo de Castellón* como una continuación de las pugnas mantenidas con el Partido Fusionista en los primeros años de su llegada a la ciudad. La denominación de independiente de su diario respondía a una estrategia común en la época, bajo ese apelativo se escondía realmente un interés personal y la intención de «trabajar» para un grupo (Bordería, Laguna y Martínez 1996, 331-332). En base al artículo 43 del real decreto, tomaron posesión los concejales en el Ayuntamiento de la ciudad de Castelló de la Plana y el conservador Andrés Puig fue designado nuevo alcalde.[250]

La estrategia política de José Castelló y Tárrega continuó durante las elecciones generales convocadas para el 12 de abril de 1896 que tuvieron como eje central de la noticia el retraimiento en el voto por parte del partido republicano, hecho que se produjo en todo el conjunto de la nación (Reguillo 2001). En Castelló

---

249. Castelló y Tárrega recomendó a sus lectores la elección de la mejor opción, sin decantarse expresamente por la de Cayo Gironés, que era la que el *Heraldo de Castellón* debería haber defendido. «El tema del día. Elecciones municipales», *Heraldo de Castellón*, 10 de mayo de 1895.

250. «Crónica general», *Heraldo de Castellón*, 28 de junio de 1895. Para el listado completo de la composición del Ayuntamiento de Castelló de la Plana, váyase a «Los ayuntamientos de la provincia de Castellón», *Heraldo de Castellón*, 5 de julio de 1895.

de la Plana dos candidaturas enfrentadas, la de Eduardo Cassola (Paniagua y Piqueras 2006), por el Partido Conservador, y Emilio Sánchez Pastor encabezando el bloque fusionista, hicieron que en estas elecciones –claramente bipartidistas- el resto de grupos y opiniones se decantaran por uno u otro contendiente. Los carlistas de Francisco Giner pidieron el voto para la facción fusionista, e incluso renunciaron a presentar su propia candidatura por el distrito de Castelló de la Plana. Desde el *Heraldo de Castellón* no se vio con buenos ojos esta opción y se anunció un fatal desenlace de resultados para los fusionistas.[251] El Partido Liberal, por su parte, volvía a la habitual discordia, los cayistas se posicionaron del lado de Sánchez Pastor, al contrario que los liberales demócratas de Rambla, representados por el Conde de Oñativia (Pérez 1988), que no aceptaban las pautas impuestas por Sagasta. «Rambla es así. Como hombre todo lo que se quiera. Su corazón es el de un niño y su lealtad la de un mártir. Como político ni olvida ni perdona», decían en el *Heraldo* de 28 de marzo.[252] El campo de batalla político fue el distrito de Nules debido a la influencia de Rambla en este entorno cercano a su feudo de La Vall d'Uixó (Pérez 1988). José Castelló y Tárrega, en esta ocasión, se mostró *amable* desde su diario con la figura de Rambla. Mediante la publicación de las cartas que se enviaban los correligionarios de las diferentes facciones se deslindaban las posturas que mantenía el diario hacia la candidatura de Sánchez Pastor.[253]

---

251. «… el partido carlista ha sufrido mucho y no tardará mucho tiempo sin tocar las consecuencias previendo un mal fin para dicho partido». «Crónica provincial. Morella», *Heraldo de Castellón*, 10 de mayo de 1895.

252. «Crónica electoral», *Heraldo de Castellón*, 28 de marzo de 1896.

253. «Carta que un fusionista de Rambla dirige a otro de Gironés a propósito de la candidatura de Sánchez Pastor». «Ecos de la opinión. Elecciones». «Crónica electoral», *Heraldo de Castellón*, 1 de abril de 1896. También en «Ecos de la opinión. Elecciones», *Heraldo de Castellón*, 4 de abril de 1896.

El capitán Eduardo Cassola fue el vencedor de las elecciones, obtuvo acta de diputado ayudado por una pérdida considerable de votos del candidato Sánchez Pastor al que se le acusaba, entre otras cosas, de no haber trabajado lo suficiente por la subvención del puerto de Castelló de la Plana (Reguillo 2001). Tanta fue la repercusión sobre las gestiones del puerto, que la Fonda Europa en la que se hospedaba Sánchez Pastor en campaña electoral, se vio rodeada de una manifestación que lo increpó recriminándole su mala gestión, como muestra de la sensibilidad de la ciudad con el proyecto portuario. Parecía que Castelló y Tárrega deseaba e incitaba, de manera sutil, a que los actos se repitieran: «Parece seguro que estas demostraciones de anoche se repetirán hoy y mañana y sabe Dios hasta cuando pues el propósito parece que es el conseguir que el señor Sánchez Pastor levante el campo y salga hasta la corte», publicaban el 26 de marzo de 1896.[254]

No necesitamos adentrarnos más en los resultados electorales (Reguillo 2001), pues creemos conveniente poner el foco de estos comicios en el posicionamiento de Castelló y Tárrega hacia la candidatura del capitán Eduardo Cassola, posiblemente por la simpatía del director del *Heraldo de Castellón* hacia el Ejército: «Agradaría al distrito aunque solo sea por su condición de militar» (Reguillo 2001, 605). Las viejas rencillas con el Partido Fusionista seguían manifestándose, Castelló y Tárrega —como apunta Pérez Arribas—, promocionaría al candidato de su gusto y emplearía todo su poder mediático en el desprestigio de la opción con la que no profesaba: «... l'Heraldo de Castellón, que tenia la intenció de ser un òrgan d'expressió independent, encara que sempre defensant els interessos de la província de Castelló. Amb

---

254. «Lo de anoche. Pitos y coplas», *Heraldo de Castellón*, 26 de marzo de 1896.

aquesta finalitat donarien suport fins i tot, si calia, als tetuanistes, com no va deixar de succeir» (1988, 23).

En el año 1897, Castelló de la Plana inauguró la estatua de Jaume I, y vivía pendiente de las obras del Hospital Provincial, así como de la reanudación de las obras del puerto de Castelló (Sánchez, Olucha y Sánchez 1993), sin dejar de mirar hacia la guerra de Cuba. En el plano político, se convocaron nuevas elecciones municipales para el 9 de mayo.

De cara a los comicios, los republicanos, al igual que en las elecciones anteriores, se dividieron entre el retraimiento que recomendaba Mateo Asensi en un comunicado que publicaba el *Heraldo de Castellón* en el que pedía que se mantuvieran al margen y que no se fuera a votar a aquellos que pactaban con el Cossi y a los fusionistas de la monarquía,[255] y la participación en los comicios defendida por Fernando Gasset Lacasaña, como nuevo líder indiscutible de la Unión Republicana en la ciudad, una situación de disensión (Reguillo 2001), en parte propiciada por la muerte de González Chermá en 1896.[256]

En estas elecciones se gestaron pactos entre los fusionistas de Rambla y la facción republicana, no sin polémica por un sector del fusionismo que prefería unirse con la facción conservadora o con los del Círculo de Labradores,[257] un grupo cercano a los católicos, dispuestos al pacto con el Cossi y en las antípodas de los republicanos por considerar que velaban más por los intereses de las clases urbanas que por el pequeño y mediano agricultor (Pérez

---

255. «¡Al retraimiento, republicanos progresistas, no votéis!». «Castellón», *Heraldo de Castellón*, 7 de mayo de 1897.

256. El *Heraldo de Castellón* dedicó editoriales y noticias en portada, considerándolo como «honrado republicano», adjetivo que nos da a entender que Castelló y Tárrega lo remarca como algo excepcional. «Entierro de Francisco González Chermá», *Heraldo de Castellón*, 27 de julio de 1896.

257. «Castellón», *Heraldo de Castellón*, 1 y 9 abril de 1897.

1988). José Castelló y Tárrega se apartó de la polémica partidista y apareció en el instante de defender la candidatura Administrativa, de la que participó su colaborador y director literario del *Heraldo de Castellón*, el conservador Ricardo Carreras Bolado (Reguillo 2001). Después del triunfo obtenido, Ricardo Carreras fue obsequiado con un banquete por toda la redacción del diario, hecho significativo por las posturas distantes que representaba el *Heraldo de Castellón* y el partido político al que estaba adscrito este político, pero que sin duda respondía a la amistad que había entre ellos.[258] En varias ocasiones, por ejemplo, Ricardo Carreras le prestó a José Castelló y Tárrega las estancias de verano que poseía en la «colonia agrícola» en la partida de la Benadressa para que mejorara de sus habituales dolencias respiratorias.[259]

Además, a estas alturas, nuestro protagonista ya había dado un paso al frente junto con Cristobal Aycart para fundar la facción canalejista. Aprovechando el ascenso de este político, querían desmarcarse de la política fusionista de Cayo Gironés que los excluía de todo proyecto. En el número del 26 de octubre aparecía la noticia en la que se anunciaba que Castelló y Tárrega, Aycart y Escrig iban a organizar una sección canalejista.[260] Las relaciones entre nuestro protagonista y la facción republicana eran tensas,[261] las rencillas llegaron incluso a los vendedores de los distintos rotativos en la calle, Castelló y Tárrega denunció el acoso sufrido por los suyos a manos de los del diario republicano *El Clamor*.[262]

---

258. «Castellón», *Heraldo de Castellón*, 10 de mayo de 1897.
259. «Castellón», *Heraldo de Castellón*, 27 de septiembre de 1897.
260. «Política provincial», *Heraldo de Castellón,* 26 de octubre de 1896.
261. Para ampliar la información sobre estas críticas al Partido Republicano de Castelló de la Plana por parte del *Heraldo de Castellón* véase: «La vida municipal», *El Heraldo de Castellón*, 3, 9, y 14 de abril de 1897.
262. «Castellón», *Heraldo de Castellón*, 24 de abril de 1897.

A pesar de todo, llegado el momento, el *Heraldo de Castellón* aplaudió el éxito del Partido Republicano en las elecciones, reconociendo su disciplina y el trabajo de unos políticos que conocían a la perfección las estrategias electorales.[263] El conservador Joaquín Peris (Paniagua y Piqueras 2006) fue nombrado alcalde, candidato que ya se conocía que ostentaría el bastón de mando de la ciudad (Reguillo 2001).

El asesinato de Cánovas del Castillo el 8 de agosto de 1897 provocó la disolución de las Cortes y la convocatoria de unas nuevas elecciones para marzo de 1898, y llevó a asumir el cargo de forma interina en la presidencia de la nación al general Azcárraga hasta que la reina regente, presionada por múltiples circunstancias críticas del país, se vio abocada a romper la interinidad conservadora y dio la confianza para formar Gobierno a Sagasta (Reguillo 2001). Un cambio de rumbo político que también se trasladó a Castelló de la Plana con el nombramiento del liberal Salvador Masip como nuevo alcalde de la ciudad, personaje que gozó de un trato amable desde las columnas de el *Heraldo de Castellón*. Cuando se presentó al *Heraldo de Castellón* como nuevo regidor, el periódico publicaba la siguiente nota: «El Heraldo de Castellón le agradece mucho al Sr. Masip tal deferencia y la corresponde con la promesa más solemne de un modesto apoyo y con el testimonio más leal de su amistad».[264]

Para resumir el posicionamiento de José Castelló y Tárrega en estas últimas elecciones nos centramos en la indiferencia que mostró hacia los grupos políticos que componían la maraña electoral. En estos comicios simpatizó con la candidatura conservadora de su

---

263. «Los republicanos han probado que son un ejército disciplinado y conocedor de las luchas electorales». «Castellón», *Heraldo de Castellón*, 10 de mayo de 1897.

264. «Castellón», *Heraldo de Castellón*, 2 de noviembre de 1897.

íntimo colaborador Ricardo Carreras (firmaba sus artículos con el seudónimo Juanito Trupita) más por cercanía al personaje que por afinidad política. Y mantuvo una posición aséptica con los fusionistas de Rambla, así como algunas diferencias con los republicanos. Seguimos analizando su posición ante los siguientes comicios, que fueron las elecciones generales del 27 de marzo de 1898.

En Castelló de la Plana la sección republicana más radical compuesta por Francisco Flecher, el médico Vicente Gea y Mateo Asensi decidió retraerse (Reguillo 2001). Fernando Gasset Lacasaña, con el apoyo de los tetuanistas y de los de Rambla, buscó el nicho electoral que ocupaban propietarios agrícolas y otros sectores acomodados de la sociedad castellonense (Reguillo 2001), consiguiendo así un electorado más amplio que el que obtuvo González Chermá (Pérez 1988). Sánchez Pastor, por su parte, tendría el apoyo de carlistas, los labradores y los católicos integristas del padre Faulí (Pérez 1988), director de *El Diario de la Plana*, que encabezaba a los jesuitas, también de los Círculos Católicos de El Padre Vicent y el Círculo de Labradores. Por otro lado, la otra facción republicana de los integristas vinculada al Cossi no votaron a Fernando Gasset Lacasaña, pero instaron a sus correligionarios a no hacerlo tampoco por Sánchez Pastor. Otra de las candidaturas que se presentaba en estas elecciones fue la del Partido Socialista Obrero Español que solo consiguió seis votos en todo el distrito, aunque es verdad que era el inicio de este partido en los comicios electorales (Reguillo 2001).

Fernando Gasset Lacasaña obtuvo su escaño con una diferencia de 173 votos frente a Emilio Sánchez Pastor. La explosión de júbilo republicana se trasladó a la calle, Fernando Gasset Lacasaña fue paseado a hombros por las calles por sus correligionarios (Archilés,

Martí, García y Andreu 2011). Una victoria que, sin embargo, tuvo un trato muy discreto en las páginas del *Heraldo de Castellón*.[265]

José Castelló y Tárrega volvió a insistir en la independencia política del diario y continuó manteniendo una postura indiferente para con los contendientes. Nada de lo que sucedía parecía importarle, seguramente porque él no estaba en la lucha, en una actitud que más bien podríamos pensar que era producto de sentirse desplazado una vez más: «Quede esto para los periódicos políticos [...]. El Heraldo de Castellón, periódico del público no puede recomendar la candidatura de ningún político, pero al público suyo que es lector él le dice: piensa en España y vota».[266]

Sin embargo, en las elecciones generales celebradas el día 16 de abril del año 1899 se observa un cambio en la relación de José Castelló y Tárrega con los republicanos. Vemos cómo paulatinamente pasó de la indiferencia a una suerte de condescendencia en lo que interpretamos como el comienzo de lo que más tarde sería una «amistad» política. Este cambio está relacionado a su vez con la situación de la política nacional.

Sagasta, tras un mandato que empezó en marzo de 1897 y que duró aproximadamente dos años, era consciente de la debilidad de su gobierno, agravada por la guerra y sin el suficiente respaldo político, como mostró la votación del Senado a la propuesta de ley de la cesión de Filipinas. La pérdida de la colonia sería el detonante para que el propio presidente planteara a la regente la insostenible situación política del Gobierno, por lo que María Cristina de Habsburgo encargó la formación de un nuevo gabinete a Silvela, líder de la oposición conservadora que se hizo cargo del Gobierno el 4 de marzo de 1899 (Reguillo 2001). En la ciudad de Castelló

---

265. «Castellón», *Heraldo de Castellón*, 28 de marzo de 1898.
266. «Crónica electoral. ¡¡¡A votar!!!», *Heraldo de Castellón*, 28 de marzo de 1898.

de la Plana esto se tradujo, en ese mismo mes, en la alcaldía de Joaquín Peris y en la designación de un nuevo gobernador civil, Juan Antonio Mañas, un cargo que en la Restauración fue sinónimo de canalización del poder central en las distintas provincias (Varela 2001). Era designado por los gobernantes nacionales y en él recaían importantes poderes siendo un punto intermedio en la administración. Ante el cese del gobierno al que representaban, solían presentar de inmediato su dimisión (Martínez 1973).

Silvela y el duque de Tetuán crearon una entente que no fue respetada por el Cossi de Castelló de la Plana; la facción tetuanista daría su apoyo a la candidatura republicana y el grupo de Silvela intentó presentar candidato propio. Ante esta controversia entre las dos facciones se produjo el encasillado del cunero Manuel Saenz de Quejana por parte de los conservadores, lo que motivaría el posicionamiento contrario por parte del *Heraldo de Castellón*, ya que un candidato de fuera, que no conocía la provincia, jamás podría sentir los problemas de la ciudad como lo podrían hacer otros candidatos como Font de Mora, Antonio Oliver o, incluso, el propio Fernando Gasset Lacasaña.

En estas elecciones José Castelló y Tárrega ya no mostró tanta distancia e inició un acercamiento paulatino a Fernando Gasset Lacasaña (Reguillo 2001). Parecía estar preparando su camino como político, previo a una futura comparecencia en los comicios locales. La cercanía al político republicano que muestran los editoriales del *Heraldo* nos ayuda a conjeturar que se estaba produciendo la gestación de un próximo entendimiento electoral entre ambos, concretamente en las siguientes elecciones que se iban a realizar en menos de un mes y que fue fruto de una estrategia que provenía de José Canalejas. Por renovación bienal de los ayuntamientos, se convocaron elecciones para el día 14 de mayo, a menos de un mes de las generales en las que obtuvo el acta de diputado el republicano Fernando Gasset Lacasaña.

Las elecciones municipales del 14 de mayo de 1899 se convirtieron en un voto de castigo hacia el cunerismo de Saenz de Quejana y supusieron la consolidación de Fernando Gasset Lacasaña en la política de la ciudad de Castelló de la Plana y un giro en la gestión política de José Castelló y Tárrega que cambiaría, como veremos más adelante, el futuro político del que todavía era solo un periodista.[267]

Los fusionistas presentaron candidatos divididos entre los partidarios de Cayo Gironés y el doctor Rambla. Otra coalición fue la católica, compuesta por silvelistas, carlistas y labradores del gremio de San Isidro. Nombres como los de Rafael Gasset – hermano de Fernando Gasset Lacasaña- y Salvador Guinot, entre otros, sonaron en esta candidatura. Por parte de los tetuanistas participaron José Armengot y Francisco Segarra.

José Castelló y Tárrega se presentó a estos comicios como independiente, anunciando su «candidatura popular» por el distrito Centro.[268] Su acompañante en esta apuesta era el comerciante de abonos Jaime Blanch (que se presentaba por el distrito del Real). La candidatura de Castelló y Tárrega en estos comicios la asociamos al liderazgo que asumió Canalejas después de las crisis del año 1898, cuando se erigió en representante del reformismo liberal (Reig 1986). En 1899, con el triunfo de los conservadores, se desmarcó de la ortodoxia del partido y trató de crear un frente propio tratando de atraer a la parte más democrática del grupo (Forner1993). Castelló y Tárrega, junto con su representante en la política de la nación, fue ganando apoyos en la política castellonense, aunque de momento no los suficientes, necesitaría de nuevas

---

267. Para consultar con detalle los resultados electorales en la provincia consultar: «Crónica electoral», *Heraldo de Castellón*, 17 de abril de 1899.

268. En portada: «Candidatura para concejal por el distrito de centro Jose Castelló y Tárrega», *Heraldo de Castellón*, 22 de abril de 1899.

alianzas para subir los peldaños necesarios hacia el puesto ansiado en la política.

El mismo día que anunciaba su participación en las elecciones «sin excluir el voto de nadie», el *Heraldo de Castellón* exponía su candidatura independiente. Castelló y Tárrega hizo público su programa electoral, sus líneas de actuación que recuperaban buena parte de sus antiguas demandas:

- Abaratamiento del coste de la plaza pública.
- Adoquinado de las principales calles de la ciudad.
- Construcción de fuentes públicas y mingitorios.
- Finalización de las obras del paseo de Lidón.
- Limpieza pública de las calles y construcción de un cuartel de caballería.
- Finalización de las obras de la cárcel.
- Casa de socorro y asilo de nocturnidad.[269]
- Instalación de fuentes en el Pinar (era el sitio de recreo para los pobres de la ciudad, por lo que parece que buscaba llegar a un mayor sector de voto entre las clases más populares, intentando así alcanzar a todos los ámbitos sociales de la capital).[270]
- Organización de un cuerpo de policía urbana dividido en dos secciones: limpieza y riego, y servicio de vigilancia (los puestos serían para los repatriados de la guerra de Cuba. Los de la sección de vigilancia, concretamente, se encargarían también de que se hiciera respetar el civismo en la capital, controlando los

---

269. Recordemos que siempre había considerado de vital importancia la construcción de un asilo de nocturnidad que diera cobijo a la gran cantidad de indigentes que campaban por la ciudad. «Castellón», *Heraldo de Castellón*, 26 de noviembre de 1898.

270. «Castelló y Tárrega», *Heraldo de Castellón*, 28 de abril de 1899.

vertidos en las calles, los juegos molestos de pelota o las blasfemias. Su salario dependería de las multas impuestas, para asegurarse así un buen control del civismo en la capital, que era necesario para su modernización. Recordemos que esta fue otra de las preocupaciones de nuestro protagonista).[271]

Aunque José Castelló y Tárrega perteneció a la corriente liberal y pronto alcanzó una posición acomodada entre la élite, nunca dejó de buscar el voto de la clase trabajadora a la que prestó atención constante como táctica partidista en busca de votos. Nuestro protagonista participó, por ejemplo, en veladas celebradas en el centro de carpinteros El Porvenir,[272] buscando su apoyo y mediaría con Canalejas para conseguir una biblioteca para el Centro Obrero de la calle San Vicente;[273] desde el *Heraldo de Castellón* promocionó y participó en la reivindicación del Primero de Mayo, dejando entrever una nueva política de partido impulsada por Canalejas y fomentada en la gira que realizó este con los republicanos valencianos (Reig 1986). Además, el *Heraldo de Castellón* inauguraba en el año 1900 una «Sección Obrera» de la que se encargaría Fausto Castelló y Tárrega, otra muestra de la importancia que tenía este segmento de la población para el rédito electoral de José Castelló y Tárrega.

Las portadas del diario se sucedían durante los días que precedieron a la contienda electoral y las columnas se llenaron de alabanzas y buenos augurios; la redacción se volcó en la campaña de Castelló y Tárrega al que mostraban como un personaje apoyado por muchos «de la masa neutra de la población»,[274] de honestidad

---

271. «Castelló y Tárrega», *Heraldo de Castellón*, 29 de abril de 1899.
272. «Los obreros carpinteros. La fiesta de ayer», *Heraldo de Castellón*, 26 de noviembre de 1900.
273. «Castellón», *Heraldo de Castellón*, 12 de julio de 1900.
274 «Castellón», *Heraldo de Castellón*, 25 de abril de 1899.

absoluta por el trabajo que quería prestar únicamente en beneficio de la ciudad.[275] Pero esta euforia inicial pronto se mitigó. Ante la cercanía de las elecciones, los artículos bajaron el nivel anímico previo, pues se presagiaba que el resultado no sería favorable y se excusaban por la incomodidad de enfrentarse a Francisco Rambla -ahora su amigo-, en el mismo distrito.[276]

Aún con un medio de comunicación a su disposición y una campaña directa, Castelló y Tárrega no consiguió entrar en el ayuntamiento, fue derrotado en el distrito de Centro habiendo conseguido 65 votos, frente a los 1.345 que obtuvo Joaquín Vicent del Partido Republicano, en unas elecciones que fueron una continuación de las anteriores, con un triunfo de los republicanos que consiguieron 8 concejales, 2 fueron para los carlistas, 2 para los fusionistas y 1 para la facción silvelista. El nuevo Ayuntamiento se establecía el 1 de julio de 1899 con Joaquín Peris Martí como nuevo alcalde, un personaje bien tratado desde el *Heraldo de Castellón*. Refiriéndose al triunfo republicano publicaban en el diario: «Los monárquicos hemos asistido como meros espectadores...».[277]

De ese modo, José Castelló y Tárrega sumaba una frustración política más, de otras tantas que este final de siglo le estaba ofreciendo y ello a pesar de contar con un periódico al servicio de sus fines personales. Pero, como él, cada partido tenía su vocero político, y la ventaja del resto de contendientes en las elecciones era mucho mayor, especialmente los republicanos y los que se posicionaban en contra. En el verano de ese mismo año se produjeron una

---

275. «A Votar pues la candidatura popular de Castelló y Tárrega, y todo sea para Castellón y por Castellón»; «Castellón», *Heraldo de Castellón*, 24 de abril de 1899.

276. «Hoy tenemos el más firme convencimiento del triunfo del director de El Heraldo... el triunfo será de todos y a todos conviene procurarlo». «Castellón» *Heraldo de Castellón*, 10 y 12 de mayo de 1899.

277. «Crónica electoral», *Heraldo de Castellón*, 16 de mayo de 1899.

serie de altercados que enfrentaron a los grupos republicanos y anticlericales mayormente, contra grupos religiosos defensores de la fiesta o la exaltación jesuita del Corazón de Jesús. Desde las guerras carlistas la Iglesia había perdido fuerza y hacia 1900 se crearon en España las «Ligas Católicas» para combatir las ideas anticlericales y republicanas (Reig 1986). Con tantos rivales, hacerse un hueco en la política local no estaba siendo fácil para nuestro protagonista. Además, el fracaso político seguramente quedó difuminado entre sus preocupaciones diarias por la muerte de su primer hijo, suceso que marcó también la campaña electoral.[278]

A pesar de todos los reveses, José Castelló y Tárrega no dejó de trabajar para conseguir sus objetivos y, en el caso del Ayuntamiento, volvió a intentarlo ya entrado el siglo xx, abriendo así una nueva etapa que será, entonces sí, la de sus éxitos políticos y su inmersión dentro de la política de la ciudad. Lo vemos a continuación, aunque antes tenemos que repasar de nuevo la política nacional a tenor de la influencia que tuvo en el devenir de nuestro protagonista.

En los comicios del 19 de mayo de 1901 se preparó el escenario político canalejista. Se celebraban elecciones generales con nuevos contendientes en escena como el partido de Canalejas. Pablo Iglesias lo definió como un nuevo partido radical burgués (Forner 1993). En esos comicios, el Partido Socialista no sumó más de 84 votos, pero por el momento no era todavía una amenaza a los intereses del Partido Republicano en la ciudad de Castelló de la Plana que, con la ayuda de los tetuanistas, volvía a ganar las elecciones.[279] El partido republicano ratificó desde todas sus corrientes a Fernando Gasset Lacasaña como candidato, y el comandante Pedro

---

278. De hecho, *Heraldo de Castellón* de ese día aparece solo con una plana dedicada a la muerte de Pepito Castelló y Tárrega y ninguna publicación más.

279. «En la capital apoyarán a Fernando Gasset...». «Castellón», *Heraldo de Castellón*, 18 de marzo de 1899.

Font de Mora -correligionario de Segismundo Moret- encabezaba ahora la candidatura fusionista en detrimento de Sánchez Pastor (Reguillo 2001). El distrito de Nules continuó siendo ramblista, como apunta la victoria del conde de Oñativia que se siguió beneficiando de los apoyos de los antiguos caciques Bartrina, Solernou o Benjamín González, todos ellos aparecen en los primeros años públicos de José Castelló y Tárrega, ligados a sus inicios políticos. Una vez más el distrito de Nules se presentaba como bastión de la política ramblista, un distrito que destacaba porque las influencias tetuanistas no tenían el mismo peso que en el resto de la provincia (Pérez 1988).

En estas elecciones Canalejas visitó la capital de la Plana (de lo cual hemos hecho ya mención porque acudió, junto a su cuñado Saint-Aubin, al certamen organizado por José Castelló y Tárrega, quien se desplazó a Valencia a recibirlo junto con otros miembros de la política liberal como Pedro Aliaga y Cayo Gironés. A ninguno de los homenajes que se hicieron asistió Francisco Rambla).[280] De esta visita se hizo eco la portada del *Heraldo de Castellón* del día 19 de abril de 1901.[281]

El acontecimiento coincidía con una nueva y mejorada tipografía en el diario, dedicado estos días a exponer al detalle todos los movimientos del político por el que Castelló y Tárrega parecía sentir verdadera devoción, una estancia repleta de discursos y visitas a correligionarios, hasta que se marchó dos días después.[282] Nuestro protagonista se ocupó más de centrar el diario en todo lo que acontecía alrededor de la llegada de Canalejas y las posibles mejoras que esta visita reportarían para el puerto, que en la candidatura

---

280. «Castellón», *Heraldo de Castellón*, 18 de abril de 1901.

281. En portada el titular: «Canalejas en Castellón», *Heraldo de Castellón*, 19 de abril de 1901.

282. «Castellón», *Heraldo de Castellón*, 19 y 20 de abril de 1901.

fusionista del acaudalado político Pedro Font de Mora.[283] No apoyó en el diario a ninguno de ellos, ni atacó directamente ninguna candidatura, sus páginas se dedicaron a ensalzar la imagen de Canalejas y su visita que, de manera sutil, reforzaba clientelas. Ahora José Castelló y Tárrega tenía a un referente nacional que lo avalaba frente a sus conciudadanos (Moreno 1955), el resto nada parecía importar.

Las elecciones municipales del día 10 de noviembre de 1901 marcaron un antes y un después para nuestro protagonista que lograba por fin encontrar un sitio en la política local, en un marco político plagado de rivalidades. Durante toda la primera década del siglo xx, siguió la pugna entre cossieros y anticossieros por disputarse la Diputación y las alcaldías rurales, pues en estas la red caciquil mantenía aún una gran presencia, mientras que el republicano Fernando Gasset Lacasaña seguía liderando la ciudad de la Plana apoyado, como siempre, por los pequeños comerciantes, los industriales y los artesanos principalmente. Los conservadores seguían también afianzados en sus organizaciones tradicionales (recordemos, la Cámara de Comercio, el Círculo Mercantil y la Liga de Contribuyentes, todos ligados a una burguesía dedicada al comercio agrícola y de cítricos, los servicios y la producción azulejera). A la vez, en esa primera década del nuevo siglo se produjo el paulatino crecimiento del sindicalismo socialista que se organizó ya en poblaciones importantes como La Vall D'Uixó, Vinaròs y Vila-real.

En términos ideológicos, existía una identificación entre el liberalismo y el republicanismo en el Castelló político, basada en los conceptos progresistas a los que estos se acogían, suficientes para unirse puntualmente y obtener más fuerza de cara al

283. «Crónica», *El Regional*, 17 de abril de 1901.

conservadurismo. Esta situación tuvo un reflejo especial en los comicios. En estas elecciones municipales, bajo la alcaldía de Julián Ruiz (Paniagua y Piqueras 2006), como cabía esperar, el Partido Republicano volvió a ganar de manera muy holgada y para nuestro protagonista supuso la inmersión de lleno en el Ayuntamiento de Castelló de la Plana logrando así el objetivo que llevaba persiguiendo con ahínco desde su juventud.

Siendo ministro de Fomento José Canalejas, del pacto entre los republicanos en la ciudad de la Plana no solo se beneficiaría José Castelló y Tárrega, también la ciudad ganaría con la aportación para el puerto que ya mencionamos en otro acápite. Ferran Archilés considera que fue importante para Castelló y Tárrega convertirse en una fuerza satélite para los republicanos, pues nada hubiera conseguido solo, como así lo demuestra que los republicanos no prestaron la más mínima atención a las propuestas que llevaba preparadas para la mejora de la ciudad (Archilés 2002a). Intuimos que no se valoró lo suficiente a José Castelló y Tárrega como político, su ambición era vista con recelo por los que ya estaban establecidos en la jungla política y más si cabe por la protección que gozaba de Canalejas. El pacto con los republicanos que estableció el ministro en la esfera nacional en este periodo de escisión, hizo que los de Gasset aceptaran a su defendido José Castelló y Tárrega, pero para nosotros, este no fue solo el satélite de los republicanos que apunta Archilés, seguramente reportaba importantes beneficios electorales a la facción republicana, ya fuera por la influencia de un político de primera fila como Canalejas en una línea decantada a la izquierda, o por la ayuda que prestaba un medio de comunicación importante en la provincia como el *Heraldo de Castellón* que, si no estaba directamente al servicio de la facción republicana, ahora sí se mostraba complaciente con todo lo que concernía a la figura de Fernando Gasset Lacasaña.

Por otro lado, los enfrentamientos entre los dos dirigentes fusionistas, Rambla y Cayo Gironés, continuaban y provocaban con ello desunión dentro del partido y resultados electorales que no eran los que se esperaban. Esto hizo que el partido se canalizara dentro de la corriente más neutral para ambos casos como fue la canalejista, lo que estuvo a punto de señalar a Castelló y Tárrega como el candidato elegido para liderar al partido (Reguillo 2001).

El *Heraldo de Castellón* publicó una carta de adhesión a José Canalejas:

Excmo. Sr. D. José Canalejas Méndez. Madrid. Muy señor nuestro y de la más distinguida consideración y aprecio: Los abajo firmados no quieren ser los últimos en tener la honra de responder al elocuente llamamiento que acaba de hacer V. en Gandía a los liberales de las 3 provincias del Reino de Valencia y al apresurarse a significarle su incondicional adhesión para ayudarle en la campaña patriótica de la extirpación del caciquismo y en la del progreso de los ideales democráticos, hacen las más vivas y sinceras protestas de la esperanza que tienen depositada en V. para el logro inmediato de la regeneración política de esta provincia, al mismo tiempo que le adelantan la seguridad de que todos los liberales de buena fe, la juventud liberal de todos los partidos y los que por escrúpulos exagerados viven en el más absoluto apartamiento de las luchas políticas del día privado de las luces necesarias de su entendimiento y de la honradez de sus conciencias a los pueblos y a la provincia, no han de tardar en asociarse a la patriótica labor política que inauguran en este solemne testimonio de adhesión a usted, ss.ss. q.l.b.l.m. (Aquí siguen las firmas).[284]

---

284. «Propaganda democrática. Adhesión a Canalejas», *Heraldo de Castellón*, 21 de mayo de 1901.

Era el momento esperado. De las reuniones celebradas para dar solución a la situación del partido podía salir la oportunidad anhelada por José Castelló y Tárrega de tener el camino libre frente a los próceres que ponían trabas en su ascenso dentro de la política liberal provincial, ahora más si la elección y los designios corrían a cargo de su protector José Canalejas: «Los destinos de los pueblos no son cualquier cosa y cada vez han de ser más atendibles porque así lo requiere la vida moderna y los rumbos de la política del porvenir...».[285]

Juan Pérez de Sanmillán fue el encargado de mediar en el seno del partido provincial. Después de la reunión que se celebró en octubre se presentó como un candidato del distrito de Huérfanos a José Castelló y Tárrega. La reunión fue el aval que presentaría nuestro protagonista para defender que era candidato legítimo para las nuevas elecciones,[286] agradeciendo, después de conocerse su elección, la confianza que depositó en él Eliseo Soler Breva como presidente del Comité Local y también el mismo gobernador civil.[287]

La carta que escribió al gobernador civil liberal, Eduardo Ortiz,[288] nos ayuda a entender el cambio político que se estaba viviendo en favor de los intereses de Castelló y Tárrega en la capital. En ella da cuenta de la reunión mantenida en Madrid por los prohombres liberales de la capital, Cayo Gironés, Benjamín González, Gustavo Oñativia y Sanmillán con José Canalejas en la que el ministro trató

---

285. «Castellón», *Heraldo de Castellón*, 26 de octubre de 1901.

286. «Estas elecciones, en cuanto al partido liberal, debería ser el fruto de aquella reunión y el gobernador civil tiene un importante papel». «Política provincial. Carta abierta. Ilmo. señor Don Eduardo Ortiz y Casado, Gobernador Civil de la Provincia de Castellón», *Heraldo de Castellón*, 14 de octubre de 1901.

287. «Castellón», *Heraldo de Castellón*, 6 de noviembre de 1901.

288. «Política provincia. Carta abierta», *Heraldo de Castellón*, 31 de octubre de 1901.

de hacerles entender la necesidad de unión que tenía el fusionismo castellonense. Canalejas propuso que las decisiones en las candidaturas partieran del Comité Provincial y no de las vanidades personales de cada uno de sus miembros.

Aunque cuando los cuatro regresaron a la ciudad después de la reunión no dieron cuenta de lo que aconteció en el Comité, José Castelló y Tárrega era sabedor de primera mano de los puntos que se trataron en la reunión con Canalejas, como no podía ser de otra manera, y sabía también que, si había un cambio de actitud política, este sería en su beneficio, por lo que encontraría el espacio necesario, como así sucedió, gracias al posicionamiento de su protector en la política provincial. Esta ayuda no solo sirvió para propiciar su ascenso político en la capital, sino que también proporcionó a sus familiares más cercanos nuevos cargos en la Administración pública, como fue el caso de su hermano Carlos, que consiguió el puesto de ordenanza en la estación de Telégrafos de la ciudad, [289] o Ramiro, nombrado escribiente en las oficinas de Obras Públicas,[290] cargos que analizamos más de cerca en otro acápite, por la situación personal y por ser una práctica, la de la *empleomanía*, habitual en la época, como cuenta Pérez Arribas en su obra *Politics i cacics a Catelló* (Pérez 1988).

Para este momento venía José Castelló y Tárrega preparando su imagen política, anunciando las medidas que intentaría llevar a término si salía elegido. Con buen criterio, buscó el voto de los desfavorecidos y humildes, intentando llegar a ese segmento social que el nuevo republicanismo descuidaba. Además, esta apuesta encajaba a la perfección en el momento que estaba viviendo Canalejas de desunión del partido que todavía representaba Sagasta y del que él ya no participaba. A finales de 1901 Canalejas preparó un

---

289. «Castellón», *Heraldo de Castellón*, 22 de abril de 1901.
290. «Castellón», *Heraldo de Castellón*, 16 de abril de 1901.

programa político de base en el que en uno de sus puntos apuntaba directamente a una reforma social que favoreciese las relaciones socioeconómicas de los obreros, haciendo una clara alusión a este grupo en busca de adeptos (Forner 1993), para ello incluyó entre sus proclamas la guerra contra los consumos.[291]

Con 184 votos José Castelló y Tárrega consiguió por primera vez su escaño como concejal en el Ayuntamiento de Castelló de la Plana en las elecciones municipales del 10 de noviembre de 1901. Haciendo gala del barroquismo característico aún de la prensa provincial, agradecía a sus correligionarios los apoyos mostrados en los comicios y se ofrecía a ayudar a los más desvalidos y a luchar por sus intereses, defendiendo siempre a la ciudad de Castelló de la Plana desde su nueva posición política.

El director de El Heraldo de Castellón quiere solemnizar su triunfo perdonando a sus ofensores, si los ha tenido, pidiendo a su vez mil perdones de cuantos por su culpa hayan sufrido el menor daño moral y material; abriendo sus brazos a todos los desvalidos y ofreciendo formal y solemnemente dedicar entera su vida a la defensa de los intereses morales y materiales de Castellón. El Sr. Castelló y Tárrega no lleva programa alguno al ayuntamiento ni preferencia de unos servicios por otros. Nuestro director solo lleva hoy por hoy un decidido propósito de hacer en la Casa Capitular bastante más de lo que de él se puede esperar. Ese es todo su programa.[292]

Después de estos comicios el Ayuntamiento se repartió entre 9 concejales republicanos, 2 fusionistas, entre los que estaba José Castelló y Tárrega, 1 conservador y un candidato independiente

---

291. «Abajo los consumos», *Heraldo de Castellón*, 31 de octubre de 1901.
292. «Castellón», *Heraldo de Castellón*, 12 de noviembre de 1901.

proveniente de la Cámara Agrícola.[293] El partido fusionista ahora quedaba dividido en tres grupos conformados por los seguidores del binomio Cayo Gironés-Sánchez Pastor –que conformaba, según Eduardo Pérez, el sector más oficialista y más exclusivista del partido– los de Rambla y los canalejistas, con José Castelló y Tárrega a la cabeza, estos dos últimos dentro de la línea más demócrata del partido y no tan reaccionaria como los de Cayo Gironés. Los canalejistas buscaban la renovación del partido, tenían la responsabilidad ahora de aunar esfuerzos y hacer una política más de lucha en la calle y no tan elitista, ejemplo que tomó al pie de la letra José Castelló y Tárrega en su programa (Pérez 1988).

A partir de ahora nuestro protagonista –con más o menos fortuna– ya no iba a salir de su condición de hombre político. Su diario se convirtió, aún más si cabe, en el medio clave para mantener esa parte del personaje, así como para ayudar durante diez años más a Canalejas y a hombres como Aycart, Vicente Cantós o, puntualmente, a Fernando Gasset Lacasaña. Desde ahora su figura será tanto la del político como la del director del periódico, dos frentes abiertos por los que recibirá muchos halagos, pero también más críticas.[294] A pesar de ello, no dejó de lado al *Heraldo de Castellón* argumentando que, aun siendo representante de una facción política, mantendría su imparcialidad: «Castelló y Tárrega puede ser Canalejista y concejal de un partido político sin comprometer la independencia del periódico del que es director y propietario...».[295]

---

293. Para más información sobre los resultados electorales, consultar: «Las elecciones municipales ayer en Castellón», *Heraldo de Castellón*, 11 de noviembre de 1901.

294. *El Regional*, por ejemplo, en uno de sus editoriales, criticaba el ascenso de Castelló y Tárrega haciendo mención de su vestimenta que, a decir del diario, imitaba a un importante magnate. «Política menuda», *El Regional*, 2 de diciembre de 1901.

295. «Politiquilla», *Heraldo de Castellón*, 2 de diciembre de 1901.

Una afirmación que nosotros consideramos exagerada, a poco que leamos sus editoriales y la sección de política.

En los primeros días del año 1902 tomó posesión de su cargo en el Ayuntamiento. En su discurso aludió a la unidad de todos necesaria para el progreso de la ciudad y prometió dar ejemplo para lograrlo:

> Posesionado ya nuestro director en el cargo de concejal, se pone incondicionalmente al servicio del público para todo lo que se le relacione con el progreso de Castellón y anuncia a sus correligionarios y electores que más que un intérprete de sus deseos tendrán en él un esclavo de su voluntad y un honrado procurador de los intereses morales y materiales que pongan su cuidado [...]. No defraudaré las esperanzas de nadie y trabajaré como el primero para el honor de este organismo y por el progreso y libertad de Castellón [...].[296]

La palabra progreso se sucederá continuamente en su programa, en su discurso y en sus editoriales, pues no en vano siempre fue una de sus máximas preocupaciones.

Aunque José Castelló y Tárrega ya había conseguido uno de sus objetivos, lo veremos proponiéndose nuevos retos en los siguientes capítulos.

---

296. «Castellón», *Heraldo de Castellón*, 2 de enero de 1902.

SEGUNDA PARTE

EL *HERALDO DE CASTELLÓN* Y EL CANALEJISMO. PROYECCIÓN POLÍTICA Y SOCIAL DE JOSÉ CASTELLÓ Y TÁRREGA

CAPÍTULO 4

EL POLÍTICO SE CONSOLIDA. JOSÉ CASTELLO Y TÁRREGA CONCEJAL EN LA PRIMERA DÉCADA DEL SIGLO XX

El nuevo siglo trajo la felicidad a la familia de José Castelló y Tárrega. El 7 de junio de 1902 nació su hija, a la que llamaron Pepita María. Fue bautizada en la iglesia de Santa María y sus padrinos fueron José Gallach (redactor del *Heraldo de Castellón*) y Beatriz Verdia.[297] Dos años después nacía otro hijo, José Castelló y Arroyo (que en el año 1936 sería alcalde de Castelló de la Plana) para nuevo júbilo de nuestro protagonista, como así lo comunicaban en el rotativo: «… la distinguida esposa del propietario del heraldo señor Castelló y Tárrega, ha dado a luz esta mañana con gran felicidad un hermoso niño. Madre y recién nacido seguían muy bien esta tarde lo cual celebramos mucho».[298] En diciembre de 1909 otro nacimiento, el del pequeño Manuel, completaba la alegre familia: «…el nuevo vástago de los señores de Castelló y Tárrega ha ingresado

---

297. «Castellón», *Heraldo de Castellón*, 7 de junio de 1902.

298. «Castellón», *Heraldo de Castellón*, 21 de enero de 1904. Sobre el bautizo, «esta mañana a las 12 ha sido bautizado el hermoso niño que dio a luz recientemente la distinguida esposa del propietario del heraldo, señor Castelló y Tárrega, apadrinando en tan tierna ceremonia su tía Araceli Pérez de Castelló (don Ramiro) y su abuelo paterno don Vicente Castelló. El neófito ha ingresado en el mundo católico con los nombres de José Vicente Melquiades». «Castellón», *Heraldo de Castellón*, 26 de enero de 1904

en el mundo católico con los nombres de Manuel Alfonso Gustavo Juan Pedro y Carlos, apadrinan al neófito Conchita y Joaquinito Castelló, sobrinos de nuestro director».[299] Dos días después de ese nacimiento, se interrumpió la felicidad familiar con la triste noticia del fallecimiento en Barcelona de su querido primo, el conocido compositor y guitarrista, Francisco Tárrega.[300]

También en esta etapa que, en términos generales y como veremos en este capítulo, supuso la consolidación de nuestro protagonista como político y hombre público de Castelló de la Plana, el núcleo familiar de los Castelló y Tárrega se fue consolidando y sus hermanos siguieron escalando puestos. Ramiro fue quien más proyección tuvo. En los primeros años de siglo XX fue escribiente primero en la Jefatura de Obras Públicas,[301] representante general de la aseguradora La Aurora,[302] corresponsal del diario de Barcelona *La Tribuna*,[303] «representante general con poderes especiales de la importante sociedad de seguros marítimos de Berlín Internacionale Loyol»,[304] y delegado de Fomento Agrícola Nacional de la provincia.[305] Algunos de esos cargos los compaginó con la dirección del *Heraldo de Castellón* cuando su hermano José ocupó su cargo de concejal en el Ayuntamiento de Castelló de la Plana. En agosto de 1906 renunció a la dirección del diario y creó una publicación satírica llamada *La Panderola*. Fue sustituido por su hermano Fausto al frente del *Heraldo*. Desconocemos la razón de Ramiro para dejar la dirección del periódico, pero seguramente, en su búsqueda del

299. «Castellón. noticias varias», *Heraldo de Castellón*, 13 diciembre 1909.

300. «Castellón. noticias varias», *Heraldo de Castellón*, 15 de diciembre de 1909.

301. «Castellón», *Heraldo de Castellón*, 14 de mayo de 1902.

302. «Castellón», *Heraldo de Castellón*, 29 de enero de 1903.

303. «Castellón», *Heraldo de Castellón*, 24 de marzo de 1903.

304. «Castellón», *Heraldo de Castellón*, 2 de octubre de 1904.

305. «Castellón», *Heraldo de Castellón*, 8 de julio de 1905.

éxito empresarial, recogía los cargos oficiales que la inercia política le brindaba allí donde fuera menester: «Ramiro ha sido nombrado aspirante de primera a oficial de administración con destino al Gobierno Civil de esta provincia».[306] Como era habitual, este cargo que obtuvo con el gobierno de Moret, fue efímero, con la entrada de Maura en el Gobierno, Ramiro fue cesado.[307] En ese momento ya trabajaba como corresponsal del *Heraldo de Madrid* y recibió la oferta de su antiguo amigo Santiago Mataix para formar parte de la redacción del periódico *El Mundo* (Seoane y Saiz 1996), perteneciente al conocido trust periodístico fundado en 1906, «como prueba de la estimación en que se tienen las aptitudes de nuestro director para el periodismo de información».[308] Posteriormente, también desde Madrid pasó a formar parte de la redacción de *La Prensa*, otro rotativo liberal.[309] En 1909 volvía a *El Mundo* y, con la entrada de Canalejas al poder, vio cómo su situación profesional en la ciudad también mejoraba. Fue nombrado vicepresidente de la Juventud Liberal de Madrid,[310] y más tarde entraba en la Secretaría de la Dirección General de Agricultura,[311] éxitos que llegaron, como le sucedió a su hermano José, en parte gracias a los años de trabajo y fidelidad a Canalejas, aunque seguramente Madrid también tuvo

---

306. «Castellón», *Heraldo de Castellón*, 17 de octubre de 1906.

307. «Castellón», *Heraldo de Castellón*, 8 de enero de 1907.

308. «Castellón», *Heraldo de Castellón*, 16 de octubre de 1907. El trust lo componían periódicos situados a la izquierda del sistema. Actuó de plataforma de propaganda para el Partido Liberal. En un principio se mostraron cercanos a Moret y contrarios a Canalejas, pero más tarde apoyaron la política de este como jefe de Gobierno, concretamente en la cuestión religiosa. Tras la muerte de ambos, apoyaron a Romanones, al que se le suponía accionista importante de la empresa.

309. *Heraldo de Castellón*, 4 de marzo de 1908.

310. «Castellón. Noticias Varias», *Heraldo de Castellón*, 9 de septiembre de 1912.

311. «Castellón. Noticias Varias», *Heraldo de Castellón*, 8 de enero de 1912.

que ver en su ascensión, las posibilidades eran mayores que las que podía ofrecer Castelló de la Plana.[312]

Fausto Castelló y Tárrega, por su parte, tuvo igualmente la oportunidad de aprovecharse de los contactos políticos de la familia para acceder a diferentes cargos que compaginó a veces con la dirección del *Heraldo de Castellón*.[313] En esta etapa que ahora nos ocupa, fue escribiente de la Jefatura de Obras Públicas,[314] y topógrafo auxiliar nombrado por real orden con un sueldo más que digno de 1.500 pesetas al año,[315] y actuó de colaborador de otros diarios como *El Mercantil Valenciano*[316] y *ABC*.[317] Carlos, el hermano pequeño, se colocó igualmente en la Administración, en puestos acordes a su escasa formación. En 1910 ascendió de ordenanza a

---

312. Fruto de su carácter decidido se vio involucrado en situaciones difíciles como la de mediador en un duelo entre periodistas, común en esta etapa por faltas de honor. «Castellón», *Heraldo de Castellón*, 12 de mayo de 1908. En lo personal, el matrimonio estaba establecido en Madrid y la ausencia de descendencia la suplían con las visitas de sus sobrinos y sobrinas. En verano, a veces Araceli sola se desplazaba a la Plana donde, aprovechando la nueva vivienda de verano, pasaba una temporada con su familia política.

313. «Castellón», *Heraldo de Castellón*, 21 de agosto de 1908.

314. «Rendidas gracias al señor Canalejas por esta nueva prueba de sincero cariño con que siempre nos ha distinguido». «Castellón», *Heraldo de Castellón*, 5 de marzo de 1902.

315. *Heraldo de Castellón*, 23 de agosto de 1909.

316. «Castellón. Noticias Varias», *Heraldo de Castellón*, 4 de junio de 1912.

317. «Castellón. Noticias Varias», *Heraldo de Castellón*, 2 de julio de 1912. Fausto se casó con Rosa Vives en 1905, su padrino fue su hermano José. Al año siguiente al enlace tuvieron su primer hijo al que bautizaron con el nombre de Fausto Eusebio Castelló y Vives y en 1912 volvía a ser padre de otro niño al que llamaron Ramiro. Creemos que económicamente tuvo una vida holgada, solía disfrutar de retiros vacacionales anuales o bien en la zona del Alto Mijares, de donde era la familia de su esposa, o en Benassal, como su hermano mayor, en el balneario de Font d'en Segures. Esta información sobre la vida familiar de Fausto Castelló y Tárrega la hemos extraído de «Castellón», *Heraldo de Castellón*, 15 de febrero de 1905 y 20 de agosto de 1906, «Castellón. Noticias Varias», *Heraldo de Castellón*, 31 de diciembre de 1912 y 11 de enero de 1913.

conserje del Centro Telegráfico de Castelló de la Plana.[318] Fue el único de los hermanos que, viviendo en la ciudad, no trabajó en *El Heraldo de Castellón*, quizás porque no tenía estudios. En 1912 fue en comisión de servicio como conserje al Balneario de Urberuaga de Ubilla, en la provincia de Vizcaya.[319]

El hermano mayor del clan Castelló y Tárrega, Vicente, que siempre vivió en La Vall d'Uixó, murió en el año 1904, a los 40 años de edad. Fue un duro golpe para la familia que volvió a su pueblo natal para dar el último adiós al hermano y acompañar a sus dos hijas, Josefina y Conchita (esta última fue la madrina de bautizo de Manuel, el cuarto hijo de José Castelló y Tárrega). Esta vuelta al pueblo del clan familiar debió causar impresión entre los que otrora fueron sus vecinos, su ropa y sus ademanes delataban un cambio de posición económica que seguro no pasó inadvertido.[320] De las conversaciones con los descendientes nos consta la buena relación de la familia con el único miembro que no se desplazó a vivir a Castelló de la Plana.

Esta breve crónica familiar nos permite empezar este capítulo con una panorámica general de la vida de nuestro biografiado en la primera década del siglo xx antes de pasar a centrarnos en su carrera política y profesional. Las noticias sobre José y sus familiares en estos años refieren una intensa vida social y de relaciones personales con importantes personajes de la sociedad castellonense,

---

318. «Castellón», *Heraldo de Castellón*, 17 de enero de 1910.

319. «Castellón. Noticias Varias», *Heraldo de Castellón*, 24 de julio de 1912.

320. La misa se hizo en la parroquia del Ángel del pueblo de La Vall d'Uixó, Vicente Castelló y Tárrega aparece como un propietario que ha atesorado fortuna. La banda acompañó el entierro, un detalle que puede ser muestra de las posibilidades económicas de la familia o por el hecho de asistir José Castelló y Tárrega como personalidad importante. «Castellón», *Heraldo de Castellón*, 4 y 5 de julio de 1904.

como su inseparable amigo Carpi,[321] o con otros no tan cercanos pero sí cordiales como Fernando Gasset Lacasaña, quien en 1907 llegó a cederle a José Castelló y Tárrega una de sus propiedades a las afueras de la ciudad para que pasara una de sus muchas convalecencias.[322] Como buen burgués, nuestro protagonista disfrutaba de su abono en platea del Teatro Principal,[323] de las fiestas y bailes del Casino Antiguo y de vacaciones cada año en el Balneario de Font d'en Segures de Benassal donde iba a «tomar las aguas».[324] La familia gozaba de una vida acorde a sus posibilidades económicas. El diario estaba ya asentado y José ostentó diferentes cargos públicos que le permitían llevar una vida «relajada» desde el punto de vista económico y mantener a sus cuatro hijos –además de ayudar a sus hermanos-. Su mujer, Fidela Arroyo, también se acomodaba a la vida de las damas de buena familia de la ciudad. De misa diaria, participaba en la sección de Damas de la Cruz Roja,[325] y en su otra conocida afición, las fiestas y los bailes en sociedad, como nos apuntaba su nieta María José y como quedó reflejado en las páginas del *Heraldo de Castellón*, testigo de los numerosos actos a los que acudía.[326]

---

321. «En la Villa de sus íntimos amigos los señores de Carpi descansando de la ímproba labor de este verano». «Castellón. Noticias Varias», *Heraldo de Castellón*, 25 de septiembre de 1909. También «Castellón. Noticias Varias», *Heraldo de Castellón*, 19 de enero de 1910.

322. «Castellón», *Heraldo de Castellón*, 17 de agosto de 1907.

323. «Castellón», *Heraldo de Castellón*, 24 de mayo de 1904.

324. «Crónicas veraniegas. Benasal», *Heraldo de Castellón*, 1 de agosto de 1907. También, entre otras, «Crónicas veraniegas. Benasal en la Fuente Ensegures», *Heraldo de Castellón*, 12 de agosto de 1908.

325. «Castellón», *Heraldo de Castellón*, 3 de abril de 1903.

326. Después de cada nacimiento, el *Heraldo de Castellón* publicaba la primera posibilidad que tenía Fidela Arroyo para poder ir a escuchar misa. «Castellón», *Heraldo de Castellón*, 20 de febrero de 1904. También el *Heraldo de Castellón*, 18 de diciembre de 1909.

Aunque algunos decían que José Castelló y Tárrega «viviera como pobre», como apuntaba por ejemplo Gimeno Michavila,[327] la verdad es que su patrimonio económico fue aumentando a lo largo de la primera década del siglo XX, aunque no sin sacrificio y trabajo. En una visita a su pueblo natal, La Vall d'Uixó, en 1905, así lo refería: «… para llegar donde ha llegado ha tenido que sufrir mucho. He sido muy combativo he devorado grandes amarguras, pero también he experimentado grandes satisfacciones».[328]

Como veremos a lo largo de las páginas que siguen, con 40 años se encontraba en la plenitud de su desarrollo personal y también profesional, lo que le permitió sobrellevar la primera década del siglo XX con plena seguridad, recogiendo los frutos de tantos años de trabajo.

1. José Castelló y Tárrega, concejal del Ayuntamiento de Castelló (1902-1909). El puerto y otros proyectos para su promoción

El «bautizo» de José Castelló y Tárrega como concejal en el Ayuntamiento de Castelló en el año 1902 coincide con un incremento notable de noticias diarias sobre la figura de José Canalejas y su trascendencia política publicadas en el *Heraldo de Castellón*. Estamos en un año clave en la vida de nuestro personaje que supone el inicio de su consolidación como personalidad política de la ciudad y, ahora más que nunca, su periódico le servirá de principal punto de apoyo y plataforma a través de la cual interactuar con el público, tanto con los «amigos» como con los detractores:

---

327. «Homenaje a Castelló y Tárrega», *Heraldo de Castellón*, 5 abril de 1906.
328. «De banquete a meeting. Castelló y Tárrega», *Heraldo de Castellón*, 13 de junio de 1905.

El Sr. Castelló y Tárrega dice que la minoría del Ayuntamiento que inaugura sus funciones, se promete mucho contando con la buena disposición del Sr. Alcalde y el valioso concurso de la mayoría cuyas iniciativas y firme voluntad son de todos conocidas.

Ruega a todos que releguen al olvido la política para formar una piña compacta, trabajando por el honor y el decoro del Ayuntamiento y en provecho de Castellón y de la libertad redentora de que ha hablado el Sr. Forcada Peris, para realizar y llevar a cabo cuanto sea posible en bien de Castellón leyendo todos en la bandera de este Ayuntamiento el lema de «más hace el que quiere que el que puede». Ofrece por su parte trabajar como el primero en beneficio de los intereses de la casa y en defensa de la Capital.[329]

Estando dentro del Ayuntamiento vio la política desde las butacas donde se resolvían los problemas y se pactaban las distintas medidas, algunas que podían beneficiar a su imagen y, por qué no, servir a su propia prosperidad económica, aunque, a ese nivel, y a juzgar por la manera en que actuó, si hubiera buscado solo el enriquecimiento, probablemente hubiera podido hacer otros negocios y no fue el caso. Sin duda buscaba algo más que poder económico; al parecer, la vida solvente ya la tenía, así que más bien parece que ahora buscaba eso que muchos anhelan: el poder y, a través de él, materializar algunas de las propuestas que siempre habían formado parte de su ideario de regeneración y modernización de la ciudad.

De hecho, en estos primeros años como figura pública, los intereses de José Castelló y Tárrega estaban centrados en la política local y en la ciudad de Castellón, como es lógico. Desde que accedió

---

329. Intervención de José Castelló y Tárrega en el Pleno del Ayuntamiento de Castelló de la Plana, en sesión inaugural del día 1 de enero de 1902. Archivo Municipal Histórico (en adelante AMH), Actes Capitulars 1902, exp. AMH_04578.

al Ayuntamiento dejó la dirección del *Heraldo de Castellón* en manos de su hermano Ramiro –aunque volvería en el año 1909–, pues su vida se volvió más compleja y cargada de más obligaciones en el aspecto profesional:

> Para consagrarse en absoluto al servicio de Castellón, acelerando la realización de los propósitos que le llevaron a la Casa Capitular y correspondiendo mejor a las esperanzas de los que las hayan puesto en sus actividades y en su entusiasmo por este pueblo, dejará por ahora el señor Castelló y Tárrega la dirección de este periódico ocupándola su Redactor-Jefe don Ramiro M. Castelló.[330]

En su puesto como edil del Ayuntamiento ejerció funciones variadas, entre ellas, inspector de mercados, revisando y teniendo por tanto a su cargo el punto de venta más importante de la época por donde pasaban todos los alimentos básicos de la ciudad. Se preocupó además por cuestiones de salubridad pública e impulsó obras de mejora en el alcantarillado y de gestión de residuos.[331] Ayudó con esas obras a que el mercado solucionara sus problemas de insalubridad e hizo que los puestos vertieran sus desechos de manera controlada para intentar atajar los problemas de olores y de roedores que siempre habían existido:

> El Secretario dio cuenta de una proposición suscrita por D. José Castelló y Tárrega, en la que razonadamente expone la necesidad de llevar a la práctica varias reformas en beneficio de la Capital por el orden y en la forma que se indica y que afectan a servicios referentes a hábitos y costumbres, policía del mercado, mingitorios públicos,

---

330. «Castellón» *Heraldo de Castellón*, 29 de marzo de 1902.
331. «Castellón», *Heraldo de Castellón*, 24 de enero de 1902.

arbolado, bocas de riego, rastrillos y aceras, plaza del mercado, limpieza pública, mendigos, blasfemos, vagabundos y enseñanza obligatoria.[332]

Para estar al tanto de las medidas que impulsaba visitaba personalmente el mercado regularmente a las seis de la mañana, según cuenta el periódico, para ver de primera mano además los precios del género y evitar así posibles fraudes. En uno de sus informes publicados en el *Heraldo de Castellón* denunciaba que los productos eran pocos, caros y malos, con gestiones infructuosas que provocaban carestías y excesos.[333] De ahí que a veces interviniera personalmente para intentar atajar esos problemas:

[…] esta mañana el concejal de almacén señor Castelló y Tárrega, ha dado una gran batida en los puestos de la plaza de la Constitución, inutilizando varias pesas, denunciando a los reincidentes y obligando en algunas paradas a rebajar los precios de las frutas […] en honor a la verdad todas las piezas inutilizadas no eran solamente de las vendedoras. Un buen número de ellas pertenecía a los hortelanos.[334]

La protesta por las prácticas incívicas fue una constante en las páginas del diario y, como es lógico, en esa misma línea actuó José Castelló y Tárrega desde el ayuntamiento. En ellas vemos también que volvía a quejarse de los juegos de pelota en la calle: «El abuso del peloteo se hace intolerable de todo punto y a lo que parece las guardias contemplan impasibles como convierten los muchachos en frontones los edificios particulares y propinan pelotazos a los

---

332. Intervención de José Castelló y Tárrega en el Pleno del Ayuntamiento de Castelló de la Plana, en sesión ordinaria del 24 de enero de 1902. Amh, Actes Capitulars 1902, exp. AMH_04578.

333. «El Mercado de Castellón», *Heraldo de Castellón*, 23 de agosto de 1902.

334. «Castellón», *Heraldo de Castellón*, 30 de agosto de 1902.

pacíficos transeúntes ¿hasta cuándo seguirá este abuso?».[335] También denunciaba la velocidad de los carros al entrar en la ciudad,[336] las algaradas en las tabernas,[337] así como a los jóvenes sin oficio con comportamientos «indignos», a este respecto publicaban: «Castelló y Tárrega pide al teniente alcalde Joaquín Vicent que debe poner más orden a las prácticas incívicas de la ciudad, imberbes que han elegido el Paseo Ribalta para ensayar acciones y palabras que no las han visto a sus padres ni las han oído a sus maestros…».[338] Todos esos problemas eran, junto a la mendicidad y las prácticas insalubres, lo que había que solucionar en bien de la imagen urbana de Castelló de la Plana:

> El mismo Sr. Castelló y Tárrega, recomendó la vigilancia en evitación de que se convierta en urinario público los alrededores del Teatro Principal, como así mismo llamó la atención de la Alcaldía, para que la guardia municipal impida que vayan por las aceras las cabras de leche. También pidió dicho señor que se entoldasen los lavaderos del Toll.[339]

En otros números del *Heraldo* reclamaban una ley para que se sancionara a los niños mendigos, empujados por sus padres a esta práctica.[340] En verdad ya había mostrado ese tipo de inquietudes desde que vivía en La Vall d'Uixó, donde empezó criticando las

---

335. «Castellón», *Heraldo de Castellón*, 19 de junio de 1903.

336. «Castellón», *Heraldo de Castellón*, 2 de julio de 1904; «Por… esas calles», *Heraldo de Castellón*, 20 de diciembre de 1909.

337. «Castellón», *Heraldo de Castellón*, 20 de febrero de 1902; también 22 de febrero de 1904; «Maldito alcohol», *Heraldo de Castellón*, 24 de julio de 1906.

338. «Castellón», *Heraldo de Castellón*, 19 de mayo de 1903.

339. Intervención de José Castelló y Tárrega en el Pleno del Ayuntamiento de Castelló de la Plana, en sesión ordinaria del 19 de junio de 1903. Амн, Actes Capitulars 1903, exp. AMH_04579.

340. «Castellón», *Heraldo de Castellón*, 8 y 22 de agosto de 1903.

fiestas de las vaquillas que se celebraban en los pueblos que, para él, eran un retroceso que frenaba la regeneración del país, además de un gasto estéril que podía ser dirigido a otras cuestiones más necesarias como la sanidad y la educación.[341]

Ese ideal regeneracionista que representaba la fórmula de intervencionismo estatal en la denominada «cuestión social» entroncaba con la ideología reformista de la Comisión de Reformas Sociales organizada en 1883 y especialmente con el proyecto de Instituto de Trabajo ideado por José Canalejas en 1901 y el Instituto de Reformas Sociales que empezó a funcionar en 1902 (Palacio 1988). Constituyó el pilar central del ideario de José Castelló y Tárrega desde que empezara a hacer campaña en su periódico –lo hemos visto en el capítulo anterior– y dirigía ahora sus propuestas dentro del consistorio municipal.

Como reclamaba igualmente el proyecto del puerto de Castelló de la Plana. Y para ello volvió a mirar de nuevo a su ideólogo político que se encontraba, además, en un momento propicio.

Desde 1901 José Canalejas consideraba que había llegado el momento de iniciar una estrategia para suceder a Sagasta, pretendía una renovación del Partido Liberal, y estaba obligado a tomar una serie de iniciativas para obtener suficiente respaldo social, pero sin romper del todo con el partido, ya que este le podía facilitar las cosas para su futuro proyecto (Forner 1993). Pensamos que de esa coyuntura se benefició la ciudad de Castelló de la Plana al conseguir la subvención de 250.000 pesetas para el puerto poco antes de que Canalejas saliera del Gobierno, un aporte económico que, como vemos en la carta que se publicó en el *Heraldo de Castellón*, se presentó más como una dotación hecha por parte de este político que por el Partido Liberal:

---

341. «Castellón», *Heraldo de Castellón*, 26 de mayo de 1902.

Querido Castelló: En el Consejo de esta tarde daré cuenta del expediente aumentando hasta 250.000 pesetas en el año próximo la subvención de 100.000 que hemos tenido este año. Dejo el expediente en condiciones de que pueda fácilmente mañana aumentarse bastante más.

He cumplido pues mi palabra como la cumplo también respecto de la aplicación a gastos del Estado de aquellas partidas que en rigor debieran corresponder a la nueva Junta. Si me marcho, como es probable, no podré hacer más por ahora, pero creo que otros no hubieran hecho tanto…

Estas mis resoluciones obedecen solo como usted ya sabe, al deseo de favorecer y ayudar, como lo haré siempre, a esa amada provincia.

Es suyo buen amigo, J. Canalejas.[342]

Canalejas y la subvención aparecieron en las páginas del *Heraldo de Castellón* durante más de 30 días reforzando el papel que en ello jugó el edil del Ayuntamiento. El 30 de junio de 1902, por ejemplo, el diario daba cuenta de que José Castelló y Tárrega había mandado un telefonema directamente al Sr. Cubria,[343] que era el secretario particular del entonces ministro de Agricultura y Obras Públicas, José Canalejas, para agradecerle sus gestiones en la promoción desde su ministerio de las subvenciones para la construcción del puerto de Castellón.

Resulta lógico pensar que el hecho de que se otorgara una subvención de ese nivel fuera el resultado de las directas y «buenas relaciones» de José Castelló y Tárrega, por un lado, con el

---

342. «El Puerto. Viva Canalejas», *Heraldo de Castellón*, 30 de junio de 1902.

343. Según el *Diccionario de la lengua española* de la Real Academia Española (RAE), un telefonema es un despacho telefónico o comunicación que se entrega en una oficina telefónica para que, a través de una llamada, llegue a otra oficina que la comunicará por escrito al destinatario.

partido conservador, a través del diputado por Segorbe, Juan Navarro Reverter (Paniagua y Piqueras 2006), y del otro, con el que resultó ser su «apreciado» amigo y mentor, José Canalejas. Precisamente de la carta referida con anterioridad se pueden desprender, entre otras cosas, un aumento de la popularidad de la figura de Canalejas como político en Castellón y del propio Castelló y Tárrega. La empresa portuaria le dotó sin duda de más credibilidad como personaje público, ya no solo en el aspecto político, sino también, y quizás igual de importante, en el social. En otra de las cartas que sobre el mismo tema le envió también Canalejas, parte de la cual se reprodujo en el mismo artículo del *Heraldo de Castellón*, este se despidió del edil castellonense con la frase: «Sabe que le quiere, J. Canalejas». Quizás con la misma finalidad, esas cartas fueron leídas por José Castelló y Tárrega en la sesión del pleno del ayuntamiento.

Tras la alegría de la subvención vino el enfrentamiento con el periódico *El Regional*. El diario conservador no podía quedarse de brazos cruzados y menos aplaudiendo el triunfo de sus rivales, debía contratacar y lo hizo con afirmaciones en las que desprestigiaba la cantidad donada, señalándola como insuficiente, además de inflada por el *Heraldo de Castellón*.

El Regional en sus polémicas huye de todo razonamiento con nosotros y abusa de la excesiva prudencia del propietario de El Heraldo, entonces tendremos que aplicarle otro calificativo que hoy por hoy no nos atrevemos a aplicárselo, aunque nos instiguen a ello algunos de sus amigos. Porque nosotros no podemos creer que un periódico tan batallador como El Regional sea un cobarde.[344]

Los sucesos no fueron solo cruce de escritos entre periódicos. Miguel Armengot, director de *El Regional*, y Ramiro Castelló y

---

344. «Castellón», *Heraldo de Castellón*, 6 de junio de 1902.

Tárrega llegaron incluso a la agresión física. En declaraciones del *Heraldo de Castellón*, Armengot «harta de palos» a Ramiro, quien tuvo que ser curado en una farmacia. Según hemos podido reconstruir por la prensa, Ramiro llegó al Casino donde se encontraba el director del diario conservador horas después de ejercer de padrino de Fidela, la hija de su hermano José. Una vez en el Casino, pidió en reiteradas ocasiones a Miguel Armengot que saliera a la calle llamándolo «canalla» y, ya fuera, tuvo lugar el altercado entre ambos.[345]

No solo fue el proyecto del puerto el que ocupó a José Castelló y Tárrega en esta etapa como edil del ayuntamiento. Desde su inicio se involucró en los pasos que se dieron en la provincia para apoyar el nuevo partido fundado por José Canalejas. El 5 de noviembre de 1902 se produjo la expulsión definitiva de este político del Partido Liberal y al día siguiente se anunciaba el nacimiento de un nuevo partido canalejista. La ruptura no cogió por sorpresa a sus correligionarios, conocedores de las diferencias históricas de Canalejas con su anterior formación, lo que permitió que se pusiera de inmediato a trabajar en la creación de lo que llamaron Círculos Democráticos y Organizaciones Juveniles del partido. A finales de febrero de 1903 ya existían 2.150 comités, 23 círculos y 118 periódicos de tendencia canalejista repartidos por todo el país (Forner 1993).

Como no podía ser de otra manera, en Castelló de la Plana también debía crearse una organización democrática que potenció el *Heraldo de Castellón*, ahora más implicado que nunca en la causa canalejista:

[…] demostrado está en 1000 ocasiones distintas que existen aquí fuerzas numerosas que inspiran sus creencias y sus afirmaciones

---

345. «Castellón», *Heraldo de Castellón*, 10 de junio de 1902.

políticas en el credo democrático con motivo de la llegada a esta capital del propagandista de estas doctrinas el ilustre señor Canalejas, pusieron se una vez más en contacto los sostenedores de sus ideas, acentuaron se actitudes y hubo promesas de inteligencia y propósitos de organización que son ya precisos e indispensables para que con tan importante agrupación de voluntades y energías se constituya el Partido Democrático.[346]

Poco después se fundó en Castelló de la Plana la Juventud Democrática, en un acto que ilusionaba especialmente a José Castelló y Tárrega, que veía como la corriente que tomaba protagonismo dentro del Partido Liberal era la que él siempre siguió. Él mismo presidió el acto en el que se sentaron las bases de la organización y se eligió como presidente a Francisco Gil, de secretario a Juan Payá y como vicepresidente a José Royo.[347] En septiembre de 1902 se había inaugurado el Centro Democrático de Alcalà de Xivert y en el mes de diciembre los de La Vall d'Uixó, Almassora y Borriol, en casi todas las inauguraciones participó también nuestro protagonista.[348]

La euforia debió reinar entre los canalejistas que veían, ahora sí, que su posicionamiento podía obtener la recompensa ansiada. Toda iniciativa para ensalzar al político demócrata parecía poca, incluso vendieron lápices con la imagen de José Canalejas para recaudar más fondos, tan necesarios para el incipiente partido.[349]

---

346. «Organización democrática», *Heraldo de Castellón*, 18 de julio de 1902.

347. «La juventud democrática. El acto de ayer», *Heraldo de Castellón*, 1 de diciembre de 1902. «Castellón», *Heraldo de Castellón*, 17, 18 y 29 de diciembre de 1902.

348. «Castellón», *Heraldo de Castellón*, 17, 18 y 29 de diciembre de 1902.

349. «Lápices Canalejas», *Heraldo de Castellón*, 1 de septiembre de 1902.

Al año siguiente se organizó el Instituto Popular de la Juventud Democrática,[350] un centro en el que se ayudaría a personas con pocos recursos económicos y a los trabajadores a mejorar su formación, al tiempo que serviría para atraer correligionarios al nuevo proyecto democrático de Canalejas. El diario *El Nacional* se hacía eco de esa iniciativa:

> La prensa de Castellón habla con gran elogio de su Instituto Popular para la enseñanza a los obreros de los conocimientos aplicados a sus artes y oficios fundado por un periodista de grandes y muy generosas iniciativas, el concejal de aquel Ayuntamiento don José Castelló y Tárrega director y propietario del Heraldo de Castellón.[351]

Luis de Armiñán, el entonces colaborador del *Heraldo de Madrid* y persona cercana al círculo de José Canalejas, llegó a la ciudad para inaugurar el centro, un acto que el *Heraldo de Castellón* resaltó con un gran titular en portada. En el discurso de inauguración José Castelló y Tárrega también tuvo palabras para los republicanos, señal inequívoca del planteamiento político marcado por Canalejas y que el edil aplicaba en la provincia: «… como en Castellón en casi todas partes los únicos que trabajan por la difusión de la cultura los únicos que sostienen escuelas son los demócratas, republicanos y los obreros».[352]

En 1906, bajo la dirección de José Castelló y Tárrega en el Instituto, José Canalejas donó 1.000 pesetas para sufragar algunos de sus gastos, una inversión que a la larga podría proporcionar

---

350. «Boletín del Partido Democrático», *Heraldo de Castellón*, 15 de junio de 1903.

351. Cita que el *Heraldo de Castellón* transcribió de *El Nacional*. «Castellón», *Heraldo de Castellón*, 30 de septiembre de 1903.

352. De entre las asignaturas que se impartieron en la escasa temporada de vida del organismo, estaban francés, contabilidad, primera enseñanza, ceramografía y bellas artes. «Luis Armiñán», *Heraldo de Castellón*, 3 y 4 de octubre de 1903.

réditos políticos si conseguían atraer a gran cantidad de obreros a su proyecto.[353]

El Instituto fue uno de los proyectos de política social dirigido a los obreros más visibles en esta etapa política de José Castelló y Tárrega. Desde el *Heraldo de Castellón* se puso especial esfuerzo en difundir la imagen de protector del edil, especialmente dirigida a una parte de la población con derecho a voto que podía beneficiarle. Aunque, sin duda, este acercamiento a la clase obrera castellonense respondía también a la pretensión de Canalejas de ampliar la base social del partido y de ganarse la simpatía de ese segmento social. De ahí las medidas que estaba impulsando, entre ellas, la abolición de los consumos, el servicio militar obligatorio o la reforma religiosa. Como reconoce Juan Carlos Sánchez Illán, «gracias al apoyo del Rey, que presionó a los senadores Palatinos, Canalejas consiguió que se aprobara su Ley de Consumos» (Sánchez 1999, 278).

En sintonía con esas propuestas, cada 1.º de Mayo era tratado como un gran acontecimiento por el *Heraldo de Castellón*.[354] Además, se adjudicó un espacio dedicado a los problemas de la clase trabajadora que titularon «Crónica obrera», así como editoriales en favor de los obreros en los que se describía la azarosa vida que llevaban, tanto ellos por sus condiciones laborales, como sus familias por el pésimo jornal que aportaban a casa.[355]

El guiño a los trabajadores no significaba, sin embargo, un apoyo incondicional a sus causas. En las crisis obreras de esta primera década del siglo XX, el *Heraldo de Castellón* mantuvo una posición que

---

353. «Castellón», *Heraldo de Castellón*, 24 de abril de 1906.

354. Titular de portada: «La Fiesta del Trabajo», *Heraldo de Castellón*, 30 de abril de 1902.

355. «Vida imposible», *Heraldo de Castellón*, 16 de marzo de 1904. En la misma plana del mismo día: «… ayer marchó a Benicasim para pasar una temporadita en su Villa de aquel litoral la apreciable familia de nuestro querido amigo don Diego Bermúdez».

podríamos calificar de neutral; por otra parte, las huelgas y paros que afectaron a diferentes negocios de la ciudad fueron criticados por José Castelló y Tárrega, pues consideraba que esas tácticas no beneficiaban a los obreros. Por ejemplo, en su intento de solucionar la huelga de ceramistas de la fábrica de Jaime Blanch, escribió: «Porque en estas luchas el daño que recibe el obrero es mayor y la resistencia en casos como el presente es funesta para todos».[356] Es posible que tras estos mensajes del *Heraldo* se esconda la defensa de los intereses de los patronos, a quienes el diario –y su promotor– les debía parte de la financiación que recibía de las suscripciones y anuncios. De todos modos, parecen tener especial cuidado en no granjearse tampoco la enemistad de los obreros. La conflictividad social fue en aumento y eran cada vez más numerosas las huelgas e incluso los altercados que se producían en la ciudad en protesta por las malas condiciones de trabajo, como los piquetes del sector alpargatero,[357] o el de la fábrica de azulejos de Vicente Almela, en el que las esposas de los trabajadores, a gritos de «esquirol», apedreaban los carros que servían material para seguir con la producción.[358] La posición del *Heraldo* estaba clara, era necesario darle solución:

Manifestación del Estado social de Castellón y es ocasión por tanto que las autoridades y la Junta de reformas sociales suplan con su acción a aquellas deficiencias que se notan en la legislación del trabajo, facilitando la solución de los conflictos que casi a diario están surgiendo en nuestra ciudad con evidente y sensible quebranto del capital y el trabajo.[359]

---

356. «El 1.º de Mayo en Castellón», *Heraldo de Castellón*, 30 de abril de 1903.

357. «Castellón. Movimientos obreros, paro general», *Heraldo de Castellón*, 20 y 21 de febrero de 1902.

358. «La huelga de azulejos de Don Vicente Almela», *Heraldo de Castellón*, 2 de julio de 1904.

359. «Castellón» *Heraldo de Castellón*, 19 de agosto de 1903.

La crisis que sufrió la industria de la naranja en el año 1908 se sumó a los problemas de esta primera década del siglo. La situación se agravó con la plaga del poll roig (*Aonidiella auranti*) y la subida de los precios debido al temporal de lluvias sufrido en los primeros días de ese año (Giménez 2019). La conflictividad que se vivió en las principales ciudades de la provincia fue seguida desde el diario que, una vez más, se mostró sensible a las demandas de los obreros y de los agricultores, pero con su habitual prudencia y desaprobando paros y altercados:

> Nos produciría verdadera alegría la cesación de la huelga y que marchen de acuerdo, en perfecta armonía, intereses que no deben aparecer nunca antagónicos sino casi homogéneos si se quiere honradamente el mejoramiento de los obreros y el progresivo desarrollo de nuestras industrias.[360]

El acercamiento a la cuestión social y a los trabajadores no impidió que José Castelló y Tárrega siguiera apoyando otras causas y cuestiones que siempre habían formado parte de su ideario. Las Fiestas de Julio, por ejemplo, que conmemoraban, como ya hemos citado con anterioridad, la defensa de la ciudad de Castelló contra las tropas carlistas en 1837, ocuparon también su agenda. En 1902 entraba a formar parte de la Comisión de Fiestas, pues veía en ellas una posibilidad más de hacer propaganda de una ciudad próspera.[361] Fue insistente cada año en la necesidad de gestar el programa festivo con la suficiente antelación para garantizar unos espectáculos acordes a una ciudad de la importancia de Castelló de la Plana. En el pleno del ayuntamiento argumentó que «las fiestas deben empezar a organizarse cuando terminen las que van a celebrarse.

---

360. «Castellón», *Heraldo de Castellón*, 14 de agosto de 1903.
361. «Castellón», *Heraldo de Castellón*, 2 de mayo de 1902.

Pretender hacer fiestas empezando a organizarlas un mes o dos antes de una fecha es pretender un imposible y Castellón, que ya no es un pueblo cualquiera, o debe celebrar buenas fiestas o no las debe celebrar de ningún modo».[362]

En 1904 ya era presidente de la Comisión de Fiestas. Es importante recordar que Castelló y Tárrega no deseaba unas Fiestas de Julio por el simple hecho de la diversión ciudadana, estas celebraciones lanzaban un mensaje liberal, del Castelló de la Plana épico, y era importante que la población asociara la figura de José Castelló y Tárrega con la resistencia absolutista, vinculando, como apunta Archilés, el patriotismo español con el patriotismo local. Desde el balcón del ayuntamiento se dirigió ese año a los ciudadanos para conmemorar la fecha. Estaba en el epicentro social de la ciudad, ejerciendo «pequeños» cargos que, sumados, hacían que su nombre sonara en todo aquello que acontecía en la capital de la Plana.[363]

Junto a las fiestas, otros actos de vital importancia en la trayectoria de nuestro protagonista, que también hemos comentado en capítulos anteriores, fueron los juegos florales, que siguió apoyando igualmente durante su etapa de concejal: «No es posible describir, mirar una idea aproximada, de la suntuosidad de grandeza y magnificencia de los juegos florales. Es labor que se sobrepone a nuestra menguada inspiración y que solo el astro luminoso del poeta, la pluma del escritor colorista, acertarían a reflejar dando al lector la sensación deliciosa de la fiesta del amor, de la luz y de la poesía».[364] Esta actividad en la ciudad era además considerada más allá de los límites de la provincia, lo que le ayudaría a granjearse nuevos reconocimientos por su vinculación y dedicación a la cultura.

---

362. «Castellón», *Heraldo de Castellón*, 6 de julio de 1903; también «En el ayuntamiento. La sesión de ayer», *Heraldo de Castellón*, 22 de agosto de 1903.

363. «Castellón», *Heraldo de Castellón*, 10 de julio 1904.

364. «Los Juegos Florales», *Heraldo de Castellón*, 9 de julio 1906.

Con un interés similar apoyó la colocación en la ciudad de un monumento en honor al pintor Francisco Ribalta. Para ello reunió a distintos artistas que se encargarían de la realización de una obra que consideraba imprescindible para el parque que llevaba su nombre y que llenó numerosos artículos del diario, como era habitual cuando mostraba interés en un proyecto.[365]

Las ganas y el relativo poder que le podía dar su nueva posición política, no eran suficientes para costear la obra, así que, el incansable Castelló y Tárrega propuso la realización de una tómbola y, para ello, parte de los objetos que la compondrían fueron donados por él y su familia: «José Castelló y Tárrega donó a la tómbola 25 libros nuevos, Fidela Castelló y Tárrega dos platos con relieves, Pepita Castelló Arroyo un joyero y varias figuras de porcelana y Pepito Castelló y Tárrega un juego completo de escritorio».[366] Este gesto, adjetivado como patriótico, le costó no pocos quebraderos de cabeza y acusaciones de fraude por algunos de sus adversarios políticos, llevándolo a defender su honor frente a esas denuncias desde las columnas de su diario: «… si se dice algo se dice ¿pero de quien no se dice, sí aquí se dice de todos y es natural que se diga también de mí pobre hombre que no ha cometido en su vida más delito que el de abandonar los intereses propios para atender a los ajenos y aún me luce el pelo después de 16 años de estancia en Castellón trabajando como un negro».[367] Las injurias hacia su gestión hicieron que José Castelló y Tárrega pidiera la dimisión como promotor de esta causa benéfica, una decisión que fue rechazada por la mayoría de los concejales, quienes le otor-

---

365. «Castellón», *Heraldo de Castellón*, 5 de diciembre de 1905.
366. «Castellón», *Heraldo de Castellón*, 19 de enero, 6 de febrero y 12 de marzo de 1906, entre otros artículos en relación con la tómbola de Castelló y Tárrega.
367. «Habla Castelló y Tárrega», *Heraldo de Castellón*, 5 abril de 1906.

garon su voto de confianza en sesión plenaria del ayuntamiento, como fue el caso de Vicente Gimeno Michavila:

> El Sr. Gimeno usa la palabra diciendo que no necesitaba el Sr. Castelló y Tárrega esforzarse tanto para llevar el convencimiento al pueblo de Castellón y al ayuntamiento que le representa del celo, actividad y inteligencia con que ha procedido en el asunto de que se trata.
>
> Hace un cumplido elogio de las prendas que adornan al Sr. Castelló, ensalzando especialmente su buena fe y su inteligencia y actividad incansable.
>
> Procura disuadirle de sus propósitos, animándole para que continue en su puesto hasta realizar sus proyectos respecto a la estatua de Ribalta y próximas Fiestas de Julio.[368]

Finalmente, en 1910 se asignó el punto donde debería ser erigido el monumento, pero todavía habría que esperar unos años más para la culminación de ese proyecto que con tanto ahínco defendió José Castelló y Tárrega.[369]

2. Otros cargos, nombramientos y distinciones

Tras ser elegido concejal, José Castelló y Tárrega recibió el premio que le otorgó la Real Academia de Literatura por su entrega y dedicación a las letras al impulsar el Certamen Literario de Castelló

---

368. Intervención de Vicente Gimeno Michavila en el Pleno del Ayuntamiento de Castelló de la Plana, en sesión ordinaria del 4 de abril de 1906. Amh, Actes Capitulars 1906, exp. AMH_04582. También, sobre esta misma intervención: «Homenaje a Castelló y Tárrega», *Heraldo de Castellón*, 5 abril de 1906.

369. «Castellón. Noticias Varias», *Heraldo de Castellón*, 25 de noviembre de 1910.

de Plana. En el *Heraldo* conectaban este galardón con un supuesto refuerzo identitario que dotaba de cohesión a la provincia, de manera que a ello habría contribuido su director: «... Castellón deja de ser una simple circunscripción administrativa para convertirse en una identidad regional con vida propia...».[370] En su periódico leemos las muestras de cariño que partidarios y amigos le dedicaron por esta distinción, como el soneto que mostramos a continuación enviado por Agustín Safont desde Vinaròs y que nos parece una buena muestra del momento en que se encontraba nuestro protagonista:

La virtud que a las almas embellece,
Y el trabajo, que eleva y regenera,
Te han dado de la vida en la carrera
Un premio merecido que enaltece.
La Academia Española te ennoblece
Del periodismo en la ilustrada esfera,
Y ese premio es ya luz que reverbera
Y tu nombre y tus actos esclarece
¡Honor a ti que vences dignamente!...
¡Honor a ti, que un triunfo has conseguido,
Honoroso y codiciando cual ninguno!...
Por eso brilla ya sobre tu frente
La diadema de luz que te han ceñido
La virtud y el trabajo de consumo.[371]

Entre otros nombramientos que recibió en esta etapa se encuentran también, como los más destacados:

---

370. «progreso intelectual en la provincia de Castellón», *Heraldo de Castellón*, 9 de enero de 1902.
371. Soneto de Agustín Safont de Vinaròs: «A José Castelló y Tárrega, soneto», *Heraldo de Castellón*, 4 de enero de 1902.

- Presidente honorario de la sociedad coral castellonense La Señera.[372]
- Diploma de Miembro Honorífico de la sociedad de Caballeros hospitalarios de París que tenían como lema: «Antes morir que desmayar».[373]
- Subdelegado de la provincia en la exposición internacional de pedagogía.[374]
- Socio correspondiente de la Real Sociedad Cordobesa de Amigos del País.[375]
- Diploma de la Société nationale d'encouragement à l'hygiène, de la ciudad de Lille. (Institución de educación y moralidad).[376]
- Presidente honorario de la Cruz Roja.[377]
- Corresponsal de la Agencia Telegráfica Fabra: «El director de El Heraldo ha sido nombrado corresponsal de la renombrada agencia telegráfica Fabra que además del numeroso abono de España, tiene el de los más acreditados periódicos del extranjero».[378]
- Socio protector de la Asociación Nacional de Funcionarios Públicos.[379]
- Primer vocal del comité central de la Federación de Prensa Valenciana.[380]

---

372. «Castellón», *Heraldo de Castellón*, 18 de julio de 1904.
373. «Castellón», *Heraldo de Castellón*, 13 de septiembre de 1904.
374. «Castellón», *Heraldo de Castellón*, 20 de febrero de 1905.
375. «Castellón», *Heraldo de Castellón*, 17 de junio de 1905.
376. «Castellón», *Heraldo de Castellón*, 4 de octubre de 1905.
377. «Castellón», *Heraldo de Castellón*, 13 de febrero de 1908.
378. «Castellón», *Heraldo de Castellón*, 3 de abril de 1908.
379. «No sabemos si felicitarnos o deplorar el tal nombramiento, pues si bien el nuevo cargo aumentará el cúmulo de obligaciones que pesan sobre el director del Heraldo». «Castellón», *Heraldo de Castellón*, 11 de agosto de 1908.
380. «Castellón. Noticias Varias», *Heraldo de Castellón*, 23 de septiembre de 1909.

- Secretario de la Junta de socorros para los reservistas.[381]
- Miembro de la comisión de verbenas en las fiestas de julio.[382]
- Premio del Casino de Alicante en sus juegos florales por un artículo sobre la mendicidad titulado «Estudio sobre la mendicidad y medios de extinguirla».[383]
- Galardonado en los juegos florales de Albacete por una obra que llevaba por título *Fidela*, seguramente en referencia a su hija fallecida.[384]

Vemos entre estos nombramientos varios relacionados con el mundo de la prensa, indicativo de que nuestro protagonista estaba alcanzando un cierto prestigio también en ese sector desde los inicios de siglo. En el año 1905 inició las gestiones para la organización de la Asociación de Prensa de Castelló de la Plana.[385] La sociedad tomó finalmente la forma definitiva en el mes de enero de 1911, cuyo primer presidente fue el propio José Castelló y Tárrega. La noticia fue publicada en el *Heraldo*, de modo que reafirmó el papel de su director en tan importante empresa:

El director del Heraldo ha terminado el proyecto de un Reglamento para asociar a todos los periodistas castellonenses y probablemente convocará el próximo domingo a todos sus compañeros para dar lectura a dichos estatutos y tratar de la constitución de la proyectada Sociedad para que empiece a funcionar desde luego.[386]

---

381. «Castellón. Noticias Varias», *Heraldo de Castellón*, 27 de septiembre de 1909.

382. «Castellón. Noticias Varias», *Heraldo de Castellón*, 8 de junio de 1910.

383. «Castellón», *Heraldo de Castellón*, 5 de octubre de 1907.

384. «Castellón», *Heraldo de Castellón*, 30 de abril de 1908.

385. «Castellón», *Heraldo de Castellón*, 8 de febrero de 1905.

386. «Castellón. Noticias Varias», *Heraldo de Castellón*, 28 de julio de 1910. En mayúscula en el original.

Uno de los reconocimientos más importantes de esta etapa fue la Cruz del Mérito Militar que recibió nuestro protagonista por su posición ante uno de los conflictos más sonados del período que ahora nos ocupa: la guerra de Melilla. Como ocurrió nueve años antes con relación a la actitud de José Castelló y Tárrega hacia los soldados españoles que lucharon en la guerra de Cuba, en este caso también, la dedicación y el interés mostrado con los reservistas y sus familias,[387] le valió para recibir de nuevo esta distinción, en esta ocasión de tercera clase con distintivo blanco. Una condecoración de la que aún hoy día hace gala su nieta María José Marí, que muestra con orgullo un cuadro donde aparece su abuelo portando la cruz, se trata de hecho, de un óleo que se realizó exprofeso para su lucimiento. De esta condecoración se hizo eco, como no podía ser de otro modo, el *Heraldo de Castellón*, que organizó una suscripción para costear la insignia que le otorgaba a José Castelló y Tárrega la posibilidad de recibir tratamiento de excelencia, aunque, dada su modestia, sabemos que nunca quiso hacer uso de él.[388]

La importancia de la guerra de Melilla en el período que ahora nos ocupa nos lleva a detenernos en la visión que nos aporta el *Heraldo de Castellón* para entender con ello un poco mejor el ideario de nuestro protagonista. No obstante, obviaremos detalles concretos del conflicto para centrarnos en comprender el posicionamiento de José Castelló y Tárrega y cómo se plasmó en los editoriales del diario (Sueiro 2014a).

Como sabemos, tras algunos altercados producidos con trabajadores españoles en la construcción del puente sobre el barranco de Sidi Musa en julio de 1909, el Gobierno de Maura decidió intervenir

---

387. El propio José Castelló y Tárrega donó 5 pesetas para la suscripción. «Patriótica. Por los reservistas», *Heraldo de Castellón*, 30 de julio de 1909.

388. «Castellón», *Heraldo de Castellón*, 27 de julio de 1911.

en la zona llamando a los reservistas para sofocar una rebelión que desembocó en los sucesos de Barcelona conocidos como Semana Trágica (ocurridos entre el 26 de julio y el 1 de agosto de 1909), y que fueron el detonante de la posterior ejecución del pedagogo catalán Francisco Ferrer y Guardia, al que se acusó de ser el principal instigador a pesar de que no se encontraba en la ciudad condal durante los hechos (Archer 2010). Este proceso, llevado a cabo por el Gobierno de Maura, se trató con todo detalle desde el *Heraldo de Castellón.* Algunos estudiosos de la prensa de la época, como Juan Carlos Sánchez, apuntan la importancia de los medios de comunicación escritos a la hora de preparar una situación como esa que tuvo un desenlace tan adverso (Sánchez 1999). La misma prensa en Madrid, por otro lado, contando con el descontento de la población por la convocatoria de reservistas para marchar a «otra» guerra, creó una confabulación que condujo a la huelga general (Gil 1961, 109).

El gobernador civil decretó la censura de prensa, cuidando las noticias que se difundían sobre el conflicto y dejando como únicos medios para dar la información a los periódicos oficiales. El *Heraldo de Castellón* se resignaba ante los cortes forzados en la información: «… sacrificada por tanta y tanta prohibición nuestra vanidad profesional solo debemos aspirar a que el premio de tal sacrificio sea la inmediata dominación de los criminales sucesos del interior y el próximo y victorioso término de la campaña de Melilla».[389] Ante los sucesos de Barcelona, los Castelló y Tárrega no dudaron en condenar el desorden y las algaradas, dando nuevas muestras de su «patriotismo» en consonancia con las decisiones de intervención bélica del Gobierno: «… una clamorosa protesta que

---

389. «Castellon. noticias varias», *Heraldo de Castellón,* 31 de julio de 1909.

brota como un viento purificador de sereno y confortante patriotismo ha condenado las odiosas revueltas de Barcelona...».[390]

La segunda parte de la guerra se vivió de agosto a noviembre de 1909. Una gran maniobra envolvente del Gurugú llevó a aumentar el dominio de los españoles a mediados de octubre incrementando poco a poco el terreno que controlaban. A mediados de noviembre una comisión de las cabilas se entrevistaba con el general Marina y el Gobierno comenzaba a retirar tropas, aunque, en diciembre, todavía se dieron algunos ataques poco importantes que cesaron con el cambio de año. Acababan así los aproximadamente seis meses que había durado la guerra (De Madariaga 2001).

El diario de la Plana solo hacía mención de la suscripción organizada para los reservistas y a los actos que se realizaban para la recaudación de fondos para sus familias, hasta que a finales de septiembre las noticias de la guerra volvían a aparecer para exaltar el triunfo español en la toma del Gurugú.[391] En una nueva demostración de exaltación patriótica y de vanagloria del Ejército, el *Heraldo de Castellón* pedía a la ciudadanía castellonense que participase en la celebración, como años atrás había sucedido con la guerra de Cuba:

[...] la toma del Gurugú que refugio de los rebeldes de esa cobarde morisma debe consumarse en Castellón con manifestaciones de entusiasmo, engalanándose además los balcones de las sociedades para expresar de este modo nuestra más grande consideración a este valeroso Ejército que bajo las órdenes del Bravo general de Marina tan alto ha sabido colocar el nombre de España en esa guerra con los rifeños.

390. «Madrid-Castellón», *Heraldo de Castellón*, 31 de julio de 1909; también en «Lo del día», *Heraldo de Castellón*, 2 de agosto de 1909 y «Lo de Barcelona», *Heraldo de Castellón*, 4 y 11 de agosto de 1909.
391. «Castellón. Noticias varias», *Heraldo de Castellón*, 1 de septiembre de 1909; «Castellón. Noticias varias», *Heraldo de Castellón*, 15 de octubre de 1909.

Séanos permitido gritar con todas nuestras fuerzas: ¡¡Viva España!! ¡¡Viva el ejército!! [392]

En esta ocasión, José Castelló y Tárrega no puso en entredicho el conflicto bélico, tal vez porque, a diferencia de lo que ocurrió con la guerra de Cuba, Canalejas se mostró también partidario de la intervención (Sánchez 1999).

Las necesidades bélicas que se pusieron de manifiesto en la guerra del Barranco del Lobo llevaron a la preparación desde el año 1910 de la nueva ley de reclutamiento, en la cual destacaba especialmente, por su resonancia social, la petición de suspensión de la redención en metálico para evitar ser reclutado, una medida que años atrás comenzó a gestar Canalejas por el abuso que suponía para los españoles de menos posibilidades económicas y por su consecuente falta de ética. Tras los problemas de reclutamiento de 1909, la reforma era imparable y el 21 de enero de 1912 finalmente se aprobó la nueva ley de Reclutamiento y Reemplazo del Ejército ya durante el gobierno de José Canalejas (Granda y Martínez 2009).

3. La situación política nacional y su reflejo en la política local. José Castelló y Tárrega y su peridódico al servicio del canalejismo

Durante los años en que José Castelló y Tárrega estuvo en el consistorio castellonense no se desvinculó de lo que estaba pasando en la capital de España. Al contrario, su periódico se puso al

---

392. «La guerra de Melilla», *Heraldo de Castellón*, 29 de septiembre de 1909; También en portada: «¡Viva España! ¡Viva el Gurugú!», *Heraldo de Castellón*, 30 de septiembre de 1909.

servicio de José Canalejas, que en esa década fue afianzando sus posiciones hacia la presidencia del Gobierno.

Desde 1901 el futuro presidente estuvo preparando sus campañas levantinas para crear adeptos, de momento sin abandonar la cartera de Agricultura a la que renunció finalmente el 10 de mayo de 1902 (Forner 1993). En diciembre de ese año, el Partido Conservador subió al poder después del fracaso de la Coalición Liberal. Canalejas se presentó a las elecciones convocadas por Silvela de forma independiente al resto de facciones liberales, consiguiendo aglutinar tras de sí a numerosos demócratas y desbancando a liberales históricos como es, en el caso de estos primeros años del siglo xx en Alcoi, con una maquinaria electoral acorde al nuevo rumbo de la política (Yanini y Zurita 2001). A nivel local ello significó sellar las alianzas que propiciarían el ascenso del canalejismo en la provincia. El análisis de los distintos comicios, tanto generales como municipales, nos va a permitir ejemplificar ese devenir. Empezamos con las generales del 26 de abril de 1903.

Desde Castelló, el canalejismo seguía sustentado por el *Heraldo de Castellón* que publicaba continuas reseñas de los diferentes actos y artículos firmados por el propio Canalejas. En ese contexto se produjo en la provincia la conjunción de intereses propiciatoria del canalejismo. Fernando Gasset Lacasaña ejercía un liderazgo indiscutible dentro del partido republicano y era respetado fuera de él por algunos de sus contrarios políticos que veían más posibilidades de recoger réditos políticos de las alianzas. También José Castelló y Tárrega se acercó a este partido: «… el señor Gasset es el candidato de todos los castellonenses…», decían en el número del *Heraldo* del 18 de abril de 1903.[393] Nuestro protagonista demostraba entender la realidad política del momento, olvidando antiguas rencillas y apostando por aprovechar la coyuntura. Además, contaba con el

---

393. «Crónica electoral», *Heraldo de Castellón*, 18 de abril de 1903.

beneplácito de Canalejas favorable al acercamiento y a los pactos, en este caso con el partido republicano (Forner 1993).

En las elecciones de 1903 los liberales demócratas apoyaron la candidatura republicana para hacer frente a la facción cossiera que en ese año se integró en el silvelismo (Archilés 2002b). José Castelló y Tárrega y José Forcada (Paniagua y Piqueras 2006) hicieron campaña electoral para los republicanos, desde el *Heraldo de Castellón* y *El Clamor* respectivamente, incluso participaron en mítines conjuntamente, como por ejemplo cuando José Castelló y Tárrega estuvo al lado de Gasset en Almassora dos años después (Alós y Castellet 1998).

El Partido Liberal vivía los últimos días de la vida de Práxedes Mateo Sagasta que murió el 4 de enero de 1903. Ni Montero Ríos ni Moret lograron la cohesión de todos los liberales y Canalejas se desmarcó definitivamente del Partido: «He vivido siempre obedeciendo –escribió–; ahora quiero mandar y construir un partido, que se llamará Partido Liberal Democrático» (Alós y Castellet 1998, 72).

El 1 de enero, cuatro días antes de la muerte de Sagasta, se inauguró en la plaza Castelar de Castelló de la Plana la sede del partido liberal, del cual fue nombrado presidente Miguel Peris, en un banquete de inauguración al que asistieron veteranos de esta formación como Benjamín González, Pérez Sanmillán y Vicente Cantós (Alós y Castellet 1998). En el acto tomaron la palabra personalidades tan importantes como el íntimo amigo de José Castelló y Tárrega, Sebastián Carpi.[394] Carpi cedió la palabra en el acto a José Castelló y Tárrega quien declinó por no encontrarse con ánimo. Sabemos que había perdido recientemente un hijo y pensamos que junto a la nueva etapa política que se abría, tal vez fueran demasiadas las emociones para hablar. Estaban preparando el camino

---

394. «En el centro democrático. Inauguración», *Heraldo de Castellón*, 2 de enero de 1903.

al canalejismo en la provincia y con la fuerte presencia de Ramiro Castelló y Tárrega (creador del *Boletín de Propaganda Democrática*) se creó la Juventud Democrática. Desde Madrid, Ramiro venía escribiendo para el *Heraldo de Castellón* sobre la fuerte desunión liberal en la provincia, algo que tampoco favorecía al canalejismo:

> Según nuestras noticias está atravesando una grave crisis el partido fusionista de Castellón por la manifiesta tendencia en unos de seguir a Moret y en otros de ingresar en el Partido Democrático..., es sin embargo arraigada creencia en nosotros la de que al fin y en un plazo brevísimo quedará conjurada la crisis en un sentido francamente favorable al Partido Liberal Democrático.[395]

Vicente Cantós se retiraba de la contienda electoral, augurando un descalabro electoral, lo que no hubiera sido una buena imagen para el futuro del partido (Forner 1993). Los conservadores y los silvelistas de la provincia unieron sus fuerzas en estas elecciones, saliendo favorecidos de este pacto, por el resultado obtenido (Alós y Castellet 1998).

El éxito del Partido Republicano fue incontestable, se hacía difícil prescindir de los de Gasset y abrir un espacio entre este grupo de cara a nuevos comicios. José Castelló y Tárrega siguió cercano a los republicanos buscando sacar rédito político (Archilés, Martí, García y Andreu 2011).

El futuro de una buena relación se estaba gestando entre esos dos coetáneos. José Castelló y Tárrega y Fernando Gasset Lacasaña dejaron de mostrar desavenencias en sus respectivas tribunas periodísticas, que cambiaron por muestras de respeto y cordialidad y, si

---

395. «Campaña por el Partido Liberal Democrático», *Heraldo de Castellón*, 14 de diciembre de 1903.

se nos permite el atrevimiento por la complejidad de la palabra en este periodo histórico, de amistad.

Aunque esos réditos políticos aún tardaron un poco en llegar. En las siguientes elecciones municipales del 8 de noviembre de 1903 el canalejismo aún no consiguió cuajar en la provincia. A pesar de los esfuerzos de José Castelló y Tárrega, la disparidad de opiniones en el seno del partido jugó en su contra.

En el mes de octubre de 1903 aparecía en su diario la descripción del mitin realizado en la vecina ciudad de Almassora. El eje central de los discursos fue la exaltación a la Patria y la figura de José Canalejas. José Castelló y Tárrega abogaba por una coalición anticossiera, propuesta que no veía con buenos ojos la Juventud Democrática que, con un planteamiento político autónomo, quiso presentar candidatos en cada uno de los distritos (Reguillo 2001), sin atender los consejos de José Castelló y Tárrega. «…Queremos ir a la lucha –añadían exaltados– para probar que no somos rebaño de nadie y que somos más, muchos más que nuestros difamadores».[396] Con ello, los recientemente aparecidos jóvenes canalejistas abrían una brecha en el recién constituido partido canalejista.

En resumen, las elecciones municipales dieron un nuevo triunfo al Partido Republicano que consiguió 18 concejales, 3 de ellos serían fusionistas, 2 de la Cámara Agrícola y 1 silvelista, con la designación del alcalde, por real orden, de Joaquín Peris Martí, en un ayuntamiento que se constituiría, a efectos legales, el 1 de enero de 1904.[397]

Los demócratas, con Miguel Peris Martí a la cabeza, sufrieron una importante derrota. Solo consiguieron 80 votos de los 1.000

---

396. «Crónica electoral», *Heraldo de Castellón*, 3 de noviembre de 1903.

397. Más información sobre los resultados electorales en Castelló de la Plana y en el resto de España en «Las elecciones de ayer en España», *Heraldo de Castellón*, 9 de noviembre de 1903.

electores posibles (Reguillo 2001). En todos los distritos el triunfo fue del poderoso Partido Republicano. El *Heraldo de Castellón* hizo autocrítica, al tiempo que lanzaba un mensaje para aquellos que no hicieron caso a la propuesta de su promotor.[398] Una vez más José Castelló y Tárrega aparecía como representante moral del canalejismo en Castelló de la Plana y su provincia, pero ahora no estaba solo, muchos otros habían visto en la corriente canalejista una opción de futuro.

Los malos resultados en los municipios en los que el partido de Canalejas presentaba candidatos, hicieron que su líder se replanteara la situación. Canalejas daría su apoyo al nuevo Partido Liberal Democrático acaudillado por Montero Ríos, buscando de nuevo la unión liberal y esperando el momento de una nueva crisis conservadora que propiciara su acceso al poder (Forner 1993).

Una nueva oportunidad se abría en las elecciones legislativas del 10 de septiembre de 1905 y José Castelló y Tárrega, teniendo en cuenta la situación en Madrid, prestó su apoyo a la candidatura de Fernando Gasset Lacasaña. Desde las elecciones legislativas de 1903 se habían producido cambios importantes en las jefaturas de los partidos. El Partido Liberal de Sagasta se dividió en dos fracciones capitaneadas por el ala de los demócratas de Montero Ríos, por un lado, y los liberales de Moret, del otro. Por el Partido Conservador, Silvela fue sustituido en la jefatura por Antonio Maura, que entre 1904 y 1909 fue la gran figura política española. La ley del sufragio, que hacía del voto un derecho cívico, pretendía atacar también el sistema caciquil y atraer a la «masa neutra» (pequeña burguesía, pequeños propietarios rurales y juventud) hacia la participación política. Maura actuó según sus principios y acuñó una frase que quedó para la posteridad y que resume su concepto

---

398. Para ampliar información sobre esta idea y la crítica a las elecciones, consúltese «Castellón», *Heraldo de Castellón*, 9 de noviembre de 1903.

político: «O hacemos la Revolución desde arriba o nos la harán desde abajo».

Los cambios de rumbo en la dirección del partido conservador produjeron su efecto también en la provincia de Castelló. El Cossi pasó de denominarse partido silvelista a partido maurista, una facción que por necesidad electoral mantuvo contactos con los carlistas de la línea *paquista* de Francisco Giner. La candidatura ministerial, respaldada por Segismundo Moret, la representaría Navarro Reverter Gomís para el distrito de Segorbe (Alós y Castellet 1998), al que desde el *Heraldo de Castellón* se respetó como a un amigo, no encontramos ataques a su política o a su persona, a diferencia de Cayo Gironés que sí fue para el diario el centro de todas las iras, pues se le acusaba de ser el precursor de la desunión liberal (Alós y Castellet 1998). Los ataques mutuos entre el *Heraldo de Castellón* y el diario *La Provincia* fueron constantes: «¿Pero querrá La Provincia decirnos qué género de relación hay entre el encasillado oficial y el llamado centralismo canalejista?», interpelaban desde el *Heraldo de Castellón*.[399] La situación llegó a ser tan dura que Canalejas decidió querellarse contra el rotativo rival. Al frente de la defensa a Canalejas estuvo el abogado Fernando Gasset Lacasaña, como muestra del buen entendimiento entre ambas facciones; «dentro de poco independientemente de la acción judicial, le ajustamos las cuentas y sepa el público quién es a la vista de su magnífica historia».[400] En estas elecciones la Juventud Democrática prestó su apoyo a los republicanos (Reguillo 2001).

El triunfo a nivel nacional fue para Montero Ríos acompañado, a partir de ahora, por García Prieto. Canalejas se mostró condescendiente con Montero Ríos y su política, aunque ésta distaba mucho de sus propuestas. En poco más de un año se produjo el

---

399. «Castellón», *Heraldo de Castellón*, 28 de agosto de 1905.
400. «Castellón», *Heraldo de Castellón*, 30 de agosto de 1905.

traspaso de poderes presidenciales a Moret. En enero de 1906 Canalejas entraba en el Gobierno como presidente del Congreso (Forner 1993). Se trataba de una buena jugada para el nuevo gabinete. No se deshacían de él, pero con un cargo de tanta importancia como ese lo anulaban como político porque no tenía capacidad de intervención en el debate ni derecho a voto (Forner 1993).

José Castelló y Tárrega defendió la candidatura del encasillado gobernador civil de Pontevedra, el canalejista Gustavo Muñoz de Oñativia: «Nuestras campañas políticas se inspiran en el deseo vivísimo de manumitir a nuestra provincia de la odiosa y funesta dominación del cosi [...] nos sobran energías y voluntad para proseguir la cruzada generosa que otros han abandonado».[401] Con ese objetivo empleaba todo su esfuerzo, tanto desde la prensa como en correspondencia personal, para pedir la abstención de voto a los candidatos marqués de Benavites y Font de Mora.[402] Con este último la relación estaba tan deteriorada que se negaban hasta el saludo (Alós y Castellet 1998). El *Heraldo de Castellón* continuaba siendo indispensable como herramienta política, ensalzando a allegados y criticando a adversarios. Entre los primeros estaban el marqués de Benicarló, candidato por el distrito de Vinaròs, y Vicente Cantós que se presentó por Llucena y al que le unía una profunda amistad con José Castelló y Tárrega.[403] Ambos fueron tratados de manera excelsa desde las columnas del diario y ayudados en su campaña política como representantes del canalejismo en sus respectivos distritos. En el distrito de Castelló de la Plana José Castelló y Tárrega dio su apoyo desde el *Heraldo* a Fernando Gasset Lacasaña, con el que compartió mitin en el Centro Democrático de Almassora: «Patriota antes que político vemos en el Sr. Gasset la

401. «Castellón», *Heraldo de Castellón*, 24 de agosto de 1905.
402. «Castellón», *Heraldo de Castellón*, 6 de septiembre de 1905.
403. «Castellón», *Heraldo de Castellón*, 15 de septiembre de 1905.

encarnación suprema de las aspiraciones progresivas de Castellón y no ha de faltarle a su candidatura el modesto apoyo de esta publicación...».[404] De esa manera conseguiría ganar posiciones en la ciudad (Reig 1986).

Los republicanos volvieron a ganar en el distrito de Castelló, y en Nules, Font de Mora fue derrotado por el marqués de Benavides,[405] lo que aprovechó el *Heraldo de Castellón* para volver al ataque contra el político vilarealense y para exaltar al canalejismo provincial como un exponente a tener en cuenta en futuras elecciones: «... hemos demostrado que somos más los canalejistas que los moretistas (cossieros en su mayoría por concurrencia de los pactos) y que orientando la política de esta provincia en un sentido francamente democrático, el triunfo nuestro en nuestra provincia no se hará de esperar ya mucho».[406] Estos comicios se recordaron también por los hechos acaecidos después de la contienda electoral, con disturbios en la sede del partido republicano y altercados entre simpatizantes del conservador Salvador Guinot y Fernando Gasset Lacasaña, que se acusaban mutuamente de compra de votos (Reguillo 2001).

Estas elecciones nos muestran una vez más la implicación política de José Castelló y Tárrega a pesar de no ser candidato, por lo que no es difícil aventurar que distintos intereses y objetivos futuros dependían de ellas, de ahí que se tomara tanto empeño en usar su periódico para ayudar a políticos de su interés.

De hecho, pocos meses después, en noviembre de ese mismo año 1905, se celebraban nuevas elecciones municipales. La renovación bienal de los ayuntamientos hizo que se convocaran los comicios para el día 12 de ese mes (Reguillo 2001). Una vez más las

---

404. «Castellón», *Heraldo de Castellón*, 29 de agosto de 1905.

405. Para más información sobre los resultados electorales consúltese «Las elecciones de ayer». *Heraldo de Castellón*, 11 de septiembre de 1905.

406. «Castellón», *Heraldo de Castellón*, 11 de septiembre de 1905.

miradas estaban puestas en los republicanos y su candidatura. Los partidos se rendían ante la superioridad republicana, pero esperaban entrar con las mínimas posibilidades que dejaban los de Gasset. A su vez, los problemas de divisiones internas entre los diferentes partidos hacían más complicadas las tácticas, por ello, José Castelló y Tárrega, manteniendo una inteligente posición de individualismo político, no se posicionó claramente en ninguna dirección, aunque con la referencia siempre del canalejismo. Además, porque en el distrito de Huérfanos competiría contra otro candidato canalejista designado por el Comité Democrático de la ciudad, Juan Peris. Desde distintos sectores del partido se cuestionó la legitimidad de este comité, ya que muchos de sus miembros no estaban en la reunión celebrada en la casa de Miguel Peris en la que se designó para las elecciones a su sobrino.[407]

Castelló y Tárrega reunió a correligionarios en un acto electoral celebrado en el recién inaugurado Instituto Popular del que él era director. Una vez más consiguió una plaza de concejal, una de las pocas vacantes dejadas por el republicanismo de la ciudad, y celebró el triunfo en el mismo centro al que acudió el republicano Gimeno Michavila, en muestra de apoyo y como prueba de la entente creada. Esta visita fue devuelta por los demócratas al centro republicano en muestra también de agradecimiento.[408] No faltó tampoco la carta de enhorabuena de Canalejas, que presto publica-

---

407. Aun en la controversia y en lo que desde el *Heraldo de Castellón* se tacha de delito más que de deslealtad, al comerciante Juan Peris se le nombra como *antiguo amigo y muy querido nuestro*, connotación que va más allá de la estrictamente cordial o diplomática en este caso y que después de estos sucesos erosionaría la cercanía con el director de el *Heraldo de Castellón*. «Castellón», *Heraldo de Castellón*, 9 de noviembre de 1905.

408. Para más información sobre el resultado de las elecciones en los diferentes municipios de la provincia y el triunfo electoral de José Castelló y Tárrega se puede consultar el *Heraldo de Castellón*, del 13 de noviembre de 1905. Los nombres de los concejales electos aparecen en el mismo diario el 16 de noviembre.

ba Castelló y Tárrega en su diario, dando cuenta de quién le tendía la mano: «Querido Castelló: le agradezco el cariñoso telefonema que anuncia su triunfo electoral y que celebro como propio. Ya sabe V. cuanto le quiere y estima su buen amigo. Pepe».[409] Con el habitual banquete se celebró el triunfo en el Instituto Popular al que asistieron allegados y correligionarios. Como siempre, los discursos y actos fueron aplaudidos y ensalzados desde la redacción del diario que daba buena cuenta de lo que sucedía en ellos con las alharacas y el barroquismo propios de la prensa del momento.[410]

Pero hubo también quien mostró su desacuerdo. Por ejemplo, el diario *La Provincia* no dudó en atacar a José Castelló y Tárrega al cuestionar su fidelidad borbónica, por su pacto electoral y la ayuda prestada a los republicanos.[411] Estos choques eran muy habituales y completaban las elecciones en las que, unos y otros, hacían lo posible para encontrar un puesto o vacante, en este caso, el que dejaban los republicanos y que, con tanta astucia, había ocupado nuestro protagonista.

A los dos años de ser reelegido concejal, se celebraban nuevas elecciones generales. Con un partido liberal fraccionado, los conservadores de Maura vieron el momento propicio para llevar a cabo «una revolución desde arriba» y con tal fin se convocaban las elecciones generales del 21 de abril de 1907. Asociamos este periodo con la voluntad de Maura de «descuajar el caciquismo», donde se aplicó una nueva ley electoral y una reforma agraria (Martínez 1973).

---

409. «Canalejas a Castelló y Tárrega», *Heraldo de Castellón*, 14 de noviembre de 1905.

410. Las tarjetas para el evento fueron diseñadas con su foto por Santiago Soler, se leyeron Poesías ensalzando la figura de José Castello y Tárrega, como la publicada en ese mismo número escrita por Cecilio Miquel, y donde se describían también los detalles de todos los lujos que componían la comida. «En honor de Castelló y Tárrega», *Heraldo de Castellón*, 20 de noviembre de 1905.

411. «Castellón», *Heraldo de Castellón*, 17 de noviembre de 1905.

Canalejas, que el 30 de marzo de 1907 dejaba de ser presidente del Congreso,[412] volvía a la senda de la independencia política; mientras Moret y Montero Ríos irían juntos, Canalejas, ayudado por López Domínguez, fundaba el Partido Demócrata Monárquico que ya iría a las elecciones con candidatos propios (Forner 1993). La estrategia de la aproximación republicana no sería ahora la mejor solución para los nuevos objetivos políticos de Canalejas, aunque tampoco podía quedar fuera del epicentro político liberal contra Maura, así pues, estar cerca de Moret –aliado al Bloque de Izquierdas- y secundar sus propósitos, le ayudaría a preparar el asalto al poder en el momento oportuno (Forner 1961).

El mismo día en que juró el cargo de presidente del Gobierno, Maura suspendió las Cortes y convocó elecciones para dos meses después, exactamente el 21 de abril (Alós y Castellet 1998). Mientras se había producido una ruptura entre el republicanismo en el país, en la ciudad de la Plana se mantenía la unión entre republicanos unionistas y federales. En las elecciones, el encargado de intentar arrebatar el poder a los de Gasset sería el vilarealense Manuel Iranzo (Paniagua y Piqueras 2006). Este liberal del sector moretista se conocía como un fiel defensor del agrarismo, lo que motivaba una especial preocupación por parte de los republicanos por las simpatías que podía suscitar en un sector que en ese momento tenía un censo importante en la provincia (Reguillo 2001). De modo que se produjo un entendimiento absoluto entre conservadores y liberales moretistas, única facción liberal que quedaba en la provincia junto a la canalejista (Alós y Castellet 1998).

La campaña electoral republicana mantuvo la misma fuerza que en las anteriores elecciones y, en este caso, con más razón de convertirla en algo importante conscientes de la calidad del adversario que tenían en frente, fueron ayudados por cantidad de comités y

---

412. «El día político», *Heraldo de Castellón*, 22 de enero de 1906.

subcomités y se sirvieron del estudio del censo electoral, que en 1907 contaba con 8.408 electores solo en la capital de la Plana (Reguillo 2001). Tanto José Castelló y Tárrega, ahora en el cargo de director del Instituto Popular, como su hermano Ramiro mostraron su apoyo a los republicanos en actos como el celebrado en el mismo Instituto Popular de la Juventud Democrática de Castelló de la Plana. José Castelló y Tárrega ya no solo acompañaba en los actos a Fernando Gasset Lacasaña, sino que ahora se sumaba a ellos ofreciendo instalaciones donde organizarlos. A cambio, Fernando Gasset Lacasaña, en otros actos electorales como el celebrado en el Teatro Principal, no dudó en enaltecer la política de Canalejas en el Gobierno frente a la de sus adversarios liberales (Reguillo 2001). Existía, por tanto, una conjunción de intereses entre ambas facciones; tanto es así que Gasset apoyaba en sus discursos la «Ley del Candado» que Canalejas quería aprobar (Reig 1986), al tiempo que se sumaba a los parlamentos anticlericales. José Castelló y Tárrega, por su parte, mantuvo sobre la cuestión religiosa la misma prudencia que a lo largo de esos años le había caracterizado (Reig 1986). Este entendimiento –apoyado también por la Juventud Democrática– se verá reflejado más adelante en el apoyo de los republicanos a Castelló y Tárrega tanto en los comicios en los que se presentó por diferentes distritos, como veremos en su acápite correspondiente, como en los actos electorales y el trato dado desde el diario republicano *El Clamor*, como en estos momentos lo hacía el *Heraldo de Castellón* hacia la facción republicana.

Pero si desde el *Heraldo de Castellón* se vertió tinta para apoyar una candidatura, fue para la del protegido del rotativo, Vicente Cantós.[413] En sus páginas se le presentaba describiendo actos

---

413. Como apunte resaltamos que estuvo acompañado por Fernando Gasset lo que denota el buen ambiente y hermanamiento entre los republicanos y la facción canalejista. Años más tarde Vicente Cantós fue el sucesor de Fernando

triunfales,[414] al tiempo que lo defendían de los ataques vertidos desde *La Provincia*, firme defensor de Salvador Guinot, quien consiguió ganar las elecciones generales del 21 de abril de 1907 en su distrito no sin poca polémica: «... ha triunfado Guinot por unos 200 votos. Lo raro fuera -escribían en el número de 23 de abril- que no hubiera triunfado después de todas las actuaciones del juez lego de Lucena; de las suspensiones de ayuntamientos y de la nube de delegados y de guardia civil que a última hora cayó en los pueblos del citado distrito...».[415]

Vemos así como, en periodos electorales, más que en cualquier otro momento, el diario parecía estar hecho para dar servicio, en este caso a Cantós, un político que, a pesar de su importancia a nivel provincial y de ser un líder indiscutible del canalejismo, continuaba sin ser presidente del partido. José Castelló y Tárrega asumió una vez más su rol de ayudante dentro del partido, dando apoyo desde su diario en un ejercicio básico que era para lo que había sido creado.

La derrota de Fernando Gasset Lacasaña contra Manuel Iranzo en el distrito de Castelló se vivió con numerosos altercados alentados por el envío de notarios a las mesas electorales a propuesta de Iranzo.[416] Fueron unas votaciones que también los republicanos consideraron fraudulentas denominándolas «acta sucia», así lo comentaban en el *Heraldo*: «El Sr. Iranzo podrá llevarse un acta sucia, pero no podrá llevarse los corazones nobles de Castellón».[417]

Gasset al frente de los radicales castellonenses. «Castellón», *Heraldo de Castellón*, 5 de abril de 1907.

414. «Castellón», *Heraldo de Castellón*, 17 de abril de 1907.

415. «Crónica electoral», *Heraldo de Castellón*, 23 de abril de 1907.

416. «Crónica electoral», *Heraldo de Castellón*, 22 de abril de 1907.

417. «Lo del día», *Heraldo de Castellón*, 25 de abril de 1907. Más información sobre el resultado electoral en las elecciones legislativas del 21 de abril de 1907, en el *Heraldo de Castellón*, del 22 de abril de 1907.

Ataques y agresiones de los republicanos hacia los monárquicos eran noticia en *La Provincia* (Alós y Castellet 1998), pero no en el *Heraldo de Castellón*, por lo que podemos pensar en una exageración por parte de los primeros, o en el silencio cómplice del *Heraldo* como una defensa partidista del grupo de los de Gasset por José Castelló y Tárrega. Esta derrota de las elecciones consideradas las más fraudulentas de la Restauración, ayudaría a fortalecer lazos contra el maurismo entre los republicanos y los canalejistas de Vicente Cantós y dieron inicio a una importante relación de este político con los republicanos que culminaría en su denominación como ministro de Agricultura en la II República, en las filas del Partido Radical (Archilés 2002b).

En estas elecciones de 1907 José Castelló y Tárrega fue un espectador de excepción, desde su diario prestó más atención a la candidatura de Cantós que a la republicana, a la que ni exaltó ni atacó, aunque sí mostró su apoyo, no sabemos si fruto de las directrices impuestas por Canalejas como una estrategia electoral para la provincia. También continuó su relación cordial con la vertiente periodística del republicanismo. A la conjunción de intereses políticos se unía la amistad con el director de *El Clamor*.[418]

Los altercados continuaron tras la real orden que suponía el nombramiento como alcalde de Carlos González-Espresati.[419] La elección del exrepublicano y enemigo de Gasset fue un aliciente más para enervar los ánimos de la facción republicana de la ciudad que se manifestó frente a la casa del recién nombrado alcalde al grito de «¡otro alcalde!».[420] Este representante de la Cámara de Comercio

---

418. Carlos Llinás dejó de dirigir el diario republicano en 1909, y fue sustituido por José Forcada Peris. «Castellón. Noticias Varias», *Heraldo de Castellón*, 7 de abril de 1909.

419. «Castellón», *Heraldo de Castellón*, 17 de mayo de 1907.

420. «La anormalidad de estos días», *Heraldo de Castellón*, 21 de mayo de 1907.

que entró ya en el año 1903 en el consistorio como miembro independiente, se proclamó alcalde con la ayuda del Cossi; en su contra se pusieron tanto los republicanos como los liberales, de modo que fue el alcalde más atacado y polémico de toda la etapa de la Restauración (Archilés, Martí, García y Andreu 2011).

En la ciudad, los artesanos de los comercios y puestos del mercado organizaron un paro en protesta por el nombramiento del nuevo alcalde. Incluso en el Grau los marineros secundaron el paro movidos probablemente por las proclamas impuestas desde el partido. También el *Heraldo de Castellón* se posicionó en contra de ese nombramiento que duró hasta julio de 1909.

En 1909 precisamente se celebraron unas elecciones municipales que se debieron haber llevado a cabo en 1907. El Gobierno de Maura decidió aplazarlas hasta el 2 de mayo de 1909. Estas elecciones se caracterizaron porque en ellas se aplicó la nueva Ley de censo electoral de 1907 (Reguillo 2001), que afectaba a los concejales elegidos en 1903 y a quienes correspondía cesar en 1907. Hasta el momento, el alcalde tenía un papel fundamental en las elecciones, ya que presidía y controlaba el censo electoral municipal. A estos usos se sumaba el secretario que tenía el privilegio de conocer, solo él, parte de la burocracia que se empleaba en los procesos, lo que le dotaba de un importante poder, al tiempo que le interesaba estar dentro de las diferentes clientelas de los partidos al ostentar un puesto que cambiaba según el partido que estuviera en el poder. El control del ayuntamiento suponía el control del amillaramiento, las quintas, el padrón, contratos, guardia rural…; era, en definitiva, un cargo ansiado en cada población que conllevaba constantes recelos en las luchas electorales, acrecentados en las ciudades en las que los puestos de confianza se cotizaban al alza (Moreno 1996).

En las capitales medianas se dependió de patrones políticos para acceder a estas ocupaciones y para entrar en cargos de la Administración, un reflejo más del clientelismo a menor escala que la nacional (Moreno 1996). Germán Reguillo, citando al profesor Luis Aguiló, cuenta cómo Maura, en su programa político del llamado Gobierno Largo de 1907 al 1909, quiso a toda costa erradicar el caciquismo y con ello la manipulación electoral, por ello propuso la ley electoral citada. Esta ley traía novedades como la obligatoriedad de votar bajo sanción económica para erradicar los altos niveles de abstención,[421] y, para los candidatos, haber sido concejal en el mismo término municipal anteriormente, ser propuesto por dos exconcejales del mismo municipio, o ser propuesto por la vigésima parte del número total de electores de un mismo distrito del término municipal.[422]

En Castelló de la Plana la elección no se realizaría acorde a la nueva ley establecida.[423] Pocos días antes de las elecciones, apareció en el *Heraldo de Castellón* el listado de candidatos que se presentaban por los diferentes distritos y es en este apartado cuando se nombra por primera vez en estos días preelectorales la candidatura de José Castelló y Tárrega en los comicios como postulante por el Distrito Segundo.[424] Aun siendo candidato, se mostraba comedido en sus editoriales, al contrario de lo que hizo en otras elecciones en las que, sin participar, se había mostrado más activo desde su diario. Este hecho no pasó inadvertido a *El Clamor* que, bajo una nueva dirección que no era tan próxima como fuera la de su amigo Carlos Llinás, le recriminaba que no mostrase más apoyo a la candidatura republicana desde las columnas del *Heraldo*. Castelló y Tárrega respondía a esta apreciación con un interesante artículo en

---

421. «Elecciones municipales. Convocatoria», *Heraldo de Castellón*, 13 de abril de 1909.

422. Más información sobre la nueva ley electoral, en «Las elecciones. La vigente ley electoral», *Heraldo de Castellón*, 15 de abril de 1909 y en «Aclarando la ley», *Heraldo de Castellón*, 26 de abril de 1909.

423. «Castellón. Crónica electoral», *Heraldo de Castellón*, 22 de abril de 1909.

424. «Castellón. Crónica electoral», *Heraldo de Castellón*, 26 de abril de 1907.

que mostraba su posicionamiento sin entusiasmo en estos comicios en los que renunciaba a la primera línea de la política considerándola una «fiera humana».

> En política podrá ocurrir mañana como hoy, hoy como ayer, que se unan un día los que andan el anterior zarpa a la greña. Lo que jamás ocurrirá que los hombres de esta casa, tan francamente abierta a El Clamor cuando tenía este colega cerradas las puertas que ahora se le abren, hagan traición a sus honradas convicciones de siempre, ni al decoro que les obliga la limpia historia de esas mismas convicciones, por alto que esté el que atente contra nuestra historia y por muy bajos que desde arriba se nos vea.[425]

Los republicanos, que antes estuvieron con el canalejismo, ahora llegaban a un acuerdo con los liberales moretistas de Cayo Gironés, dejando poco espacio político a los de José Castelló y Tárrega (Archilés 2002b). Bajo estas circunstancias, nuestro personaje volvía a hacerse a un lado una vez más, no participaría esta vez exaltando una candidatura de la que él no iba a sacar ningún rédito electoral, a lo que se sumaba la decepción de ver como los republicanos, a los que ayudó en la lucha electoral contra Iranzo, eran los mismos que ahora le tendían la mano a su competidor directo dentro del Partido Liberal.[426] Todo esto sucedía en unas elecciones en las que, a nivel nacional también, la alianza de Canalejas con los republicanos se veía debilitada por lo que suponemos que esto se trasladó a la provincia de Castelló.

Todo movimiento político en Madrid tenía resonancia normalmente en las capitales de provincia y por extensión en las localidades que las integraban, en este caso, en ciudades en las

---

425. «Castellón. Crónica electoral», *Heraldo de Castellón*, 26 de abril de 1909.
426. «Castellón. Crónica electoral», *Heraldo de Castellón*, 26 de abril de 1909.

que los canalejistas ya gozaban de una base, pero donde los republicanos tenían mayor respaldo de los votantes como era el caso de la Plana (Forner 1993). Del mismo modo, las rivalidades entre los seguidores de Moret y de Canalejas, también se dejaron sentir en la ciudad de Castelló. Ante este panorama, el *Heraldo de Castellón* volvía a mostrarse indiferente, como lo había hecho durante el proceso electoral, manteniendo, como publicaban en el número del 3 de mayo, «el sentido de absoluta imparcialidad que ha caracterizado desde el primer día estas crónicas electorales nuestras...».[427] El día después de las elecciones la línea editorial se reconducía hacia temas que nada tenían que ver con unos comicios que, según argumentaban, nada habían importado al ciudadano castellonense.[428] Castelló y Tárrega no salió elegido concejal pero, como era costumbre ya, reconocía el gran triunfo de los republicanos y su coalición.[429]

José Armengot fue designado (todavía bajo el mandato de Maura) alcalde de la ciudad por real orden,[430] cargo que ostentaría hasta noviembre de ese mismo año en que fue sustituido por el liberal Odilón Gironés, coincidiendo con la entrada de Segismundo Moret en el poder estatal (Reguillo 2001).

José Castelló y Tárrega, aunque no fue reelegido concejal en las elecciones de diciembre, sin embargo, continuó con su cargo en el ayuntamiento pues, según la nueva ley electoral (Reguillo 2001), solo cesaban las concejalías de 9 republicanos, 2 conservadores, 2

---

427. «Castellón. Crónica electoral», *Heraldo de Castellón*, 3 de mayo de 1909.

428. «Terminada la campaña electoral que distraía, y era poca, la atención de todos los castellonenses...». «Castellón. Noticias Varias», *Heraldo de Castellón*, 3 de mayo de 1909.

429. Para más información de los resultados electorales por distritos y los concejales que han sido elegidos se puede consultar: «Castellón. Crónica electoral», *Heraldo de Castellón*, 6 de mayo de 1909.

430. «Castellón. Noticias Varias», *Heraldo de Castellón*, 23 de junio de 1909.

silvelistas y 1 liberal de los elegidos en 1903.[431] Ello le permitió vivir desde ese puesto las nuevas elecciones municipales del 12 de diciembre de 1909 que estuvieron jalonadas por los dramáticos acontecimientos vividos en España en ese año.

En julio de 1909 se desencadenó en Barcelona un profundo movimiento revolucionario con causas ideológicas como el anti-maurismo y el anticlericalismo. Ya lo hemos comentado con anterioridad, pero lo volvemos a recordar aquí por la relación que tiene con los comicios electorales. El motivo principal del estallido fue el descontento por la movilización de los reservistas y el embarco de tropas destinadas a contener el ataque marroquí en Melilla, cuestión que tenía que ver directamente con la política del Gobierno de Maura. Los ciudadanos veían cómo se volvían a llevar a los más desfavorecidos a una muerte segura, siempre que no se tuvieran las mil quinientas pesetas necesarias para librarse del servicio militar. Las protestas iniciales devinieron en la conocida como Semana Trágica cuando, ante las manifestaciones de no colaboración con la guerra, el ejército tomó las calles sofocando la revuelta (Benet 1992). Estos sucesos, junto con el asesinato del pedagogo catalán Francisco Ferrer y Guardia (Robert 1992) y la guerra de Melilla, crearon un clima tenso en las elecciones del 12 de diciembre, las segundas municipales que se celebraban ese año,

---

431. «Elecciones municipales. convocatoria», *El Clamor de Castellón*, 10 de abril de 1909. Las elecciones municipales se llevaban a cabo cada dos años, normalmente en el mes de noviembre desde que se aprobó la Ley Municipal de 1877, según la cual, solo debían renovarse la mitad de los concejales, la otra mitad continuaba hasta las siguientes elecciones que debían celebrarse dos años después. Esta fórmula se mantuvo hasta el año 1907 cuando Maura aprobó la nueva ley electoral. Aunque, como hemos visto, la necesidad de elaborar un nuevo censo electoral para aplicar esta ley hizo que se pospusieran las elecciones hasta el año 1909 en que tuvieron que llevarse a cabo dos convocatorias en ese mismo año, algo inédito hasta entonces en la historia de España. Esta situación explica que nuestro protagonista siguiera en su cargo de edil un tiempo más.

en las que se pidió, desde los sectores de la izquierda, la dimisión de Maura como presidente del Gobierno. Después su dimisión, Moret aceptó el poder con interinidad hasta que lo sustituyó Canalejas meses después (Forner 1993). Con ello, los pactos con los republicanos desaparecían y esto también afectaba a nuestro personaje (Forner 1993), que finalmente salía del consistorio, aunque recibía un nuevo nombramiento: el de delegado de Gobierno de la Junta de Obras del Puerto.

Los republicanos comenzaron sus reuniones temprano y, con Fernando Gasset Lacasaña y Manuel Bueso al frente, propusieron los candidatos a los diferentes distritos. Por otra parte, Francisco Giner presentó la candidatura de su sobrino Vicente Ferrer por el distrito de Huérfanos con un pacto entre liberales y carlistas. Esta unión no fue del agrado de José Castelló y Tárrega, pero no se posicionó desde el diario, ya no estaba dentro del juego político, con Moret al frente, conseguía un nuevo cargo y el *Heraldo de Castellón* se retiraba a un lado como mero espectador de las elecciones, incluso eligió el mismo día de la contienda para celebrar el bautizo de su hijo Manuel.[432]

La coalición anticossiera obtuvo 13 concejales, con incontestable fuerza republicana, 9 eran para los de Gasset, 3 para los liberales y un integrista que también se sumó a esta coalición contra la política del Cossi que conseguiría solo 1 representante en el consistorio. Odilón Gironés, con Moret como presidente desde el 21 de octubre, tomó posesión de la alcaldía en noviembre de este mismo año 1909, un mes antes de las elecciones, y no dejó el cargo hasta diciembre de 1911.[433]

---

432. «Castellón. Noticias Varias», *Heraldo de Castellón*, 13 de diciembre de 1909.

433. «Castellón. Noticias Varias», *Heraldo de Castellón*, 17 de noviembre de 1909.

De momento, el *Heraldo de Castellón* hibernaba en cuestión de política y José Castelló y Tárrega aceptaba estoicamente su nueva posición: «La política es eso y la negra experiencia de estos últimos años nos ha enseñado a no afligirnos ni entusiasmarnos por las cosas de la política».[434]

La misma posición de resignación, pero manteniendo la expectativa la mantuvo nuestro biografiado en los siguientes comicios electorales. A los pocos días de la entrada de Moret al poder el 21 de octubre de 1909, se celebraron elecciones parciales a diputados en las que los liberales de la provincia se beneficiaron de las ausencias de los conservadores, que eran la mayoría en la Diputación, debidas al fallecimiento de Narciso Simón y a la renuncia al acta de José Fabra Sanz, así como al voto en favor de los liberales de Odón Salvador como miembro del bloque conservador. Todos estos factores hicieron que los liberales «tomaran el poder» en la Diputación. El Cossi estaba «en horas bajas» tras la muerte del sobrino de Victorino Fabra Gil. Su sucesor, Tiburcio Martín, no pudo dominar el partido, posiblemente por la falta de carisma que los Fabra tenían, o simplemente porque la vida política pedía un cambio que el Cossi ya no podía adaptar por su estructura anticuada para la nueva coyuntura. Este organismo quedaba desfasado y obsoleto para los nuevos tiempos que se presentaban. Los conservadores, que ahora miraban como referente del conservadurismo a Maura, perdían por primera vez la Diputación de Castellón frente a una coalición de partidos en la que estaban casi representados todos: liberales-moretistas, canalejistas, republicanos y carlistas «franciscanos». Al mismo tiempo se producía la renuncia como gobernador civil de Julián Settier debida a las cesantías (Alós y Castellet 1998), una práctica habitual en el periodo de la

---

434. «Castellón. Noticias Varias», *Heraldo de Castellón*, 12 de noviembre de 1909.

Restauración en la que empleados públicos quedaban sin trabajo, o ingresaban en puestos públicos, dependiendo del partido de «turno» que conseguía el poder (Albuera 1990). Estos hechos serían el prólogo de unas elecciones que se celebraron en un ambiente duro en la Plana (Reguillo 2001).

Para estas elecciones, José Castelló y Tárrega visitó la capital del estado buscando ser encasillado en el distrito de Llucena, aprovechando que Vicente Cantós tenía el poder y la influencia suficientes con Canalejas para proponerlo. No en vano Vicente Cantós era exaltado tanto o más que el propio Canalejas en las páginas del *Heraldo de Castellón* por los «beneficios que acaba de alcanzar de los poderes públicos para esta provincia».[435] A pesar de todo no consiguió aparecer como candidato por Llucena ni tampoco entrar como político electo en Albocàsser –distrito de asegurado triunfo electoral para los conservadores– (Reguillo 2001), aunque el viaje no fue en balde, su hermano Carlos consiguió una plaza de conserje en la Administración pública, mientras José era delegado gubernativo del Puerto y Ramiro fue nombrado secretario del director general de Agricultura.[436] Cargos que avalan las teorías de los estudiosos del clientelismo político durante la Restauración, que destacan como era común intentar conseguir un empleo público para después facilitar puestos acomodados a su círculo de allegados (Moreno 1996).

En una carta publicada en el *Heraldo de Castellón* de 29 de diciembre de 1910, que José Castelló y Tárrega escribió al gobernador, reconocía la necesidad de signar pactos políticos y coaliciones coyunturales, incluso con tendencias políticas enemigas, aunque sin perder, eso sí, la esencia propia del partido, al tiempo

---

435. «Cantós y Saiz de Carlos en Castellón», *Heraldo de Castellón*, 28 de abril de 1910.
436. «Castellón. Noticias Varias», *Heraldo de Castellón*, 5 de marzo de 1910.

que denunciaba que el Partido Liberal en Castellón carecía de una organización sólida y que sus miembros se «vendían» al mejor postor, lo que se conocía en la época como «fulanismo».

> No existe un partido liberal ni jamás podrá existir a menos que no se fije claramente [...], donde acaba lo circunstancial de los pactos electorales y dónde empieza el poder del partido situacionista [...]. Es preciso formar antes buenos instrumentos de gobierno de ahí mi campaña en pro de la organización liberal, porque mientras los liberales no se organicen como Dios manda [...], el gobierno liberal marchará siempre en esta provincia a merced del enemigo [...]. El partido liberal podrá ser un verdadero instrumento de gobierno cuando, bien organizado, atienda más al desarrollo de sus ideas que al *fulanismo* que lo fracciona, entregándole de grado o por fuerza a la misericordia de sus afines cuando no a las exigencias de los elementos más extraños [...]. ¿O es que todavía hay por ahí quien me crea a mi tan cándido y tan fácil a los demás para seguir, farsa adelante con todas esas denominaciones de *anticossieros*, como los de Lucena; *anticarlistas* como los de Morella o *antirepublicanos* como los de Segorbe?[437]

El paso al poder de Moret tras la caída de Maura, dio fuerza a Cayo Gironés, quien ocupó la Presidencia de la Diputación, mientras que su hermano Odilón Gironés fue el máximo representante político de la ciudad ejerciendo de alcalde de noviembre a diciembre de 1911, una situación que cambiaría rápido con la entrada de Canalejas a la Presidencia del Gobierno. El efecto dominó del Gobierno central se transmitió a la provincia haciendo que el canalejismo cogiera fuerza frente a las otras opciones liberales y en las elecciones generales del 8 de mayo de 1910 llegó el triunfo

---

437. «Carta abierta. Organización liberal», *Heraldo de Castellón*, 29 de diciembre de 1910. En cursiva en el original.

de Vicente Cantós en el distrito de Llucena, éxito que se tradujo en numerosas crónicas que exaltaban al político liberal (Reguillo 2001).

José Castelló y Tárrega no tuvo ningún puesto en estas elecciones, pero, como en otras ocasiones, siguió apoyando a Vicente Cantós desde el *Heraldo de Castellón*. Creemos que todavía a estas alturas tenía algunas limitaciones, quizás le faltaba carisma, o la clientela necesaria para ostentar un cargo de diputado, al menos de momento.

En las elecciones municipales del 12 de noviembre de 1911 los grupos políticos de la Plana trataron de crear un cuerpo anticossiero uniforme, buscando ocupar las nueve vacantes que en 1909 dejaba el consistorio. Los republicanos fueron los directores de esta gran coalición a la que pertenecía el grupo liberal de Cayo Gironés. El partido republicano conseguiría 17 miembros dentro del consistorio, 6 liberales y 1 era para los integristas que mostraron su apoyo al partido republicano. Se declaró alcalde de la ciudad por real orden, al liberal Juan Peris Masip (Reguillo 2001).

Desde el *Heraldo de Castellón* se vivieron las elecciones con la calma del que no participa en el juego electoral. El rotativo era discreto en lo acontecido y celebraba la paz con que se habían realizado, «no se recuerdan de mucho tiempo a esta parte unas elecciones tan ordenadas y tranquilas», escribían en el número de 13 de noviembre de 1911.[438] Los ataques del diario *La Provincia* hacia el *Heraldo de Castellón* continuaron, como era habitual, aunque con menor beligerancia que en otros años.[439] A esas alturas, José Castelló y Tárrega era delegado regio de Primera Enseñanza –lo

---

438. «Castellón. Noticias Varias», *Heraldo de Castellón*, 13 de noviembre de 1911.

439. *La Provincia* llama «canalejos» a los canalejistas. «Castellón. Noticias Varias», *Heraldo de Castellón*, 11 de noviembre de 1911.

vemos a continuación–, un cargo que le dio lo que la política de momento le negaba.

4. Otros éxitos después de ser concejal

Justo después de cesar como concejal en el ayuntamiento de la Plana, José Castelló y Tárrega fue nombrado delegado del Gobierno en la Junta de Obras del Puerto de la ciudad con un sueldo anual de 3.500 pesetas, un cargo que lo ayudó a mantenerse en el centro de la política local. Distintos políticos de ideas y partidos diferentes, junto con el entonces alcalde, Odilón Gironés, lo felicitaron por su reciente nombramiento. A estos parabienes se sumó José Canalejas como publicaban en el *Heraldo de Castellón*: «Hoy mismo ha recibido el señor Castelló y Tárrega la credencial de ese destino, acompañada de una carta muy expresiva del ilustre hombre público José Canalejas».[440]

Aprovechando este nuevo puesto, la imagen que se quería transmitir desde el diario era la de una tremenda ilusión, pues no interesaba asociar a Castelló y Tárrega con el desplazamiento del partido. Con Moret en la Presidencia del Gobierno y con Canalejas en una segunda línea dentro del partido, José Castelló y Tárrega se quedaba sin la confianza política necesaria por estar en el bando canalejista contrario a Moret (Forner 1993).

Por ello, a pesar de haber dejado de ser edil del ayuntamiento, siguió interesado en impulsar iniciativas vinculadas al desarrollo de la ciudad. Así, por ejemplo, podemos ver su interés por el patrimonio artístico e histórico de la provincia en una carta que firma

---

440. «Castellón. Noticias varias», *Heraldo de Castellón*, 23 de noviembre de 1909.

él mismo y que publicó en el *Heraldo de Castellón* del 26 de agosto de 1910, dirigida al diputado Cayo Gironés Álvarez. En ella denunciaba cómo estaban saliendo de la provincia numerosas piezas de interés histórico y patrimonial con destino a otros museos y colecciones nacionales y, en consonancia con la denuncia, solicitaba la creación de un museo en la ciudad que, además, en su opinión, podría situarse en el nuevo palacio de la Diputación. Según las propias palabras de Castelló y Tárrega, la construcción del museo no sería más que una «manifestación del progreso de los pueblos, de la muestra más soberana de la cultura popular».[441]

La política nacional empezó a girarse del lado de José Castelló y Tárrega. Después de una dilatada trayectoria política, José Canalejas fue nombrado presidente del Gobierno en febrero de 1910 tras haber sido destituido Maura. Fue una medida considerada necesaria para restablecer la estabilidad política que desde el verano de 1909 no existía en el país. La única solución posible era dar paso a una nueva situación con la entrada de la facción liberal de Moret, que podía concitar el apoyo de la izquierda monárquica y antimonárquica. El cambio, no obstante, no fue fácil. En el seno del Partido Liberal, aunque Canalejas se pronunciaba en favor del apoyo al nuevo gobierno, no dejaba por ello de presentar su autonomía en las directrices generales del partido. Con una composición de las Cortes mayoritariamente conservadora, Moret no podía hacer otra cosa que convocar elecciones. Frente a las dudas de Moret, Canalejas representaba la seguridad y las ideas claras (Forner 1993). En su ideario se incluía la necesidad de crear un programa de corte radical que pudiera atraer al sector republicano. Por ello se afanó en crearse la mejor imagen posible y se rodeó de personas como Rafael Gasset, director de *El Imparcial*, quien

---

441. «Carta abierta. El Museo provincial. Señor Don Cayo Gironés», *Heraldo de Castellón*, 26 de agosto de 1910.

entró a formar parte del Gobierno, asegurándose así un medio de comunicación de gran trascendencia (Sánchez 1999). Este hecho no nos sorprende, desde sus inicios en la política, Canalejas, como tantos otros, supo de la importancia de la prensa, y por ello nuestra conjetura de la utilización de José Castelló y Tárrega del *Heraldo de Castellón* para este fin en la provincia se torna una realidad.

La noticia de la nueva presidencia se vivió en la ciudad con apasionamiento, según detalla el *Heraldo*. José Castelló y Tárrega estaba ahora del lado de los vencedores, la espera, la confianza y la fidelidad de tantos años se debían traducir en una recompensa. Por la redacción desfiló un gran número de amigos y curiosos para darle la enhorabuena y quién sabe si tras el triunfo, podrían conseguir algún favor político ahora que el canalejismo se convertía en la fuerza dominante.[442]

Nuestro protagonista partió hacia Madrid.[443] Con este viaje seguramente no solo quería felicitar en persona a Canalejas, suponemos que las «clientelas» de las diferentes provincias debieron pasar por el despacho del ahora presidente para ofrecerse para futuros proyectos, o quizás para ofrecerse como candidatos posibles en sus respectivas zonas, una práctica común en la etapa de la Restauración acorde a su sistema político (Fernández 1943).

Desde el *Heraldo* transmitían la posibilidad de que José Castelló y Tárrega entrara como candidato en unas elecciones.[444] A su vuelta de Madrid describían el recibimiento multitudinario en la estación, «disputándose ser los primeros en estrechar su mano» y acompañando al carruaje que lo llevó hasta su casa. Las muestras de afecto continuaron en el rotativo, que incluía noticias de diarios

---

442. «Castellón. Noticias Varias», *Heraldo de Castellón*, 10 de febrero de 1910.
443. «Castellón. Noticias Varias», *Heraldo de Castellón*, 11 de febrero de 1910.
444. «Castellón. Noticias Varias», *Heraldo de Castellón*, 23 de febrero de 1910.

madrileños que presentaban a la familia Castelló y Tárrega como personalidades influyentes en la capital: «... los hermanos Castelló cuentan con grandes simpatías en esta capital y disponen de un importante núcleo de incondicionales», publicaban en el número del 7 de marzo de 1910.[445] Todo parecía estar encauzado, el *Heraldo* no negaba la posibilidad de que José Castelló y Tárrega fuera la imagen del canalejismo ahora que era la facción dominante dentro del partido, pero, una vez más, nuestro personaje quedaba en un segundo plano: Vicente Cantós fue el elegido para representar el canalejismo provincial. Tras conocerse el nombramiento, nuestro protagonista no se mostró descontento, por el contrario, justificaba su situación aludiendo que prefería consolidar su diario y estar con la familia a ir a las elecciones por Albocàsser, autodefiniéndose «soldado del partido» y reconociendo a Vicente Cantós como jefe y «la figura a seguir».[446]

Una vez más, cual Sísifo, veía rodar la piedra ladera abajo, y debía esperar una nueva oportunidad para volver a empezar. En noviembre de 1910 presentó su dimisión como delegado del Gobierno en la Junta de Obras del Puerto, seguramente conocedor de lo que le deparaba el futuro: «Los periódicos de anoche dan la noticia de la dimisión del director del Heraldo en el cargo que desempeñaba cerca del Gobierno la Junta de obras del puerto de esta capital. La noticia es completamente exacta».[447]

La oportunidad esperada llegó. En julio de 1911 fue nombrado delegado regio, presidente de la Junta de Primera Enseñanza de Castelló de la Plana, recién creada por real decreto en ese mismo año. No sabemos hasta qué punto el cargo gozaba o no de prestigio

---

445. «Castellón. Noticias Varias», *Heraldo de Castellón*, 7 de marzo de 1910.

446. «Política castellonense», *Heraldo de Castellón*, 8 de marzo de 1910.

447. «Castellón. Noticias varias», *Heraldo de Castellón*, 9 de noviembre de 1910.

social, pero el *Heraldo de Castellón* se encargó de dotarlo de un importante halo de grandeza, como solía ocurrir con los avances de su fundador. Con Ramiro en Madrid trabajando como reportero de *El Mundo*, la dirección del *Heraldo de Castellón* pasaba a manos de su hermano Fausto: «... de todas veras agradecemos a nuestro apreciable colega el clamor las frases de afecto que dirige a nuestro compañero don Fausto Castelló con motivo de haberse encargado de la dirección del Heraldo».[448]

Su pueblo natal quiso sumarse al reconocimiento, creemos que, más por todas las gestiones que realizó para dotar de vías de comunicación a la población, que por el nombramiento en sí.[449] La Vall d'Uixó rendía homenaje a José Castelló y Tárrega obsequiándole con un banquete en el paraje de San José al que asistieron numerosas personalidades de la población. Como hizo años atrás, al tomar la palabra recordó su origen humilde y su salida del pueblo con las 7 pesetas con las que fundó un periódico en la ciudad de Castelló de la Plana, en una intervención que resume cómo se veía a sí mismo en ese momento: «... recordó cómo salió del pueblo hace veintitantos años olvidado, injuriado, menospreciado por todos y cómo después de ese tiempo volvía ahora triunfante en el pueblo del brazo del alcalde... y aclamado por sus paisanos».[450]

En su nuevo cargo, José Castelló y Tárrega mostró predilección por retirar progresivamente los libros de texto, partidario de una escuela más abierta al aire libre y de aprendizaje directo de la

---

448. «Castellón. Noticias Varias», *Heraldo de Castellón*, 11 de agosto de 1911.

449. «Alrededor de un nombramiento. Lo que dice la prensa», *Heraldo de Castellón*, 28 de Julio de 1911. También: «De la provincia. Vall d'Uixó. Banquete a don José Castelló y Tárrega», *Heraldo de Castellón*, 1 de agosto de 1911.

450. En portada: «Homenaje del Ayuntamiento de la Vall d'Uixó a don José Castelló y Tárrega», *Heraldo de Castellón*, 30 de octubre de 1911.

naturaleza, enemigo, como se consideraba, de la instrucción mecanicista y rutinaria.[451] Este tipo de enseñanza sería una herencia del krausismo que, con Giner de los Ríos, consagró la Institución Libre de Enseñanza, una renovación en la pedagogía que nació en el año 1907. La metodología era novedosa, con una mayor presencia de las excursiones, coeducación de sexos, clases en la naturaleza y fomento de la cultura popular, un importante cambio frente a la educación religiosa (Vilar 2013). Otros cambios o mejoras que quería implementar Castelló y Tárrega fueron la mutualidad escolar, cantinas escolares, colonias escolares, escuelas dominicales, higiene escolar, roperos para niños pobres, museos y bibliotecas escolares.[452] Canalejas consideraba imprescindible superar los atrasos en educación que tenía España. Se debía crear una escuela al margen de la Iglesia, aunque no por ello deba ser considerado un clerófobo, como no lo fue tampoco Castelló y Tárrega (De la Cueva 1997). La educación laica en manos de republicanos podía suponer hacer proselitismo entre el alumnado, así pues, el remedio se encontraba en las escuelas neutras (no por ello antirreligiosas) que garantizaran el libre desarrollo de la personalidad del niño. Era necesaria la intervención en la enseñanza primaria, incluir propuestas regeneradoras de gran sensibilidad social por parte de Canalejas que resultaban totalmente avanzadas para la mentalidad española del momento. Pero el Estado no tenía recursos para hacer frente a este tipo de renovación (Forner 1993).

José Castelló y Tárrega no solo intentó poner en práctica en la provincia aquello que defendía José Canalejas, era también un

---

451. «Hablando con el Delegado Regio», *Heraldo de Castellón*, 8 de agosto de 1911.

452. «Castellón. Noticias Varias», *Heraldo de Castellón*, 9 de septiembre de 1911. También en «Notas escolares. La escuela al aire libre», *Heraldo de Castellón*, 9 de noviembre de 1911.

firme convencido de la necesidad de un cambio en la educación, como lo demuestra tanto su implicación en la materia a lo largo de su vida, como con el interés especial que tuvo en la educación de sus hijas. En un tiempo en que la mujer quedaba relegada a su papel de madre de familia y esposa (Aguilar 1985), él, ya en su etapa de *El Liberal,* abrió la redacción a colaboraciones femeninas y más adelante quiso que su hija Fidela, con grandes aptitudes para el estudio, fuera a Madrid, aprovechando que Ramiro vivía allí, a formarse en una escuela de idiomas,[153] algo que, según nos relataba la hija de Fidela, era inusual en la época. También la propia María José Marí Castelló y Tárrega, la nieta de José, nos recordaba en nuestros encuentros que, por expreso deseo de su madre Fidela –como hicieron sus padres con ella–, le facilitaron su salida al extranjero para educarse, en otra etapa, la franquista, no menos complicada para que las mujeres pudieran estudiar.[454]

Poco tiempo después de que José Castelló y Tárrega estrenara cargo, su sobrina Conchita Castelló, hija de su hermano Vicente, fue nombrada maestra tras aprobar «el examen de reválida en la Escuela Normal de maestros de Castellón».[455] Esta nominación fue causa de desasosiego para su tío, al que se le acusó de proporcionar tratos de favor en la obtención de plazas a maestros, lo que propició que presentara su dimisión para, como explicó en el *Heraldo,* «devolver a mi espíritu la tranquilidad que necesita libre ya de un cargo en el que pese tan ardorosa pasión y de

453. «Castellón. Noticias Varias», *Heraldo de Castellón,* 8 de enero de 1912.

454. Entrevista del autor a María José Marí Castelló y Tárrega en Madrid el día 7 de octubre de 2018.

455. «Castellón. Noticias Varias», *Heraldo de Castellón,* 28 de diciembre de 1911.

cuyo desempeño no he logrado sacar más que disgustos y crueles desengaños».[456]

José Castelló y Tárrega volvía así al periódico que, a esas alturas de su vida, ya se había convertido en un resguardo de fracasos, en su zona de confort, que le servía para tomar aliento hasta que se presentara una nueva oportunidad de escalar puestos, aunque en el horizonte le esperaban también nuevos contratiempos, tanto en lo familiar como en lo político. En este último caso, la muerte de José Canalejas le abrió la puerta a una nueva etapa en su trayectoria. Lo vemos en el siguiente capítulo.

456. «Castellón. Noticias Varias», *Heraldo de Castellón*, 14 de febrero de 1912. Sobre el pleito entre Castelló y Tárrega y el gobernador civil por los nombramientos, véase «La Delegación Regia De Primera Enseñanza de Castellón», *Heraldo de Castellón*, 22 de febrero de 1912.

CAPÍTULO 5

JOSÉ CASTELLÓ Y TÁRREGA SIN CANALEJAS. ÉXITOS EN LO PROFESIONAL Y UNA DURA ETAPA EN LO PERSONAL (1913-1923)

Hasta ahora, el repaso al aspecto íntimo, personal y psicológico de la vida de nuestro protagonista ha girado en torno a diferentes amistades, enlaces matrimoniales y los nacimientos que hacían grande la familia, intentando así juntar las piezas que reconstruyen a lo largo de los años la historia del clan de los Castelló y Tárrega.

Los hermanos de nuestro protagonista fueron construyendo su bienestar en la ciudad que los acogió gracias a la figura de José quien, con su carisma, tenacidad y ambición, subió peldaños sin dejarlos atrás, creando así un grupo cohesionado que tapaba las carencias individuales y mejoraba las cualidades de cada uno.

En esta nueva etapa de la vida de José Castelló y Tárrega, que hemos estructurado a partir del asesinato de Canalejas y hasta el inicio de la dictadura de Miguel Primo de Rivera, asistimos a una cruel paradoja, por un lado, la muerte fue la protagonista en el aspecto personal, mientras que en lo profesional conoció el éxito político.

Como no podía ser de otro modo, la muerte de Canalejas fue un duro golpe para José Castelló y Tárrega. Aunque no estaba teniendo una presidencia cómoda, nadie podía prever su asesinato.

Los problemas con Marruecos y la ruptura de relaciones con Roma por la aprobación de la ley del candado eran puntos controvertidos, a los que se sumó el conocido como caso de Cullera, en el que se asesinó a un juez y un alguacil y acabó con la condena a muerte del supuesto autor del crimen, apodado el Chato Cuqueta, a quien Canalejas se negó a indultar (Sánchez 1999). Todo esto fue tratado con la máxima prudencia desde el *Heraldo de Castellón*. El diario simplemente «acompañaba» la política de Canalejas y aplaudía las decisiones cuando estaban tomadas.[457] Hasta que de repente Canalejas pasó a ocupar portadas y artículos. El 12 de noviembre de 1912, un anarquista conocido como Manuel Pardiñas (Morcillo 2007), asesinaba de un tiro, en la misma Puerta del Sol, al presidente del Gobierno José Canalejas mientras miraba el escaparate de la Librería San Martín (Sevilla 1956). Esa misma tarde salía en portada la noticia en el *Heraldo de Castellón* con el título «Canalejas Asesinado». El diario aprovechó para resumir todo lo que este político y presidente del Gobierno hizo por la ciudad de Castelló de la Plana, dentro de la inevitable consternación que estamos seguros invadiría la redacción del diario. «No hay palabras para execrar bastante al miserable autor de este crimen», publicaron en el número de 12 de noviembre.[458]

Sin duda, el magnicidio causó una profunda impresión en José Castelló y Tárrega, ya no solo por la relación que desde el diario decía mantener con Canalejas, que por profesional que fuera, eran muchos años de contactos y de múltiples gratitudes las que Castelló y Tárrega tenía para con él. También sabemos, por las entrevistas realizadas a sus nietos, que, según los hijos de José Castelló

---

457. Sobre los sucesos de Cullera, por ejemplo, publicaban que Canalejas afirmaba que no lo indultaría, aunque se lo pidiera el rey. «Lo del día. Los sentenciados de Cullera», *Heraldo de Castellón*, 12 de enero de 1912.

458. «Lo del día. Canalejas Asesinado», *Heraldo de Castellón*, 12 de noviembre de 1912.

y Tárrega, Fidela y José, para el director del *Heraldo de Castellón* fue un golpe muy duro del que le costó sobreponerse, la estima hacia su protector fue sincera y veraz. Así lo expresaban también en su momento en el diarió:

> Nuestro director está verdaderamente inconsolable y a la fuerte impresión que recibió ayer, teniéndolo atentado algunas horas, se ha unido hoy otra muy terrible que le ha causado al llegar a su despacho, la presencia entre las cartas que ha dejado el correo de la mañana de una del señor Canalejas, fechada el día 10, contestando a una recomendación reciente del señor Castelló y Tárrega, carta que guardamos como una reliquia. [459]

La redacción recibía a diario numerosas cartas que mostraban sus condolencias por el asesinato, que puntualmente José Castelló y Tárrega agradecía. [460]

Los días posteriores al magnicidio, como es lógico, el diario se llenó de artículos que recordaban y completaban la información sobre el triste suceso al tiempo que exaltaban lo que hizo en vida el que era considerado un amigo, que incluía algunas anécdotas como la de la estancia de Canalejas en Castelló de la Plana, en la que se habilitó una habitación en casa del gobernador Jerónimo Montilla con la cama de soltero de Ramiro Castelló y Tárrega. Después de cenar juntos, Canalejas citó a José Castelló y Tárrega al día siguiente a las 5:00 h en su propia habitación. Al llegar, el presidente ya había contestado varias cartas, mostrando así, por una parte, el tra-

---

459. «Castellón. Noticias Varias», *Heraldo de Castellón*, 13 de noviembre de 1912.

460. «Castellón. Noticias Varias», *Heraldo de Castellón*, 18 de noviembre de 1912.

to cercano que José Castelló y Tárrega tuvo con él y, de la otra, el trabajador incansable que fue.[461]

En la iglesia de Santa Clara de Castelló de la Plana, y a petición del propio José Castelló y Tárrega, se ofreció una misa funeral por José Canalejas, misa que se repitió después también en otras localidades como Benicàssim y Almassora, a las que acudió igualmente nuestro protagonista según reportaron en el *Heraldo de Castellón*.[462]

El acto de Pardiñas había cambiado todo el panorama de futuro que se había abierto para José Castelló y Tárrega con la presidencia de Canalejas. Tras años de lucha, los Castelló y Tárrega estaban bien posicionados en la política y en la sociedad, ahora quedaba no desfallecer, cerrar el ciclo por el que había sido concebido profesionalmente o reinventarse y continuar el ascenso. José elegiría, como no podía ser de otra manera, la segunda opción, aunque esta nueva etapa de su vida estaría plagada de más reveses especialmente en su entorno familiar.

1. Momentos difíciles para la familia de José Castelló y Tárrega

A la muerte de José Canalejas, Castelló y Tárrega contaba ya con 47 años y la madurez que le habían proporcionado sus numerosas conquistas profesionales y políticas. Tras casi dos décadas en la capital, la política, los diferentes cargos desempeñados, los nombramientos y el trabajo en el diario de referencia en la Plana, le

---

461. «Lo del día. Alrededor de Canalejas», *Heraldo de Castellón*, 13 de noviembre de 1912. Esta anécdota que describe el diario nos la relató también su nieta Mará José Marí durante nuestra entrevista en su residencia de Madrid.

462. «Castellón. Noticias Varias», *Heraldo de Castellón*, 18 de noviembre de 1912.

hicieron merecedor del respeto de su entorno.[463] Continuaba siendo un periodista devenido en político que necesitaba seguir en el centro de los acontecimientos que sucedían en la ciudad.

Aunque es cierto que los modestos nombramientos a los que estaba acostumbrado en años anteriores –fue nombrado corresponsal de Lo Rat Penat en abril de 1915 y delegado en Castelló de la Plana de la revista *El Financiero* en julio de 1921–,[464] sus participaciones públicas y la controversia política que se reflejaba puntualmente desde su diario, descendió paulatinamente en el transcurso de la segunda década del siglo xx. En ese tiempo, José Castelló y Tárrega adquirió también la solvencia económica que le permitió, entre otras cosas, disfrutar de un tipo de ocio a la altura de las clases más pudientes de la ciudad y también construir, en los inicios de la segunda década del siglo, un espacio de retiro en una zona a las afueras del núcleo urbano conocida como la Gran Vía. La vivienda se bautizó con el nombre de Villa Fidela.[465] Se trataba de una «modesta» construcción de aire modernista, rodeada de un extenso jardín, en la que realizaban reuniones familiares, de amigos y, lo más representativo, se situaba junto a la casa de numerosos burgueses de la ciudad que, como él, buscaron salir del caos urbanístico de Castelló de la Plana. Aunque nuestro protagonista la llamó villa, estas construcciones eran conocidas como *chalets* y constituían un reflejo del esparcimiento burgués local característico del primer tercio del siglo xx (Calvo 2015). De hecho, Villa Fidela

---

463. «Castellón. Noticias Varias», *Heraldo de Castellón*, 22 de noviembre de 1913.

464. Esos nombramientos en «Castellón. Noticias Varias», *Heraldo de Castellón*, 28 de abril de 1915 y «Castellón al día», *Heraldo de Castellón*, 21 de julio de 1921, respectivamente.

465. «Castellón. Noticias Varias», *Heraldo de Castellón*, 8 de mayo de 1913. Además, en 1921, la familia Castelló-Arroyo se trasladó a vivir al segundo piso del número 61 de la calle González Chermá. «Castellón al día», *Heraldo de Castellón*, 4 de octubre de 1921.

tenía teléfono, el primero del vecindario, lo que se consideraba un lujo si contamos que en 1917 existía en España un teléfono por cada 571 habitantes.[466]

Hablar del aspecto íntimo y personal de José Castelló y Tárrega es hablar de su familia, de quienes también el diario daba información de forma recurrente. Por lo que respecta a sus hijos, sabemos del interés del matrimonio Castelló-Arroyo en proporcionarles todos los medios posibles para que pudieran adquirir una buena formación y transmitirles su pasión por las letras y el arte. El diario se encargaría de hacer alusión a los avances de los vástagos de su director, como ocurrió, por ejemplo, con Fidela Castelló y Tárrega Arroyo, quien, a temprana edad y como un juego, publicaba en el *Heraldo de Castellón* una poesía dedicada a su padre.[467] Por los relatos familiares sabemos de la unión y complicidad que existía entre ambos, en las continuas salidas hacia otras provincias o localidades de la provincia, Fidela acompañaba a menudo a su padre, lo que con el tiempo se tradujo en una ferviente devoción hacia su figura.[468]

También su hijo José era nombrado con frecuencia en el diario «de casa». Aparecía en crónicas en las que lo señalaban como un notable estudiante en su etapa de bachiller,[469] y describían cada año los progresos que conseguía en la carrera de Derecho que estaba cursando en la Universidad de Valencia, una titulación que resultaba muy acorde con la nueva posición de la familia.[470] El diario le

---

466. «Castellón», *Heraldo de Castellón*, 18 de abril de 1917.

467. «Primeras armas. El primer trabajo de la primogénita de nuestro Director», *Heraldo de Castellón*, 28 de julio de 1916.

468. Entrevista a María José Marí Castelló y Tárrega, nieta de José Castelló y Tárrega, en su domicilio el día 7 de octubre de 2018.

469. «José Castelló Arroyo hijo mayor del director del Heraldo de Castellón saca el título de Bachiller por la rectoría de Valencia», *Heraldo de Castellón*, 17 de junio de 1920.

470. «Terminados con aprovechamiento los estudios del curso, ha regresado a Castellón el alumno de la Facultad de Derecho de Valencia don José Castelló y

brindó la oportunidad de empezar a aparecer en la escena pública local. En 1921, con 17 años, debutó con su primera columna publicando un artículo referente al Círculo de Cazadores San Humberto de la ciudad.[471] Esta primera cuartilla sería el inicio de una continuada vinculación con el *Heraldo*, aunque no por ello dejó de atender sus estudios y su fructífera carrera profesional de abogado y fiscal. Después, aprovechando los meses de verano y el nuevo cargo de su padre, trabajaba en gobernación al lado de su progenitor.[472] Su paso por la universidad coincidió con la entrada del Directorio Militar de Primo de Rivera. Creemos que empezó una etapa decisiva en su vida y que las circunstancias que afectaron a su padre con la nueva situación política, así como su círculo de amistades académicas, forjaron su personalidad política.

Manolito Castelló Tárrega Arroyo, el pequeño de los cuatro hijos, y el preferido y consentido de su madre –como apuntan sus sobrinos–, también tendría su espacio en el periódico, aunque los textos no reflejan la misma brillantez que cuando se refieren a su hermano José. Las colonias veraniegas que organizaba el ayuntamiento eran citadas comúnmente como una importante oportunidad educativa al aire libre que José Castelló y Tárrega, siguiendo sus inquietudes pedagógicas, impulsó desde el *Heraldo de Castellón*. Allí enviaron al pequeño Manolito, dando ejemplo de aquello que promocionaban (Calvo 2015), aunque no por ello dejó de asistir en el periodo del curso ordinario a la escuela religiosa

---

Arroyo hijo mayor del director del Heraldo bienvenido y enhorabuena». «Ecos de Sociedad. De regreso», *Heraldo de Castellón*, 23 de mayo de 1922.

471. «Círculo cazadores San Humberto. La fiesta benéfica de ayer», *Heraldo de Castellón*, 28 de marzo de 1921.

472. «Pepito Castelló se ha encargado de la Secretaría particular del Gobierno Civil de Toledo». «Ecos de sociedad», *Heraldo de Castellón*, 16 de julio de 1923. Del cargo de gobernador civil de Toledo que ostentó nuestro protagonista hablamos a continuación.

de los Padres Salesianos. Manolito estudió también bachillerato, aunque sabemos por el testimonio de su sobrina, que no fue tan brillante en los resultados como desde el *Heraldo de Castellón* se quería hacer pensar: «Manolito Castelló Arroyo en el instituto de Toledo ha terminado brillantemente los estudios del segundo curso del bachillerato alcanzando honorísimas calificaciones en todas las asignaturas».[473]

Sobre Pepita, la otra hija de José Castelló y Tárrega, resulta extraño la poca información que aparece en el diario, incluso la fecha exacta de su nacimiento es una incógnita. Tanto la inexistencia de información, como algunas declaraciones de los nietos de Castelló y Tárrega, nos llevan a pensar en una posible minusvalía de Pepita, que la mentalidad de la época hizo que se ocultara. Solo se la menciona en uno de los episodios más tristes de la familia –ahora sí–, descritos en el *Heraldo de Castellón*: su muerte.

El malhadado listado de defunciones del entorno cercano de José Castelló y Tárrega al que aludíamos al inicio de este capítulo se inició en este periodo el 13 de enero de 1913 con el fallecimiento de la navarra Benita Pérez Iturbe, la madre de Fidela Arroyo.[474]

Ese mismo año se conocían también por el *Heraldo de Castellón* los problemas de salud de Ramiro Castelló y Tárrega.[475] Instalado en Madrid con su esposa Araceli Pérez, Ramiro continuaba trabajando como periodista en la redacción de *El Mundo*, aunque[476] no por ello dejó el cargo de redactor jefe del diario propiedad de su hermano del que nunca se desvinculó a pesar de la distancia. Junto al periodismo, la política era otra de sus inquietudes. En la capital

---

473. «Ecos de sociedad», *Heraldo de Castellón*, 8 de junio de 1923. Testimonio de María José Marí Castelló y Tárrega.

474. «La señora Benita Pérez Iturbe», *Heraldo de Castellón*, 12 de enero de 1914.

475. «Castellón. Noticias Varias», *Heraldo de Castellón*, 20 de enero de 1913.

476. «Castellón. Noticias Varias», *Heraldo de Castellón*, 28 de enero de 1913.

de España Ramiro hizo posible la fusión exitosa de ambas, el trabajo en la redacción de importantes diarios nacionales lo completó, también en 1913, con la toma de posesión de un acta de diputado provincial por la circunscripción de Madrid, momento culmen de su carrera, que se celebró con el lógico entusiasmo desde la redacción del *Heraldo de Castellón*. Así declaraba el propio Ramiro el «secreto de su éxito»: «Muy satisfecho por ver cómo empiezan a convertirse en realidades mis profecías premiándose servicios prestados al Partido Liberal por el apellido Castelló. Recibe un fuerte abrazo».[477]

Su paso por la diputación madrileña le serviría a Ramiro de recompensa por su larga trayectoria entre bambalinas en la política de la provincia de Castelló, pero, en apenas un año, la tisis truncó una carrera que auguraba importantes éxitos. Desde el *Heraldo de Castellón* las noticias indicaban la gravedad de su estado de salud, haciendo «votos a Dios» desde sus columnas para pedir su pronta recuperación.[478] La estancia en la capital durante un mes de José Castelló y Tárrega para acompañar a su hermano en la enfermedad, daba cuenta de la gravedad de Ramiro. Desde allí enviaba telegramas en los que informaba de su evolución. También los colegas de la prensa local hicieron mención en sus columnas: «La provincia del Clamor en sus ediciones de anoche hacen igualmente votos por su pronto restablecimiento».[479]

Tras meses de convalecencia, el todavía diputado madrileño hizo acopio de fuerzas para poder viajar con garantías a Castelló

---

477. «Castellón. Noticias Varias», *Heraldo de Castellón*, 10 de febrero de 1913. Para su nombramiento, véase «Electoral. Ramiro Manuel Castelló diputado provincial por Madrid», *Heraldo de Castellón*, 10 de marzo de 1913.

478. «Castellón. Noticias Varias», *Heraldo de Castellón*, 7 de abril de 1914.

479. «José Castelló y Tárrega, que profesa paternal cariño por su hermano». «Castellón. Noticias Varias», *Heraldo de Castellón*, 15 de mayo de 1914. «Castellón. Noticias Varias», *Heraldo de Castellón*, 16 de mayo de 1914.

de la Plana y allí pasar en Villa Fidela sus últimos días junto a su hermano.[480] El 26 de junio de 1914, solo 20 días después, moría a los 38 años al lado de José, a quien tanto quiso y a quien buscó para que lo acompañara en sus últimas horas. En portada el *Heraldo* incluyó una esquela que anunciaba su muerte y cuatro días más tarde recordaban que su vida no había sido fácil: «Sufrió el azote de una profesión en la que se consumen las energías y no siempre es dado disponer de los medios indispensables para resistir».[481] El féretro del finado lo costeó la Diputación de Castelló,[482] y al sepelio asistió la flor y nata de la política y la industria castellonense dando muestra de la importancia de Ramiro y de la propia familia Castelló y Tárrega en ese momento.[483] Tras las exequias fúnebres, Araceli Pérez volvió a su residencia madrileña en la que vivía desde hacía más de siete años,[484] aunque las buenas relaciones con su familia política continuaron, pues fueron frecuentes las estancias en Villa Fidela durante años.[485]

La separación profesional de Ramiro unos años antes no estuvo motivada por desavenencias o problemas entre hermanos. Para José Castelló y Tárrega, Ramiro, once años menor que él, fue su protegido, mano derecha y en ocasiones su «esbirro». Su marcha a Madrid no hizo más que proyectar y dar a conocer –aún más– los apellidos del *clan*, situarlos en el epicentro del periodismo y de la política española, más allá de los límites de la provincia de Castelló, donde

---

480. «Castellón. Noticias Varias», *Heraldo de Castellón*, 8 de junio de 1914.

481. *Heraldo de Castellón*, 26 de junio de 1914 y «Ramiro Manuel Castelló y Tárrega», *Heraldo de Castellón*, 30 de junio de 1914, respectivamente.

482. Para más detalle del entierro y de sus asistentes: «Ramiro M. Castelló y Tárrega», *Heraldo de Castellón*, 30 de junio de 1914.

483. «Ante el cadáver», *Heraldo de Castellón*, 27 de junio de 1914.

484. «Castellón. Noticias Varias», *Heraldo de Castellón*, 17 de noviembre de 1914.

485. «Castellón. Noticias Varias», *Heraldo de Castellón*, 23 de octubre de 1915. También: «Castellón al día», *Heraldo de Castellón*, 6 de agosto de 1920.

ya eran pieza fundamental del engranaje político y social. Por eso su desaparición tuvo una gran repercusión para la familia.

A los tres años falleció otro hermano, Carlos Ernesto Castelló y Tárrega (1869-1917). Como ya hemos apuntado en otro acápite, tras una comisión de servicios, dejó su empleo como conserje en la estación de Telégrafos de Castelló de la Plana, para trabajar en el balneario de Urberuaga y fue allí, en el verano de 1917, a los 48 años, donde le sobrevino la enfermedad.[486] Tras varias semanas de convalecencia en este enclave vizcaíno y siendo conocedor de la gravedad de sus dolencias, volvió a Castelló de la Plana junto a su esposa Carmen Segarra y sus tres hijos Joaquín, Lolita y Vicente. Al igual que hizo Ramiro, Carlos, siguiendo seguramente el mismo instinto primario, buscaba en este retorno la seguridad de su hermano y morir rodeado de su familia en la ciudad que le adoptó que, como el resto, ya consideraba como suya.

Carlos Castelló y Tárrega tenía un carácter irascible en todo lo que concernía a los enemigos de su hermano José Castelló y Tárrega, al que defendió hasta el límite de lo enfermizo.[487] Sin formación académica y tal vez por no formar parte de la plantilla del *Heraldo de Castellón*, fue el menos conocido de los hermanos que se desplazaron a Castelló de la Plana. De nuevo, a los tres años, la muerte visitaba otra vez a la familia. En diciembre de 1920 moría Dolores Tárrega Fernández (1837-1920), madre de José Castelló y Tárrega, a los 83 años. El entierro se describió como «una importante manifestación de duelo» a la que acudieron numerosas personalidades y que, una vez más, muestra la importancia que a esas alturas del siglo xx tenía la familia Castelló y Tárrega en la ciudad

---

486. «Castellón al día», *Heraldo de Castellón*, 21 de agosto de 1917.

487. Francisco Alloza publicó en el diario una poesía para José Castelló y Tárrega tras la muerte de Carlos Castelló titulada «¡No Llores!», *Heraldo de Castellón*, 6 de septiembre de 1917.

de Castelló de la Plana. Durante su longeva vida, Dolores Tárrega pudo conocer, gracias a su hijo José, la mejora en las condiciones de vida de su familia tras su salida de La Vall d'Uixó, vio a dos de sus hijos llegar a diputados provinciales y que su familia formara parte de los apellidos bien estantes de la capital, pero, al mismo tiempo, tuvo que soportar la dureza de un luto perpetuo al ver morir a nueve de los once hijos que concibió.[488]

La madre de los Castelló y Tárrega tuvo un discreto protagonismo en el diario en lo que concierne al estudio de la familia, aunque es de la línea materna de la que se transmite el parentesco de José Castelló y Tárrega con importantes personalidades de la política y el clero castellonense, que no dudamos ayudaron en el asentamiento del clan en la ciudad. Mención aparte merecería la relación familiar de Dolores Tárrega con el afamado guitarrista Tárrega, hijo de su hermano y del que insistimos, todavía hoy –por deseo expreso de José Castelló y Tárrega– sus descendientes guardan el apellido compuesto. En el año 1921 la familia despedía a otro de los hermanos: Fausto Castelló y Tárrega (1881-1921). Tras la muerte de Ramiro en 1914, adquirió más responsabilidad en el *Heraldo de Castellón* y en la representación familiar, trabajo que compaginaba con la corresponsalía del *Diario Universal* que había fundado en 1903 el conde de Romanones (Altabella 1968), del *Mercantil Valenciano* y de *La Vanguardia* de Barcelona. Fausto completaba su profesión con los ya citados cargos públicos de oficial de primera en la Administración civil del Ministerio de Fomento y oficial de

---

488. La misa se celebró en la iglesia de Santa Clara de la ciudad de Castelló de la Plana. Al sepelio acudieron las esposas de sus dos hijos fallecidos recientemente, Vicente y Carlos; también participaron en la comitiva fúnebre que la acompañó al cementerio sus nietos Pepito, Faustito, Tonico y Manolito (como los nombran en el diario y seguramente en la intimidad), vástagos de los dos hijos mayores de José Castelló y Tárrega, Carlos y Fausto. «Doña Dolores Tárrega Fernández de Castelló», *Heraldo de Castellón*, 2 de diciembre de 1920.

cuarta en la Jefatura de Obras Públicas, que le proporcionaban un jornal de 2.000 pesetas anuales,[489] dándole cierta solidez económica, como demuestran sus escapadas de verano al balneario de Fuente d'en Segures de Benassal y la posibilidad de llevar adelante una familia con seis hijos: Fausto, Antonio, Enriqueta, Ramiro, Alfonso y Carlos.

Son continuas las menciones en el diario a sus convalecencias por motivos de salud, concretamente sus estancias en el Sanatorio de Porta-Celi. El menor de los cinco hermanos siempre tuvo una salud delicada, pero una de tantas noticias de sus retiros para sanar sus dolencias, la que reflejaba el diario en los primeros meses de 1921, no parecía ser un contratiempo de salud más. Fausto Castelló y Tárrega, como sus otros dos hermanos, Ramiro y Carlos, buscó tener cerca a José. Como relata el *Heraldo de Castellón*, este no pudo hacer más que complacer el deseo final de su hermano, un gesto que vuelve a iluminar a nuestro personaje y a reforzar la idea de un José Castelló y Tárrega referente familiar que, esta vez, veía morir al pequeño de sus hermanos, el único que le quedaba con vida.[490]

El 5 de marzo de 1921, a los 40 años de edad, moría Fausto, ahijado de José Castelló y Tárrega, un hermano más al que también trató como a un hijo,[491] más si cabe, por la diferencia de 16 años que había entre los dos y el cuidado que tuvo en su progresión profesional, lo que Fausto supo agradecer hasta en sus últimos momentos. El entierro fue una importante muestra de duelo, según describe el *Heraldo de Castellón*. Su cadáver se depositó contiguo al nicho de

---

489. «Castellón al dia», *Heraldo de Castellón*, 2 de mayo de 1916.
490. «Ecos de Sociedad. Fausto Castelló», *Heraldo de Castellón*, 1 de marzo de 1921.
491. «… todos han sido hijos más que hermanos suyos». «Fausto Castelló», *Heraldo de Castellón*, 5 de marzo de 1921.

su madre por los antiguos trabajadores que despedían a su jefe y compañero.[492]

Fausto ya no podría cubrir el asesinato de Dato sucedido diez días después de su muerte,[493] ni compartir redacción con sus hijos,[494] o ver los éxitos que esperaban a su admirado hermano, ni tampoco vivir la censura del Directorio Militar al que poco faltaba por llegar. *Temprano levantó la muerte el vuelo* (Hernández 1997, 167-169), para otro miembro de los Castelló y Tárrega. José se quedaba solo, sin sus hermanos protegidos y protectores; la redacción se abría a una nueva era en el aspecto personal, *la vieja guardia* de la Restauración había desaparecido y con ellos también lo haría el *Heraldo de Castellón* de esa etapa histórica. Murieron piezas importantes de los Castelló y Tárrega, aquellos que con su fidelidad al proyecto y a la persona de José Castelló y Tárrega ayudaron a engrandecer los apellidos y crear lo que se conocería ahora como una marca. Mientras el *clan* no quedara descabezado, la hoja de ruta del *Heraldo de Castellón* seguiría hacia adelante. José Castelló y Tárrega contaba ahora con hijos y sobrinos que mantenían los apellidos de la familia y con trabajadores fieles que hicieron funcionar las rotativas para que cada día saliera el *Heraldo de Castellón* a la calle.

Entre los familiares de nuestro personaje, añadimos también a Melquiades Arroyo, el hermano de su esposa Fidela al que, años atrás, José acompañó a la academia militar para seguir los pasos de su padre. En 1914 se trasladaba a Melilla con su esposa e hijas,

---

492. «Fausto Castelló», *Heraldo de Castellón*, 7 de marzo de 1921.

493. «Lo del día. Asesinato del jefe del Gobierno señor Dato», *Heraldo de Castellón*, 9 de marzo de 1921.

494. Joaquín Castelló, hijo de Fausto, en 1923 fue administrador y redactor del *Heraldo de Castellón*, y firmaba sus artículos como «Joa-Quinito». *Heraldo de Castellón*, 7 de julio de 1923.

como ayudante de plaza en Alhucemas.[495] Como veremos en el capítulo siguiente, jugaría un papel importante para la familia de José Castelló y Tárrega durante la guerra civil.

2. La Gran Guerra y la evolución de Castelló de la Plana según José Castelló y Tárrega

La anterior introducción a los acontecimientos familiares nos sirve para acercarnos más a nuestro personaje desde un lugar más íntimo, aunque también nos puede ayudar a entender la evolución de su trayectoria y el reflejo que sobre ella quedó en el *Heraldo de Castellón*. En esta etapa que ahora analizamos, los acontecimientos internacionales, nacionales y por supuesto locales quedaron reflejados en el rotativo, como no podía ser de otro modo. Empezamos con uno de los que más trascendencia tuvo: la conocida como Gran Guerra, después Primera Guerra Mundial.

Frente al conflicto europeo que nacía en 1914, España se encontraba en una difícil situación política. El presidente conservador Antonio Maura hizo célebre su frase que reafirmaba una neutralidad necesaria para el país: «Ni podía, ni quería, ni debía ir a la guerra». La no intervención española no evitaría que intelectuales, políticos y por extensión la prensa, se decantaran por uno de los bloques enfrentados, el de los no germanófilos o partidarios de los países aliados (Barreiro 2014).

---

495. «Castellón. Noticias Varias», *Heraldo de Castellón*, 28 de septiembre de 1914. En noviembre de 1927, su destino profesional le traería de nuevo a Castelló de la Plana. «El Capitán Arroyo», *Heraldo de Castellón*, 28 de noviembre de 1927. En 1931, instaurada la II República y ya retirado, le sería entregada la Cruz de San Hermenegildo: «Ecos Sociedad. El Capitán Arroyo», *Heraldo de Castellón*, 27 de noviembre de 1931.

El *Heraldo de Castellón* publicaba la primera noticia de la guerra –todavía como conflicto austro-serbio–, el 27 de julio de 1914, un día después de la fecha oficial del arranque del conflicto. Se sucedieron las portadas con artículos extensos y grabados de Pedro I rey de Serbia, del emperador Francisco José y del zar Nicolás de Rusia. La técnica del fotograbado ayudó a imprimir texto y grabados simultáneamente.[496]

Mientras en el campo de batalla las cantidades de bajas eran de un volumen ingente, la vida social y el ocio transcurría con total normalidad en Castelló de la Plana. José Castelló y Tárrega tuvo que volver de su estancia en Benassal por la importancia de los sucesos,[497] aunque continuaron las crónicas de fiestas y veladas de las personalidades que ocupaban estos espacios de retiro con total frivolidad.[498] El *Heraldo de Castellón* vería con la misma complacencia que se celebraran corridas de toros para presenciar a los dos personajes del momento como eran Joselito y Belmonte, mientras Europa seguía en guerra: «… ante las proezas de Belmonte y El Gallo, el conflicto internacional nos tiene sin cuidado…».[499] Crítico con la indiferencia social y mostrando una vez más su desidia hacia los toros, por ser contrario a su ideal de progreso y cultura, ironizaba con que nada pasaba en el mundo si toreaban estos dos iconos sociales.

Las ventas de periódicos aumentaron debido al conflicto. La redacción del *Heraldo de Castellón* se llenaba cada día de curiosos

---

496. «Lo del día. El conflicto austro-serbio», *Heraldo de Castellón*, 27 y 28 de julio de 1914. También en «La conflagración europea», *Heraldo de Castellón*, 1 de agosto de 1914.

497. «… las presentes noticias le han hecho volver a Castellón», «Castellón. Noticias Varias», *Heraldo de Castellón*, 10 de agosto de 1914.

498. «El continente europeo en guerra», *Heraldo de Castellón*, 5 de agosto de 1914.

499. «Castellón. Noticias Varias», *Heraldo de Castellón*, 29 de julio de 1914.

ávidos de información.[500] Una vez más, la guerra se convertía en un buen negocio, aunque esta vez, el incremento del coste del papel, debido al propio conflicto, no compensaría los beneficios. En el verano de 1914 el número suelto costaba 5 céntimos en casi todos los diarios nacionales, pero el precio del papel llegó a multiplicarse por 3,5 en este periodo (Barreiro 2014).[501] La guerra pasó de ser un acontecimiento lejano reflejado en la prensa, a afectar de lleno a la economía nacional y, por ende, a la provincial, como indicaba también la escasez de pan en las tahonas de la capital de la Plana.[502]

José Castelló y Tárrega describía el inicio de la guerra sin mostrar posicionamiento alguno por ninguno de los bloques de contendientes, aunque en el transcurso de la guerra se mostraría contrario a la Triple Alianza:

Ya hemos visto lo que hace Alemania, atropellando a todo el mundo sea beligerante o neutral. La fuerza es la ley, según sus doctrinas, pero los aliados no están conformes, como lo demuestran peleando juntos en defensa de los derechos de los débiles y de las naciones pequeñas.[503]

Junto a estos editoriales, anunciaba la creación de una Liga Antigermanófila en el Centro Republicano,[504] una tendencia común entre facciones que abarcaban a reformistas, liberales y repu-

---

500. «Castellón. Noticias Varias», *Heraldo de Castellón*, 1 de agosto de 1914.

501. Cristina Barreiro Gordillo, «España y la gran guerra a través de la prensa», p. 163. También: «La crisis del papel», *Heraldo de Castellón*, 15 de mayo de 1917.

502. «Castellón ante el Conflicto Europeo», *Heraldo de Castellón*, 11 de agosto de 1914. El problema del pan en «Castellón ante el Conflicto Europeo», *Heraldo de Castellón*, 22 de agosto de 1914.

503. «Ecos de la opinión. ¡Libertad!», *Heraldo de Castellón*, 14 de agosto de 1916.

504. «Liga Antigermanófila», *Heraldo de Castellón*, 14 de mayo de 1917.

blicanos, los cuales, defendían sistemas democráticos y estructuras anacrónicas que se asociaban con las monarquías (Barreiro 2014).

El *Heraldo de Castellón* se adhirió al bloque periodístico que defendía la neutralidad de España en la guerra y así lo hicieron saber en el número del día 8 de junio: «ABC ha llegado hoy a nuestra capital, registra hoy la adhesión del Heraldo de Castellón al bloque periodístico de la neutralidad de España en el presente horrible conflicto europeo».[505] En verdad seguían los dictados del Gobierno. Como recuerda Cristina Barreiro, «por Real Orden del 4 de agosto se impuso a los periódicos la obligación de no atacar a los contendientes con el fin de asegurar la neutralidad proclamada por España» (Barreiro 2014). Este bloque fue defendido por intelectuales y periodistas como Ortega y Gasset o Luis Araquistaín, entre otros, que trataron de distanciarse del intelectualismo noventayochista estigmatizado por el desastre de la guerra de Cuba y Filipinas y en el que la prensa no dejó la mejor imagen posible (Martínez 1973). Y no estuvo exento de críticas, de él se dijo que recibía aportaciones económicas de los países beligerantes, necesitados de buena prensa o su silencio (Barreiro 2014).

El diario fue dando cuenta de los acontecimientos bélicos con la información que transmitían a todos los grandes medios las diferentes embajadas implicadas en el conflicto (Sánchez 1993), pero estas noticias iban perdiendo espacio progresivamente dentro del *Heraldo de Castellón* en pos de la crisis social y económica que la guerra produjo en la provincia. La emergente sociedad de masas, de sindicatos y partidos políticos que se inician en el final del siglo xix y se traslada a principios del xx (Casanova 2011), conllevaba una mejor organización de toda esta mano de obra y el refuerzo de las organizaciones obreras (Hobsbawm 2011). Castelló de la Plana vivió el ascenso de las luchas obreras entre los años 1912

---

505. «Castellón. Noticias Varias», *Heraldo de Castellón*, 8 de julio de 1915.

y 1914, contagiado por los movimientos sociales que se estaban produciendo en Europa que conllevaban una mayor concienciación de clase, a lo que se unió la dificultad y posterior imposibilidad de la venta de cítricos a consecuencia, principalmente, de la I Guerra Mundial.[506] El declive total para la economía castellonense vino después de que en febrero de 1917 los imperios centrales decretaron el bloqueo de las costas aliadas y de los puertos del Mediterráneo, la naranja exportada pasaría a ser la mitad que en 1914 (Garrido 1986). Las manifestaciones obreras se sucedían, pidiendo mejoras laborales,[507] sogueros,[508] obreros, marineros a los que se unieron los naranjeros en solidaridad;[509] también en Borriana las movilizaciones fueron intensas y en los días 16 y 17 de febrero de 1917 se organizó una de las manifestaciones más multitudinarias, con 10.000 personas al grito de «Pan, trabajo y barcos» (Monlleó 1998a). Ante todas estas reivindicaciones José Castelló y Tárrega se limitó a informar, en ningún momento suscribiría las demandas de los trabajadores, ni defendería las acciones de protesta que llevaron a cabo.[510] La falta de trabajo y la situación crítica de los obreros propició una

---

506. «El problema naranjero», *Heraldo de Castellón*, 5 de octubre de 1914. También en «El conflicto naranjero», *Heraldo de Castellón*, 19 de octubre de 1914.

507. «Castellón. Noticias Varias», *Heraldo de Castellón*, 30 y 31 de octubre de 1914.

508. «Sobre la huelga de ayer», *Heraldo de Castellón*, 15 de septiembre de 1915.

509. «La huelga marítima», *Heraldo de Castellón*, 13, 14, 24 y 28 de diciembre de 1915. Los naranjeros se solidarizaron en las protestas de los marineros y secundaron su movilización: «Obreros naranjeros», *Heraldo de Castellón*, 3 de enero de 1916.

510. «La crisis obrera de Castellón. La manifestación de hoy», *Heraldo de Castellón*, 11 de febrero de 1915. También «La crisis obrera. La asamblea de anoche», *Heraldo de Castellón*, 13 de febrero de 1915 y «Ha sido un acto sin precedentes», «La crisis económica de Castellón. La manifestación de hoy», *Heraldo de Castellón*, 18 de febrero de 1915.

emigración masiva en busca de empleo a otros países, en su mayoría al continente americano. Más de 30.000 habitantes de la provincia de Castelló emigraron entre 1914 y 1918.[511] Frente a la situación de pobreza de esos sectores de la sociedad, Castelló y Tárrega se implicó desde la Asociación de Caridad Castellonense de la que formaba parte como secretario,[512] y la potenció desde el *Heraldo de Castellón* con la intención también de seguir denunciando la mendicidad: «La Asociación Castellonense de Caridad es deficitaria, la gente no participa, prefieren dar limosna al mendigo profesional».[513]

En 1918 no se celebraron las fiestas por la Libertad (Archilés, Martí, García y Andreu 2011). Desde el gobierno se pedía prudencia en cada acto para no entorpecer el tratado de paz,[514] de una guerra que volvía a copar todas las portadas del *Heraldo de Castellón*.[515] Llegó el día esperado, un telefonema de la Agencia Mencheta trasladaba la noticia a la redacción y hacía que en la sección de «Última Hora» se incluyera una breve noticia que anunciaba el fin de la contienda.[516] Al día siguiente fue un imponente titular, apoyado por un extenso artículo, el que anunciaba que la capital de la Plana se sumaba a la paz.[517]

---

511. «Ecos de la Opinión. La emigración», *Heraldo de Castellón*, 9 de febrero de 1917. En el mismo diario: «La crisis de La Plana. El ayuntamiento de Castellón».

512. «Castellón al día», *Heraldo de Castellón*, 7 de febrero de 1916.

513. «Sobre la Asociación Castellonense de Caridad», *Heraldo de Castellón*, 17 de julio de 1917.

514. «Se levanta la censura», *Heraldo de Castellón*, 17 de octubre de 1918.

515. «Contestación alemana a Wilson», *Heraldo de Castellón*, 14 de octubre de 1918. También en «Se malogra la paz», *Heraldo de Castellón*, 15 de octubre de 1918.

516. «Cesan las hostilidades», *Heraldo de Castellón*, 17 de octubre de 1918.

517. «Castellón a la paz», *Heraldo de Castellón*, 17 de octubre de 1918. Y en el mismo diario: «¡Viva la Paz!».

Aunque en Europa la guerra tocaba a su fin, en la provincia de la Plana la crisis económica seguía afectando a todos los sectores y, por supuesto, perjudicó igualmente a los Castelló y Tárrega. El efecto dominó de las reivindicaciones de los distintos sectores obreros también llegó a los tipógrafos. Los trabajadores de los diferentes periódicos de la ciudad se unieron en las demandas de reducción de la jornada de ocho horas, la subida salarial y el derecho a días libres.[518] A finales de 1919 llegó la huelga que puso en jaque el diario, las tiradas salían a la calle gracias al trabajo de los sobrinos y los hijos de José Castelló y Tárrega que, a duras penas, hacían la función de los trabajadores de la imprenta. «¿Que cómo se hace el Heraldo? –se preguntan muchos– los hijos de Fausto, el pequeño de Carlos Castelló y Tárrega, el mayor del director del Heraldo, un avispado pequeño aprendiz y un hermano de la criada Pepita, mecanografía las cuartillas».[519] Sobre esta imagen lastimosa que ponía la salvación del diario en las manos de los niños de la familia, *La Provincia Nueva* ofrecía una versión diferente, señalaba al director del *Heraldo de Castellón* como el enemigo de los obreros por tener a los tipógrafos de la imprenta trabajando en el periodo de huelga.[520]

Mientras, José Castelló y Tárrega, sin posicionarse en contra de los trabajadores, alertaba a sus lectores de la posibilidad de que el *Heraldo de Castellón* dejara de salir a la calle si continuaban las tensiones entre la empresa y los obreros de la imprenta. Sus demandas incidirían en el precio de las suscripciones y en el de los anuncios, según apuntaba el diario, en lo que parece una sutil estrategia de chantaje emocional para revertir la culpa de este contratiempo a la solicitud obrera:

---

518. «Castellón al día», *Heraldo de Castellón*, 20 de febrero de 1919.
519. «Castellón al día», *Heraldo de Castellón*, 16 de diciembre de 1919.
520. «Los amigos del pueblo», *La Provincia Nueva*, 10 de marzo de 1919.

[...] el aumento de las 3 pesetas diarias –y será preciso reconocer que es justo– en todos los jornales, coloca a la prensa en la disyuntiva de aceptado desde luego, para morir enseguida empeñada y desacreditada o desaparecer al próximo vencimiento del plazo dado para aceptar o rechazar las recientes reclamaciones [...].[521]

Ese año de 1920 no se pudo celebrar el 25 aniversario del rotativo y no se sacaron ediciones especiales para conmemorarlo, de lo cual estamos seguros que hubieran aportado mucha información de la historia del *Heraldo de Castellón*.[522]

Los problemas del periódico no solo tenían que ver con las demandas obreras. Desde el final de la I Guerra Mundial, la subida del precio del papel había creado una situación insostenible para la prensa en general, lo que llevó a un incremento generalizado de los precios de los periódicos que llegaron a los 10 céntimos (Seoane y Saiz 1983). En 1917 Castelló y Tárrega ya viajó a Madrid para buscar soluciones al precio del papel.[523] Y a partir de entonces los problemas se sucedían. Por ejemplo, en 1919, la publicación del listado de los números premiados en la lotería no pudo ser impresa por falta de personal.[524] En julio de 1920 se produjo otra subida de precios:

El Heraldo de Castellón vuelve a subir los precios desde el 1 de julio con arreglo a la Real orden dos pesetas al mes y 6 al trimestre.

---

521. «¿Castellón sin prensa?», *Heraldo de Castellón*, 21 de noviembre de 1920. También en «La publicidad en el Heraldo de Castellón», *Heraldo de Castellón*, 29 de diciembre de 1920.
522. «Castellón al día», *Heraldo de Castellón*, 31 de diciembre de 1919.
523. «Castellón al día», *Heraldo de Castellón*, 11 de mayo de 1917.
524. «Castellón al día», *Heraldo de Castellón*, 22 de diciembre de 1919.

Desde mañana el Heraldo dejará de servir la revista madrileña Mundo Gráfico y la de Barcelona El Hogar y Moda.[525]

Esto explica que el periódico en esta etapa no se mostrara condescendiente con los intereses de los obreros, los días previos al 1.º de Mayo, por ejemplo, no se llenó el diario de artículos en referencia a la celebración obrera como sucedía en la etapa en la que José Castelló y Tárrega iba «de la mano» de Gasset en las elecciones, aunque también se puede explicar porque ese año los trabajadores del diario ya tuvieron la oportunidad de hacer fiesta por haberse firmado el nuevo convenio y por ello el *Heraldo* no se imprimió en este festivo.[526] Por si todo lo anterior no fuera suficiente para la provincia, una terrible epidemia derramó enfermedad y muerte sobre la ya agotada población. En los primeros días de junio de 1918, cuando aún se notaban los últimos coletazos de la Gran Guerra, aparecieron las primeras noticias en el *Heraldo de Castellón* de una gripe que parecía controlada, a razón de la información que aparecía en la prensa. «La epidemia reinante sigue su curso en la capital con tendencia a desaparecer», publicaban en el número del día 8 de junio (Calvo 2015). Pero en verdad la situación fue empeorando y la llamada epidemia de la «Cucaracha»,[527] hizo que se suspendieran las fiestas de julio de ese mismo año (Ortiz 2018). En septiembre la situación ya era de alarma total,[528] el diario se vio en la responsabilidad de recomendar medidas contra posibles contagios entre las que se encontraban no visitar a enfermos ni asistir a velatorios de difun-

---

525. «Castellón al día», *Heraldo de Castellón*, 30 de julio de 1920.
526. «Castellón al día», *Heraldo de Castellón*, 30 de abril de 1920.
527. Véase la sección «Castellón al día», en el *Heraldo de Castellón* de los días 14 de junio y 6 de julio de 1918.
528. «La gripe española», *Heraldo de Castellón*, 25 de septiembre de 1918.

tos.[529] A diario se publicaban los listados de decesos y los nuevos contagios en los distintos pueblos de la provincia. El *Heraldo de Castellón* se convirtió en una plataforma de información que, como en tantos otros ámbitos de la historia castellonense, nos ayuda a completar el conocimiento que tenemos de los diferentes sucesos históricos de finales del siglo XIX y principios del siglo XX.[530] En lo que respecta a la familia de José Castelló y Tárrega y su círculo cercano, al parecer no hubo ningún contagiado ni fallecido por la gripe, aunque podría ser que se ocultara esa información por el estigma social que podía suponer el contagio en una pandemia.[531]

La conocida frase «Las desgracias nunca vienen solas» se hizo realidad una vez más en la ciudad de Castelló de la Plana. En el momento en que la guerra tocaba a su fin y la pandemia se mostraba con menos dureza, los castellonenses volvían a la normalidad y a las distracciones, entre ellas el cine. Fue en una de estas salas de ocio, la del Cine de la Paz, donde ocurrió una de las mayores catástrofes que vivió la ciudad. El *Heraldo de Castellón* testimonió la muerte de 21 niños y un soldado que trató de ayudar a deshacer el tapón que se produjo tras un aviso de que había fuego en la zona alta del cine, mientras se pasaba la película *Los huérfanos de Nuestra Señora*, un título que acompañará siempre al triste suceso que pasaría a formar parte de la historia de la ciudad. El diario relató la macabra escena al detalle y las posteriores muestras de duelo en el entierro, con

---

529. «La gripe en Castellón», *Heraldo de Castellón*, 25 de septiembre de 1918. También en «La gripe en Castellón. Aumentan las defunciones», *Heraldo de Castellón*, 28 de septiembre de 1918.

530. Solo el 7 de octubre morían cinco personas en Castelló de la Plana a causa de la gripe. «La gripe en Castellón», *Heraldo de Castellón*, 8 de octubre de 1918.

531. La gripe y el fin de la I Guerra Mundial compartieron editoriales en el mes de octubre de 1918. «La gripe. Cómo se puede atenuar la propagación», *Heraldo de Castellón*, 14 de octubre de 1918.

refuerzo fotográfico. Los jugadores de dos de los equipos de futbol de la ciudad, El Obelisco y el Sport Club, se encargaron de portar los féretros en un cortejo fúnebre de terrible impacto para la ciudad de Castelló de la Plana.[532] El *Heraldo*, que no ahorró como hemos dicho ningún detalle de la tragedia, también se hizo eco de la carta enviada por Alfonso XIII en la que mostraba sus protocolarias condolencias a las familias, lo que demuestra la repercusión nacional que tuvieron estas muertes.[533]

Al año siguiente, José Castelló y Tárrega retomaba su interés por la ciudad de Castelló y su vida cultural. En el verano participaba activamente en las celebraciones de julio como había hecho otras tantas veces,[534] para que la ciudad estuviera a la altura de una capital de provincia, y así demostrar que no se quedaba atrás frente a otras en la carrera del progreso y el regeneracionismo (Archilés, Martí, García y Andreu 2011). También, como era habitual en él, siguió denunciando lo que consideraba «prácticas incívicas» de los ciudadanos,[535] como el «enorme tránsito de camiones, autos y motos con el que el progreso atormenta la vecindad de la capital de la Plana»,[536] también la dejadez del entorno urbano o el estado de las calles, entre otros problemas que sufría la población (Calvo 2015). El paso de los años no aminoró en él la necesidad de poner el foco en todo aquello que reflejaba atraso. En su diario dedicó secciones exclusivas para la denuncia de esas cuestiones como las tituladas

---

532. «La catástrofe de ayer en El Cine La Paz», *Heraldo de Castellón*, 18 de noviembre de 1918.

533. En portada: «Más de la catástrofe del Cine de La Paz», *Heraldo de Castellón*, 19 de noviembre de 1918.

534. «Ecos de la opinión. Las fiestas. Sr. don José Castelló y Tárrega», *Heraldo de Castellón*, 7 de julio de 1913.

535. «Castellón por dentro», *Heraldo de Castellón*, 30 de enero de 1919.

536. «Castellón por dentro», *Heraldo de Castellón*, 22 de julio 1921.

«Por... esas calles» y «Castellón por dentro».[537] Todas las cruzadas higiénicas y cívicas que abanderaron le llevaron a autodenominarse «un regenerador de costumbres».

También mostró en esta etapa un interés especial en el aspecto urbanístico de la ciudad. En 1914 el arquitecto José Gimeno Almela había redactado el primer Plan de Ensanche de la ciudad (Peñín, Grande y Varela 1989), un nuevo concepto urbanístico que resultaba muy acorde con la idea que tenía nuestro personaje de lo que debía ser una ciudad del siglo XX: había que «[a]decentar una ciudad que aun piensa como pueblo».[538] Desde el *Heraldo* se creyó en este plan urbanístico, en la necesidad de descongestionar el caos del centro urbano,[539] mediante ensanches que se abrieran hacia la periferia,[540] integrando en esta remodelación de los espacios, arbolado y jardines que facilitarían un crecimiento equilibrado y verde, acorde a la tendencia en boga de lo que se llamó Ciudad Jardín:

[...] que Castellón se convierta en una Ciudad Jardín dotar de servicios andenes o alcantarillado a las zonas del paseo Morella y Gran Vía y allí se viva de invierno igual que en verano comunicación entre el antiguo Castillo la nueva Ciudad Jardín evitaría tantos robos de pandillas y rateros. [541]

537. «Interior. Por... esas calles», *Heraldo de Castellón*, 16 de noviembre de 1914; «Por... esas calles»; *Heraldo de Castellón*, 15 de marzo de 1919; «Castellón por dentro», *Heraldo de Castellón*, 22 de julio de 1922.

538. «Castellón por dentro», *Heraldo de Castellón*, 29 de julio de 1919. También en «Por la ciudad Jardín que sueña el director del Heraldo», *Heraldo de Castellón*, 21 de septiembre de 1922.

539. «Castellón. Ciudad Jardín», *Heraldo de Castellón*, 20 de julio de 1921.

540. «El ensanche de Castellón», *Heraldo de Castellón*, 24 de septiembre de 1914.

541. «Por y para Castellón», *Heraldo de Castellón*, 15 de febrero de 1919.

El interés de José Castelló y Tárrega en la Ciudad Jardín coincide con una corriente de higienistas encabezada por el arquitecto inglés, Ebenezer Howard, nombre que se asocia con este nuevo concepto urbanístico (Calvo 2015). Resulta significativo que las primeras noticias que aparecen en el diario sobre este tema son coincidentes con la finalización de Villa Fidela. A partir de entonces fueron constantes los editoriales en referencia a la necesidad de un cambio de concepto en el urbanismo para Castelló de la Plana, la posibilidad de construir nuevas viviendas en un entorno verde, fuera del caótico centro urbano del nuevo siglo XX, eso sí, al que no todos podrían tener acceso, solo una burguesía elitista que necesitaba nuevos y diferentes espacios, acondicionados con alcantarillado y luz eléctrica, sería la residente.

3. Elecciones y el papel que desempeñó en ellas José Castelló y Tárrega como periodista y político (1913-1923)

En la etapa política que se abrió tras la muerte de José Canalejas, Castelló y Tárrega trabajó desde el *Heraldo de Castellón* para reforzar la imagen del político borrianense Vicente Cantós, podríamos decir, con un notable éxito. Como veremos, el tesón y la paciencia tuvieron su recompensa en los últimos años de la Restauración, cuando nuestro biografiado, ya en la madurez de su vida, vio como tantos sinsabores políticos se tornaron en un breve éxito profesional.

Como hemos hecho en el capítulo anterior, el análisis de los comicios electorales en ese período nos permitirá conocer, *grosso modo*, no solo los resultados electorales, sino también –y lo que más nos interesa– qué papel jugó José Castelló y Tárrega en los diferentes pactos y estrategias electorales, dentro de un periodo de vital importancia para nuestro personaje. Comenzamos con las elecciones municipales de noviembre de 1913.

En los primeros meses de 1912, Castelló y Tárrega se encontraba desilusionado en su puesto de delegado regio de Enseñanza por las numerosas críticas vertidas contra él, una situación anímica que se agravó a final de ese año con el duro golpe del asesinato de Canalejas y la incertidumbre de su futuro ya sin su protección.

De todos modos, decidió mantenerse en política y buscó la posibilidad de conseguir una plaza como diputado, esa política de la que meses antes decía estar cansado, como se encargaban de recordarle los colegas de *La Provincia*: «Parece ser que el invariable Pepe Castelló aspira a la concejalía y no fiando demasiado en la gratitud que puedan guardarle sus canonistas bombardeados...».[542] Pese a todo, Vicente Cantós no contó con él para las elecciones municipales de noviembre de 1913. Castelló y Tárrega volvía a quedar relegado a un segundo plano y, sin embargo, continuó trabajando para el éxito electoral de Cantós y el mantenimiento de la entente con los de Gasset, líder al que se exaltaba desde el *Heraldo de Castellón* como si se tratara de un correligionario liberal más. «Es el Sr. Gasset –publicaban en el número del 29 de octubre– un hombre realmente extraordinario. Extraordinario por su talento, extraordinario por su sagacidad y perspicacia, extraordinario por su perseverancia en el trabajo...».[543]

En esas elecciones el partido republicano obtuvo 10 concejales y 2 el partido conservador. De la facción canalejista de Cantós, salieron Joaquín Rambla y Vicente Ferrer. El conservador Rafael Gasset, hermano de Fernando Gasset Lacasaña, tomaría posesión

---

542. «Crónica electoral en Castellón», *La Provincia*, 3 de noviembre de 1913.

543 «Homenaje a Don Fernando Gasset», *Heraldo de Castellón*, 29 de octubre de 1913. La cita en «Ecos de la Opinión», *Heraldo de Castellón*, 25 de noviembre de 1913.

del cargo de alcalde por real decreto en enero de 1914 (Reguillo 2001).

La situación fue similar en los siguientes comicios celebrados el 8 de marzo de 1914. Bajo la presidencia de Eduardo Dato se abrió una brecha en las filas conservadoras, diferencias que también existían entre los carlistas, con las posiciones irreconciliables entre jaimistas y los de Giner (Llansola 2006a). Los liberales demócratas, tras la pérdida de Canalejas, siguieron al conde Romanones, frente a la otra corriente que representaba García Prieto, todavía con poca fuerza en la provincia. Ambos políticos heredaron las diferencias dentro del partido liberal; por un lado, Romanones más cercano a la política de Moret y, por otro, García Prieto heredero de la línea de Montero Ríos y Canalejas (Martínez 1973). Solo los republicanos de la provincia con Emilio Santa Cruz al frente –y con el beneplácito de Fernando Gasset Lacasaña–, transmitían la sensación de unidad de cara a los comicios (Reguillo 2001).

La campaña electoral se vivió sin altercados destacables, pero no faltó el habitual intercambio de acusaciones entre *La Provincia* y el *Heraldo de Castellón*. Tras conocer los resultados electorales, José Castelló y Tárrega exaltó el triunfo de Vicente Cantós por Llucena al que dedicó toda una portada al día siguiente de los comicios, no por ello sin obviar el incontestable triunfo republicano en Castelló de la Plana. Saiz de Carlos –suegro de Vicente Cantós–, candidato por Vinaròs, también gozó de las simpatías del *Heraldo de Castellón* y protagonizó una de las portadas ya pasadas las elecciones, un detalle que ejemplifica la buena sintonía que había con los candidatos canalejistas en la provincia, aunque Castelló y Tárrega siguiera quedando fuera de todo cargo político y lucha electoral.[544]

---

544. «Las elecciones de ayer en España. El ruidoso triunfo de los liberales de la Provincia de Castellón», *Heraldo de Castellón*, 9 de marzo de 1914. Otros artículos sobre Vicente Cantós: «Cantós en Lucena», *Heraldo de Castellón*, 29 de enero

En el aspecto personal de José Castelló y Tárrega, estas elecciones se enmarcan en el periodo en que Ramiro vivió la última parte de la enfermedad que terminó con su vida.

Las elecciones municipales del 14 de noviembre de 1915 marcaron la distancia entre José Castelló y Tárrega y Cristóbal Aicart. El Partido Liberal, bajo la dirección de Aicart, creó unas listas en las que aparecían nombres relevantes en la sociedad castellonense como el comerciante Juan Peris Masip, Francisco Rambla, propietario y concejal del Ayuntamiento de Castelló de la Plana, José Renau Viciano y el periodista y abogado Francisco García Pérez.[545] José Castelló y Tárrega no aparecía en los planes políticos del Partido Liberal que en estas elecciones rompía antiguas alianzas con los republicanos (Reguillo 2001). El *Heraldo de Castellón* aprovechó esta campaña para convertirse en plataforma propagandística de los de Gasset. La relación de José Castelló y Tárrega con el alcorino Aicart se enfrió hasta el punto de delegar en Fausto la asistencia a actos de partido para cubrir las noticias de la campaña electoral del Partido Liberal.[546] Los resultados fueron de nuevo favorables al partido republicano que subió dos concejales con respecto a los anteriores comicios y se colocaba en el cabildo municipal de la ciudad de la Plana con 19, es decir, el 70 % de la corporación municipal, que estaba compuesta además por otros 5 concejales liberales y 3 conservadores. La alcaldía recayó en el liberal Juan Peris Masip, que tomaría posesión de su cargo en enero de 1916.[547]

---

de 1914; en portada: «Contestando a la Época. La cuestión electoral», *Heraldo de Castellón*, 4 de febrero de 1914. La foto en la portada del candidato Saiz de Carlos en el número de 11 de marzo de 1914 acompañando al artículo titulado «Castellón. Noticias Varias».

545. En portada: «Los candidatos de Partido Liberal», *Heraldo de Castellón*, 11 de noviembre de 1915.

546. «Castellón al día», *Heraldo de Castellón*, 22 de noviembre de 1915.

547. Más información sobre los resultados electorales, en «El escrutinio general», *Heraldo de Castellón*, 18 de noviembre de 1915.

Tras la renuncia a la presidencia de Eduardo Dato, el rey encargó a Romanones la formación de un nuevo Gobierno en los primeros meses de 1916. El conde convocó elecciones para el 9 de abril de 1916 (Reguillo 2001), un proceso electoral que coincidió con la I Guerra Mundial y consecuentemente con una situación económica nacional adversa (Alós y Castellet 1998). En esta nueva cita electoral, una vez más el *Heraldo de Castellón* se puso al servicio de Vicente Cantós.

Un mes antes de la fecha fijada para asistir a las urnas, el periódico de nuestro protagonista ya exhibía propaganda electoral a su favor como candidato por el distrito de Llucena en el que consiguió ganar una vez más (Giménez 2019). En la lucha electoral por el distrito de Nules, volvía a presentarse el barón de Llaurí, acompañado por Benjamín González, antiguo alcalde de Borriana y uno de los impulsores de la carrera política de José Castelló y Tárrega. Las elecciones estuvieron marcadas por la polémica en el recuento de votos (Alós y Castellet 1998). Por su parte, Saiz de Carlos también consiguió triunfar de nuevo en Vinaròs (Alós y Castellet 1998), como apuntó, exhibiendo auténtica devoción, el diario de Castelló y Tárrega que pocos días después emplearía toda la fuerza del rotativo en describir la penosa situación naranjera y las históricas manifestaciones de Borriana.[548]

Al año siguiente le llegaba por fin el turno a nuestro biografiado. José Castelló y Tárrega se presentó como candidato en las elecciones a la Diputación Provincial de Castelló del 11 de marzo de 1917, y consiguió el acta por el distrito de Vinaròs-Sant Mateu que mantuvo hasta 1923. Según su rotativo, había conseguido 4.352 votos; Febrer, por su parte, 4.305; Aragonés, 4.199 y Esteller 3.605. El *Heraldo de Castellón* lo comunicó en portada como un «Ruidoso y

---

548. «La huelga de Burriana», *Heraldo de Castellón*, 19 de abril de 1916.

definitivo triunfo del partido liberal».[549] Además, José Castelló y Tárrega ocupó el cargo de presidente de la Comisión Provincial desde 1919 a 1923 (Giménez 2016). Entre las iniciativas destacables de su paso por la Diputación estuvo la de crear un reglamento que controlara los contratos de los empleados de esta institución pública, para evitar así prácticas clientelares (Llansola 2017), que, como apuntábamos en los primeros compases de esta investigación, paradójicamente también la familia Castelló y Tárrega supo beneficiarse de ese tipo de «amaños», como no tardó en recordar el diario *La Provincia*: «… ahora si es que queda algún pariente sin chupar del bote en esa familia de hormiguitas laboriosas por nosotros que se lo den».[550] El cruce de editoriales maliciosos alimentaba la clientela de ambas empresas periodísticas. Tras la victoria de Castelló y Tárrega, su rival no podía quedarse de brazos cruzados, sin crear un hilo provisto de mensajes de desprestigio:

El Heraldo de anoche, ingrato y soberbioso nos acusa de haber lanzado insidias contra su director […]. El Sr. Castelló y Tárrega desde la cumbre de su olímpica grandeza cunera, nos fulmina los rayos de su desprecio, mezclados con amenazas ridículas que a nosotros no nos intimidan, pero en cambio tienen la propiedad de hacer reír a las gentes.[551]

La función de «Soldado de Partido» –como se autodenominó Castelló y Tárrega con la entrada de Vicente Cantós– dio sus frutos.

---

549. «Ruidoso y definitivo triunfo», *Heraldo de Castellón*, 12 de marzo de 1917.

550. «Contestando al Heraldo», *La Provincia*, 19 de noviembre de 1915.

551. «Crónica electoral», *La Provincia Nueva*, 10 de marzo de 1917. Tras el cierre de la redacción del diario de *La Provincia* en diciembre de 1915, se reinició la publicación, el 1 de febrero de 1916, manteniendo la misma línea editorial, pero pasó a llamarse *Provincia Nueva* hasta su cierre definitivo en diciembre de 1934.

Nuestro personaje supo esperar el momento y arrebatar el puesto a la flor y nata de la política liberal castellonense, aunque, a su «colega» *La Provincia Nueva* no le pareciera un candidato a la altura de los históricos políticos liberales.[552] La fijación de este diario por José Castelló y Tárrega se extendió por todo el periodo que duró su cargo en la Diputación. Las hostilidades entre los dos rotativos derivaron en la retirada mutua de intercambio de periódicos,[553] y en una relación de enemistad que muchas veces sobrepasó los límites del decoro profesional. En 1919, por ejemplo, publicaban: «Una frase que lo retrata, solo para él y todo para él», como una sentencia difamatoria sobre el personaje.[554]

Volvamos de nuevo a los comicios electorales para seguir analizando el papel de José Castelló y Tárrega en la política local. Las elecciones municipales del 11 de noviembre de 1917 se celebraron entre un clima social convulso. España vivió una de las primeras tensiones de una sociedad moderna e industrializada, que representaba la organización del proletariado en 1917 en todo el país (Martínez 1973). Huelgas generales, crisis y malestar social, hemos visto que marcaron la etapa con su puntual reflejo en la Plana.

El tablero electoral que presentaba la provincia en esta convocatoria electoral mostraba a los carlistas en solitario y a los datistas que se unieron a los romanonistas de Arcadio Porcar, en esta ocasión, sin contar con el beneplácito del *Heraldo de Castellón*.[555] Frente a estos, la otra facción liberal compuesta por los partidarios de García Prieto, con la que simpatizaba más José Castelló y Tárrega (Reguillo 2001). En estas elecciones, los republicanos, por su parte, crearon una alianza con el PSOE que ayudaría a que en

---

552. «Crónica electoral», *La Provincia Nueva*, 10 de marzo de 1917.

553. «¡Ese papel...!», *La Provincia Nueva*, 20 de octubre de 1919.

554. «Crónica electoral», *La Provincia Nueva*, 18 de octubre de 1919.

555. «La jornada», *El Liberal*, 1 de noviembre de 1917. «Cintarazos», *El Liberal*, 28 de noviembre de 1917.

noviembre de 1917, Fernando Gasset Lacasaña, con 45 años ya, consiguiera la tercera alcaldía democrática de Castelló de la Plana. La corporación la formaban 27 concejales, de los cuales, solo dejaron de votar dos por no estar presentes. También los conservadores dieron su voto a Fernando Gasset Lacasaña. Estas elecciones se convirtieron en históricas por esta elección, aunque Gasset pasaría el poder a José Forcada pocos meses después (Reguillo 2001). La corporación municipal se constituyó el 1 de enero de 1918 con 19 concejales republicanos, 4 liberales, 1 socialista, 1 tradicionalista y 2 conservadores (Reguillo 2001).

Al año siguiente, bajo un clima de presiones debido a todos los acontecimientos históricos que conmovían a Europa y que afectan igualmente a España, García Prieto accedió al poder y convocó elecciones para el 24 de febrero de 1918 (Bahamonde y otros 2008).

En este escenario político, el regionalismo de Unión Valenciana, representado por Ignacio Villalonga y el valencianismo, entraba en la esfera política de la provincia. Los conservadores se dividieron entre los partidarios de los tradicionalistas de Jaime Chicharro, los datistas o «idóneos» (Costa 2020), partidarios de Eduardo Dato, representados por Ramón Salvador y Tiburcio Martín, y los ciervistas, dirigidos por el entonces ministro de la Guerra La Cierva, aglutinaron a los componentes del Cossi. Los paquistas estarían representados por Francisco Giner y la facción maurista presidida por Salvador Guinot. Por parte de los liberales, Cristóbal Aicart seguía como jefe provincial y en representación de García Prieto se subdividieron las tendencias de Vicente Cantós y Navarro Reverter. En la maraña política quedaban los romanonistas, otra facción liberal que representaba –una vez más–, Arcadio Porcar. Los republicanos dejaron de lado las desavenencias internas y se agruparon en un núcleo fuerte que se tradujo en buenos resultados electorales para Emilio Santa Cruz que –como se esperaba–, ganó con solvencia. En el resto ganaron, Amós Salvador por los conservadores en Albocàsser, y los liberales Ramón Sainz de Carlos por Vinaròs, Navarro Reverter por Segorbe, el prietista Manuel Paz Montes por Nules (Reguillo 2001), y Vicente Cantós en Llucena, a este último, como era costumbre ya, el *Heraldo de Castellón* lo colmó de halagos.[556]

Un año después, en 1919, tras la rápida desunión de los liberales García Prieto y Romanones (Juliá, García, Jiménez y Fusi 2003), Maura volvía al poder, aunque tan solo por 17 días en los que disolvió las Cortes y convocó elecciones para el día 1 de junio, que nuevamente se celebrarían bajo un clima de tensión social a causa del incremento de precios propiciado por la I Guerra Mundial y la situación de conflicto en Barcelona (Juliá 1999).

En ese contexto, las facciones políticas en la provincia de Castelló seguían condicionadas, como era habitual, por numerosas subdivisiones internas, la conservadora con los mauristas, ciervistas y datistas, estos últimos en connivencia con los liberales de Vicente Cantós y Cristóbal Aicart. En las filas carlistas la escisión no era una novedad, entonces el hombre fuerte de la facción era Jaime Chicharro y, por parte de los republicanos, el final de la candidatura de Emilio Santa Cruz anunciaba la vuelta de Fernando Gasset Lacasaña (Giménez 2019).

En las elecciones de junio los resultados electorales no distaron mucho de los anteriores, dos triunfos ciervistas del barón de Cárcer por Albocàsser y Montiel por Morella, Jaime Chicharro por el partido tradicionalista ganó en Nules, los liberales con Navarro Reverter en Segorbe, Vicente Cantós en Llucena y su suegro, Carlos Saiz de Carlos, en Vinaròs. En el distrito de Castelló de la Plana, como era

---

556. En portada: «El triunfo de los liberales», *Heraldo de Castellón*, 18 de febrero de 1918. También en «Ecos electorales», *Heraldo de Castellón*, 23 de febrero de 1918.

de esperar, el triunfo sería de nuevo para el histórico republicano Fernando Gasset Lacasaña.

Aunque José Castelló y Tárrega no representaba ninguna lista, el *Heraldo de Castellón* se implicó plenamente en esta campaña electoral, tal vez en respuesta a los insultos hacia Vicente Cantós vertidos desde *La Provincia Nueva* que lo señalaba como un cacique,[557] y por las insinuaciones de amaños de votos que beneficiaron a los liberales.[558]

Los republicanos no quisieron ningún tipo de pacto con los socialistas, veían en esta facción una posible fuga de votos del obrerismo castellonense (Reguillo 2001). El partido socialista abandonó la contienda y los republicanos –una vez más– salían reforzados de unas nuevas elecciones municipales, las del 8 de febrero de 1920, en las que entraron en el consistorio 9 republicanos, 1 datista, 1 ciervista, 1 maurista, 1 liberal y 1 tradicionalista. El cuarto alcalde democrático de la ciudad de Castelló de la Plana fue José Morelló del Pozo (Reguillo 2001). Desde el *Heraldo de Castellón* poco o nada se habló de estas elecciones municipales, pues no teniendo ninguna necesidad electoral, José Castelló y Tárrega optó por dedicar sus editoriales y su esfuerzo a narrar la problemática obrera que se vivía en el momento.[559]

Esta postura cambió en las elecciones legislativas convocadas por Eduardo Dato para el 19 de diciembre de 1920, en las que Vicente Cantós sí contó con el *Heraldo de Castellón*, que sin duda le ayudó

---

557. «Crónica electoral. Alrededor del encasillado», *Heraldo de Castellón*, 14 y 16 de mayo de 1919.

558. «A nuestros amigos», *Heraldo de Castellón*, 30 de mayo de 1919. En otras publicaciones diarias se denunció la mala praxis en distritos como el de Segorbe, Vinaròs y Llucena: «Desde Vinaroz, los abusos del poder», *Heraldo de Castellón*, 2 de junio de 1919. También en «Las elecciones del escándalo. Sin decoro y sin decencia», *El Clamor*, 2 de junio de 1919.

559. «Obrera. Solución de una huelga», *Heraldo de Castellón*, 7 de febrero de 1920.

a cosechar un nuevo triunfo. A esas alturas de la Restauración, los partidos manifestaban ya un evidente hastío del sistema político. En la provincia, Fernando Gasset Lacasaña fue designado candidato por el Partido Republicano (Reguillo 2001), y por parte del PSOE iría Andrés Ovejero, en un partido que en 1919 incrementó de manera significativa su número de afiliados (Angoustures 1995).

Dato buscó los apoyos de los liberales de García Prieto y de Santiago Alba, dejando fuera a los de Romanones (Alós y Castellet 1998). Este pacto se trasladó a la provincia de Castelló. José Castelló y Tárrega se desplazó a Tarragona para entrevistarse con el datista Tiburcio Martín que ejercía en esta provincia como gobernador givil, reforzando así la entente entre ambos grupos. Por ello recibieron muchas críticas, entre ellas, las de *La Provincia Nueva*. Vicente Cantós y Navarro Reverter continuaron siendo los dos nombres referentes del Partido Liberal en la Plana, cada uno en sus demarcaciones naturales (Alós y Castellet 1998), y siempre contando con la ayuda inestimable que les prestó José Castelló y Tárrega desde su diario.[560] El director del *Heraldo de Castellón* continuaba desempeñando su cargo de diputado por Vinaròs-Sant Mateu, defendiendo su condición de político liberal, pero no por ello dejó de halagar al republicano, colega y amigo Fernando Gasset Lacasaña, recién nombrado hijo predilecto de la ciudad (Alós y Castellet 1998).

En el distrito de Segorbe se proclamó vencedor Navarro Reverter que volvió a saborear la cotidiana victoria; Saiz de Carlos y Vicente Cantós fueron elegidos también en sus respectivos feudos. *La Provincia Nueva* trató de exaltar en su portada el triunfo de los candidatos conservadores Jaime Montiel en Morella, Jaime Chicharro en el distrito de Nules y Ricardo de la Cierva en el de Albocàsser (Alós y Castellet 1998). Este era el panorama político que rodeaba a nuestro personaje mientras desempeñaba su cargo

---

560. «Castellón al día», *Heraldo de Castellón*, 22 de octubre de 1920

de diputado; mientras tanto, en lo personal vivió la pérdida de su madre.[561]

Las elecciones del 5 de febrero de 1922 fueron los últimos comicios municipales de la Restauración antes de la dictadura de Miguel Primo de Rivera. José Castelló y Tárrega intervino desde su diario solicitando una mayor competencia para los políticos, en un claro deseo de eliminar personalidades del mapa electoral en su propio beneficio, como opina el especialista en las elecciones castellonenses, Germán Reguillo. Los resultados electorales fueron de 10 republicanos, 1 liberal, 2 conservadores y 1 tradicionalista, de modo que salió elegido alcalde popular de la ciudad José Morelló del Pozo (Reguillo 2001).

También el 29 de abril de 1923 se celebraron nuevas elecciones generales. García Prieto convocó las que igualmente serían las últimas de la Restauración. Una vez más, Fernando Gasset Lacasaña –aunque con discrepancias con Emilio Santacruz– consiguió acta de diputado. En Llucena seguía sin oposición Vicente Cantós. Navarro Reverter ganó en Segorbe y Saiz de Carlos en Vinaròs. En Albocàsser y Morella se alzaron con el triunfo Ricardo de la Cierva y Luis Montiel respectivamente, que representaban al ciervismo (Reguillo 2001).

4. José Castelló y Tárrega, gobernador civil de la provincia de Toledo. Principio y final de una etapa (1922-1923)

De nuevo la problemática nacional se mezclaba con la situación personal de nuestro biografiado. En agosto de 1921 la guerra

---

561. «Doña Dolores Tárrega Fernández de Castelló», *Heraldo de Castellón*, 2 de diciembre de 1920.

de Marruecos era la preocupación del diario.[562] Nombres como el del general Aguilera y una posible moción de censura al entonces presidente Allendesalazar inyectaban energía a sus páginas (Alía 2009). En aquel verano el *Heraldo de Castellón* plegaba velas en lo que tocaba a la política local y provincial, mostrando poca actividad, como si nada importante pasara y solo preocuparan los distintos lugares de reposo de la burguesía castellonense, amén de algún acontecimiento escabroso en la sección de sucesos.

La política colonial del comandante Berenguer llevaría a España a perder la presencia militar en Melilla y el Rif, tras el desastre militar de Annual (Bahamonde y otros 2008), otro problema más que sumarle a una economía devastada tras la Gran Guerra. Aunque la vivió desde la neutralidad, aún quedaban asignaturas pendientes, como la resolución de conflictos laborales o la crisis de los reservistas en el llamado problema de Marruecos. Con todos estos ingredientes, Castelló de la Plana entraba en la escena bélica (Barrio 1997). El *Heraldo de Castellón* abría una de sus portadas con el artículo titulado «Castellón en la Guerra». De todos modos, la experiencia de la guerra de Cuba los volvió más prudentes y aunque eran conscientes de la necesidad de incluir buenos titulares para incrementar las ventas, tanto la exaltación patriótica como el belicismo serían mostrados con más comedimiento en esta ocasión.[563] El conflicto continuaba y el diario se encargaba de detallar lo que allí acontecía prestando especial atención a los soldados que partieron del cuartel de Tetuán que fueron recibidos al finalizar

---

562. En portada: «España en Marruecos», *Heraldo de Castellón*, 19 de agosto de 1921.

563. En portada: «Castellón en la Guerra», *Heraldo de Castellón*, 7 de octubre de 1921.

su intervención y exaltados desde el diario de Castelló y Tárrega, siempre cercano al Ejército.[564]

Las noticias de la guerra dieron paso en el *Heraldo de Castellón*, sin previo aviso y eclipsando cualquier acontecimiento nacional y local, al anuncio del nombramiento de José Castelló y Tárrega como gobernador civil de Toledo en el mes de diciembre de 1922.[565] En el *Boletín Oficial de la Provincia de Toledo* se publicaba su nombramiento por el presidente del Consejo de Ministros Manuel García Prieto:

> De acuerdo con Mi Consejo de Ministros. Vengo en nombrar Gobernador Civil de la provincia de Toledo a D. José Castelló Tárrega, Diputado Provincial. Dado en Palacio a once de Diciembre de mil novecientos veintidós -ALFONSO- El Presidente del Consejo de Ministros, Manuel García Prieto.[566]

Por fin nuestro personaje se veía en la cima de sus aspiraciones durante el último gobierno liberal presidido por «el débil oligarca García Prieto» (Martínez 1973). Ponía rumbo a Madrid, acompañado de su familia, para tomar posesión de su flamante cargo. Y de allí partía a Toledo para hacerlo efectivo. El *Heraldo* daba cuenta pormenorizaba de los pasos dados por su director para ocupar su nueva silla:

---

564. «La recepción del Batallón de Tetuán», *Heraldo de Castellón*, 9 de mayo de 1922.

565. En portada: «El Director de El Heraldo Gobernador Civil de Toledo», *Heraldo de Castellón*, 11 de diciembre de 1922.

566. *Gaceta de Madrid*, n.º 346. «Parte oficial», *Boletín Oficial de la Provincia de Toledo*, lunes 18 de diciembre de 1922.

[…] el sábado, en el tren de las 7:30 h, llegó a Toledo el nuevo gobernador civil de la provincia D. José Castelló Tárrega. El señor Castelló
vino acompañado de algunos parientes cercanos y amigos de Castellón
y Madrid.[567]

Desde la Plana los homenajes fueron inmediatos, el *Heraldo de
Castellón* se deshacía en halagos hacia su fundador, que fue nombrado hijo predilecto de La Vall d'Uixó por su ascensión profesional y por ser uno de los personajes más ilustres nacidos en esa
localidad.[568]

Las primeras horas de Castelló y Tárrega en la ciudad castellano-
manchega las conocemos por la prensa toledana:

Vengo dispuesto a hacer gran labor que afectará a todos los aspectos
de la vida provincial, juntamente con la condición de un hombre muy
modesto, como forjado por mí mismo, he de procurar dar siempre la
sensación de un hombre de mando, pero no de mando al uso, sino el
que requieren las exigencias de la vida moderna. No ha venido aquí
un gobernador más sino un perfecto toledano deseoso de convivir con
todos, de servir a todos y de facilitarlo todo.[569]

También de esta estancia conocemos detalles gracias a sus descendientes. Su esposa, Fidela Arroyo, establecida en Madrid durante años en casa de su hija y abuela de nuestra entrevistada, María
José Marí, relató, como una muestra de honradez y seriedad de su

---

567. «El director del heraldo gobernador civil de la provincia de Toledo»,
Heraldo de Castellón, 12 y 18 de diciembre de 1922. «El Nuevo Gobernador de la
provincia», *El Castellano*, 18 de diciembre de 1922.

568. «El Director del Heraldo Gobernador Civil de Toledo», *Heraldo de
Castellón*, 27 de diciembre de 1922.

569. «El Gobernador y los periodistas», *El Castellano*, 18 de diciembre de
1922.

abuelo, la renuncia de José Castelló y Tárrega a cualquier privilegio económico que le correspondía como gobernador civil de Toledo. Sirva de ejemplo la reproducción del diálogo que mantuvieron, a decir de su nieta: «¿Para qué necesito pedir esa paga, Fidela? Mira en la casa que vivimos, esto jamás lo hubiéramos podido soñar», le dijo José Castelló y Tárrega a su esposa tras rechazar la posibilidad de viajar en ferrocarril, de manera gratuita.[570]

En 1922, José Castelló y Tárrega se encontraba fuera de la redacción de su diario y de su provincia, viviendo uno de los momentos más importantes de su carrera profesional. Ahora, el conocido canalejista recogía los frutos de tantos años de dedicación liberal con García Prieto, con lo que parecía haber superado su primigenio papel de «hombre de servicio» apoyando desde la provincia a José Canalejas y demostraba su capacidad para sobrevivir y evolucionar políticamente más allá de esta relación.

A nivel local, desde su nombramiento como gobernador civil, observamos que el *Heraldo de Castellón* bajó el nivel de combatividad al que tenía acostumbrado a sus lectores. Aunque seguía defendiendo a los «suyos», el haber conseguido las metas políticas propuestas por su director recomendaba una «tregua». Esto se ve especialmente en sus editoriales que en ese año son más comedidos y a tono con un José Castelló y Tárrega que ocupaba ya un puesto en la política en el que deseaba mantenerse.

Fiel a su ideario regeneracionista, José Castelló y Tárrega intentó, durante el periodo que duró su cargo de gobernador civil, erradicar el juego y la prostitución,[571] tratando de potenciar la formación de jóvenes con problemas en escuelas reformatorio y en el

---

570. Relato de Fidela Arroyo a su hija. Entrevista del autor a María José Marí Castelló y Tárrega en su residencia el día 7 de octubre de 1918.

571. «En el Gobierno Civil», *El Castellano*, 5 de enero de diciembre de 1923.

Tribunal de Niños.[572] Este tipo de iniciativas tuvieron eco en su tierra natal y se propuso incluso la creación de un campeonato de fútbol, trofeo que llevaría el nombre de tan insigne ciudadano. Esa «Copa» no llegó a celebrarse, los acontecimientos del Directorio Militar diluirían la iniciativa.[573]

El 13 de septiembre de 1923 el *Heraldo de Castellón* publicaba un bando firmado por Juan García Trejo, general de brigada del Ejército y gobernador militar de la provincia, que no albergaba buenas noticias para la situación de José Castelló y Tárrega, la entrada de un directorio militar era inminente y su cargo quedaba en suspense:

> Hago saber: que por atravesar la nación circunstancias muy difíciles me veo precisado a mantener a todo trance el orden público [...].[574]

Dos días después, en la portada del diario *El Castellano* de Toledo, junto a las noticias de la nueva situación política, se publicaba una entrevista a José Castelló y Tárrega, todavía como gobernador civil, en la que afirmaba con aparente normalidad que tenía órdenes de continuar en el puesto. A la pregunta de las impresiones sobre los nuevos acontecimientos, con prudencia y con un ejercicio que entendemos camaleónico, preparándose seguramente para la

---

572. «En el Gobierno Civil», *El Castellano*, 18 de septiembre de 1923.

573. «Copa Castelló y Tárrega», *Heraldo de Castellón*, 9 de mayo de 1923.

574. «Castellón en estado de guerra», *Heraldo de Castellón*, 13 de septiembre de 1923. El 14 de septiembre en el mismo diario se anunciaba total normalidad: «En Castellón la normalidad es completa», *Heraldo de Castellón*, 14 de septiembre de 1923. El 17 de septiembre ya aparecería en portada la noticia del nuevo gobierno militar: «El movimiento militar triunfante. El Gobierno de Primo de Rivera jura el cargo», *Heraldo de Castellón*, 17 de septiembre de 1923.

posibilidad de un cambio, respondía «que todo lo que viniere para bien de España, le parecerá bien».[575]

El cese del cargo el 19 de septiembre de 1923 se vivió con resignación desde la redacción del *Heraldo de Castellón*, que describió una emotiva despedida desde la estación de Toledo, un acto conmovedor que finalizó con un «¡Viva Toledo!» del propio José Castelló y Tárrega.[576] En el ejemplar que notificó su marcha, el diario toledano *El Castellano* publicó palabras de afecto hacia el que había sido su gobernador civil acompañadas del lamento de tener que despedirle por los nuevos acontecimientos, un trato amable que coincide con el que le dispensó el rotativo desde el primer día de su llegada a Toledo.[577]

José Castelló y Tárrega volvió a Castelló de la Plana abatido, aunque creemos que no tocado en el orgullo como en pasadas afrentas que le había tocado vivir en el seno de su propio partido. Los amigos y contrarios no vieron fracaso personal y político en la suspensión de sus funciones como gobernador. La llegada de su mayor éxito fue en el último momento de un sistema, el de la Restauración, ajado ya, sin aliento, y fue esto lo que propició que su ansiado cargo durara «un suspiro». En un ejercicio de ucronía –que esperamos nos perdone el lector–, consideramos que si el cese se hubiera producido dentro del sistema de turno de partidos, nuestro protagonista solo hubiera tenido que esperar una nueva oportunidad en el cambio habitual de gobierno, pues José Castelló y Tárrega ya

---

575. «Los primeros efectos. En el gobierno civil», *El Castellano*, 15 de septiembre de 1923.

576. «Castelló y Tárrega en Toledo», *Heraldo de Castellón*, 19 de septiembre de 1923; «Cómo ha despedido Toledo a su exgobernador señor Castelló y Tárrega», *Heraldo de Castellón*, 22 de septiembre de 1923. El día 25 el *Heraldo de Castellón* cubría la noticia de la vuelta de Castelló y Tárrega y su familia a Castelló de la Plana: «Regreso del exgobernador de Toledo, Sr. Castelló y Tárrega», *Heraldo de Castellón*, 25 de septiembre de 1923.

577. «En el Gobierno Civil», *El Castellano*, 18 de septiembre de 1923.

estaba subido en la rueda de las élites políticas y posiblemente ya no se hubiera bajado de esa dinámica de cargos de importancia. Pero en la situación que sobrevino el cese, la incertidumbre era mayor, no se sabía hasta cuando duraría el nuevo sistema, además, se estaba produciendo un cambio en el que, al parecer, los miembros de la «vieja» política no tenían cabida y eran, además, una de las causas del golpe de Estado.

Tal vez por miedo, José Castelló y Tárrega no mostró públicamente ninguna disconformidad con lo sucedido. Aún le quedaba el periódico y cualquier salida de tono contra el Directorio Militar podía perjudicar lo que siempre fue seguro. Sibilinamente se adaptaría a una nueva situación política en la que buscaría desenvolverse y «tirar de las cuerdas necesarias» para mantener, en la medida de lo posible, el estatus conseguido desde años atrás con tanto esfuerzo.

A modo de cierre de este capítulo

Acabábamos el capítulo anterior con la duda de si José Castelló y Tárrega sería capaz de reaccionar tras la muerte inesperada de su protector Canalejas. En lo personal nuestro personaje vivió una de las peores etapas de su vida con la muerte de familiares muy cercanos y queridos, pero en lo profesional no echó de menos al que en su día le tendió la mano para entrar de lleno en política. Aunque es de justicia reconocer también que los años de relación con el malogrado presidente del Gobierno le allanaron sin duda el camino.

En este capítulo ha quedado demostrado que José Castelló y Tárrega fue algo más que el periodista que puso su diario a disposición del canalejismo; sus «servicios» continuaron con otros personajes como Vicente Cantós y García Prieto, quienes supieron, o pudieron compensar mejor su esfuerzo.

A nosotros nos queda la última etapa de su vida. En el último capítulo de su biografía continuamos muestro análisis en la misma línea que hemos seguido hasta ahora, trazando sus relaciones en la nueva era política y desentrañando cómo fue encaminando la senectud de su vida profesional y personal, todo, como hemos hecho a lo largo de esta investigación, bajo la interpretación de su pluma y usando como fuente principal el diario que seguía siendo parte fundamental de su vida.

CAPÍTULO 6

JOSÉ CASTELLÓ Y TÁRREGA Y EL *HERALDO DE CASTELLÓN* DURANTE LA DICTADURA DE PRIMO DE RIVERA Y LA II REPÚBLICA. EL FINAL DE UNA ETAPA

Este capítulo, último de la vida de José Castelló y Tárrega, se organiza en torno a dos etapas políticas de suma importancia para la historia de España y la provincia de Castellón: la dictadura de Miguel Primo de Rivera y la Segunda República. En él vemos reflejada, como hemos venido haciendo hasta ahora, su vida tanto en la faceta personal como profesional. Comenzamos por la primera. Y lo hacemos empezando por referir un hecho muy triste para nuestro personaje: la muerte de Pepita Castelló Tárrega Arroyo (1903-1924), hija de José Castelló y Tárrega.

1. José Castelló y Tárrega y el *Heraldo de Castellón* en dictadura

Pepita Castelló fallecía en el año 1924, con tan solo 21 años. El *Heraldo de Castellón* venía informando a sus lectores de la gravedad de la joven que guardaba cama y «con serenidad cristiana» esperaba el momento de su muerte, como dijo al visitarla Pascual Gallarch, su padrino y amigo de la familia. La cantidad de personas que se desplazaban al piso en que vivía la familia Castelló-Arroyo, hizo que cada día se colgara el parte médico en la puerta para facilitar el descanso de la enferma.[578] El diario describió las horas previas a la muerte de Pepita –como la llamaban cariñosamente– con un lujo de detalles que nos resulta estremecedor, desde las flores de la habitación, los adornos de la cama o la foto de la Mare de Déu del Lledó, con la que quisieron que fuera enterrada, fruto de la gran devoción de la familia por la patrona de la ciudad.[579] La esquela de Pepita Castelló Arroyo ocupó toda la portada del *Heraldo de Castellón* del 22 de mayo de 1924.

Este nuevo golpe emocional le llegó a José Castelló y Tárrega cuando contaba con 59 años, una edad «avanzada» para la época. Aunque, como hemos visto, este trance no era nuevo para él, ya había llorado la muerte de otro hijo y de hermanos y amigos, creemos que fue esta defunción la que marcaría el inicio del declive personal de José Castelló y Tárrega en lo físico y emocional.

Tras la muerte de Pepita, la familia se desplazó en lo que parece un retiro paliativo, al Sanatorio de Porta Coeli,[580] y dos meses después, esta vez solo, José Castelló y Tárrega pasó unos días en el Balneario de Benassal, afectado por una de sus comunes infecciones

---

578. «Ecos de Sociedad. Pepita Castelló», *Heraldo de Castellón*, 17 y 20 de mayo de 1924.

579. Como muestra de su devoción a la Virgen del Lledó, extraemos entre muchas otras, la noticia de la carta que le escribe al Prior del ermitorio cuando Castelló y Tárrega era Gobernador Civil de Toledo: «… las lágrimas que derramo al pensar que las obligaciones de mi cargo me impedirán concurrir este año a una fiesta a la que jamás he faltado». «Castelló y Tárrega a la Virgen de Lidón», *Heraldo de Castellón*, 7 de mayo de 1923. Días antes del triste desenlace de la muerte de Pepita, cubría con gran exaltación el diario la Coronación de la Virgen, dedicando toda la portada: *Heraldo de Castellón*, 10 de mayo de 1924 y «Santísima Virgen de Lidón», *Heraldo de Castellón*, 12 de mayo de 1924.

580. «Ecos de Sociedad. La familia del director del Heraldo», *Heraldo de Castellón*, 7 de junio de 1924.

bronquiales.[581] Una vez recuperado, volvió a la redacción del diario, única medicina para el desasosiego que sentía, aunque no llevaría un control de las horas de trabajo, más bien parecía estar buscando mantener la mente ocupada y liberarla del pensamiento recurrente de su reciente pérdida. Para entender su estado de ánimo nos basamos en algunas noticias publicadas en su diario, como la del acto público organizado en Peñíscola para celebrar la inauguración del alumbrado público, al que asistió José Castelló y Tárrega, pues debía hablar desde el balcón del ayuntamiento. Es en la crónica de este hecho donde se hace referencia al retraimiento mostrado por el director del *Heraldo de Castellón* tanto en sus palabras como en su ánimo, al parecer todavía aquejado de la depresión por la pérdida de su hija.[582] También su nieta María José Marí Castelló y Tárrega nos recordaba el dolor de su abuelo y el vacío que en él dejó Pepita.[583]

El tiempo no conseguiría que olvidara, pero sí ayudó a disolver un poco la angustia de los primeros años sin su hija. A ello contribuyeron seguramente los reconocimientos que recibió a su trayectoria profesional, como el que le brindó su población de origen, donde era considerado uno de sus hijos más ilustres. En 1925, en sesión plenaria del Ayuntamiento de La Vall d'Uixó, se decidió colocar una placa que recordara la casa donde nació,[584] tras ser nombrado hijo predilecto. Al pleno del Ayuntamiento en que se acordaba por una unanimidad el homenaje, acudió José Castelló y Tárrega para agradecer personalmente a todos sus asistentes el honor que

---

581. «Ecos de Sociedad. La familia del director del Heraldo», *Heraldo de Castellón,* 1 de agosto de 1924.

582. «Inauguración del alumbrado en la histórica ciudad de Peñíscola», *Heraldo de Castellón,* 3 de febrero de 1925.

583. Entrevista del autor con María José Marí Castelló y Tárrega en casa de la entrevistada el día 7 de octubre de 2018.

584. La lápida se realizaría en la empresa de Juan Ruiz de Luna de Talavera de la Reina. «Vall d'Uixó a su querido hijo Don José Castelló y Tárrega», *Heraldo de Castellón,* 19 de octubre de 1925.

le dispensaba su pueblo natal[585] y, en agradecimiento a la distinción –igual que hiciera casi 40 años atrás–, volvió a realizar la gestión para hacer efectiva la donación de un lote de libros para la biblioteca de La Vall d'Uixó.[586] Desde el consistorio se acordó encargar una lápida con su busto y para ello se hizo una colecta que recogió más de 3.000 pesetas, cantidad nada desdeñable para la época y que permitió sufragar los gastos para que el escultor Manuel Carrasco se encargara de su realización.[587] Completarían los agasajos al hijo predilecto de La Vall d'Uixó con la entrega de un «bastón de mando» que donó a la ermita de San José,[588] y la composición de una pieza musical en su honor que llevó como título «Vall d'Uixó al seu fill distinguit» compuesta por Badal y con letra de Ribes, poeta y colaborador del *Heraldo de Castellón*.

El día escogido para rendir homenaje a Castelló y Tárrega fue el 20 de junio de 1926 y, desde la plaza Castelar de Castelló de la Plana, partió una caravana para acompañar hasta La Vall d'Uixó al homenajeado,[589] y así, rodeado de personalidades locales y venidas de diferentes puntos de la provincia, un emocionado Vicente Castelló, padre del afamado político y periodista, hizo los honores de descubrir la obra con el busto de su hijo. En esta comitiva se encontraba Salvador Guinot, alcalde conservador de la capital de la Plana y en las antípodas políticas de José Castelló y Tárrega. Después de muchos desencuentros y editoriales críticos hacia su

---

585. «Vall d'Uixó a su querido hijo Don José Castelló y Tárrega», *Heraldo de Castellón*, 26 de septiembre 1925.

586. «La Biblioteca Pública de la Vall d'Uixó», *Heraldo de Castellón*, 24 de abril de 1926.

587. «La Vall d'Uixó al seu fill distinguit», *Heraldo de Castellón*, 25 de abril de 1926. También en «Homenaje de Vall d'Uixó a Castelló y Tárrega», *Heraldo de Castellón*, 4 de junio de 1926.

588. *Heraldo de Castellón*, 6 de abril de 1926.

589. «Homenaje de Vall d'Uixó a Castelló y Tárrega», *Heraldo de Castellón*, 19 de junio de 1926.

gestión publicados en el *Heraldo de Castellón*, Guinot recurría a la diplomacia dedicando amables palabras al homenajeado, que nos ayudan a entender la imagen que tenían de él sus coetáneos, o al menos decían tener:

> Nosotros meros aficionados al periodismo, hemos podido apreciar los méritos relevantes de ese hombre excepcional, que por propio esfuerzo, con fe y tenacidad inquebrantable ha llegado triunfador a la meta, pues es hoy en España Castelló y Tárrega uno de los periodistas de más talento y aptitudes considerado por todos como el de los más altos valores de la prensa nacional.[590]

El denominador común de cada una de las intervenciones que se transcriben en el *Heraldo de Castellón* en relación con este homenaje es la mención del origen humilde y al esfuerzo y la tenacidad de José Castelló y Tárrega. Como no podía ser de otra forma, hubo mención también de Canalejas, de ello se encargó Ibáñez Rizo, exalcalde de Valencia e íntimo amigo de un emocionado Castelló y Tárrega que, a decir de la crónica, no pudo contener las lágrimas:

> El exalcalde de Valencia, dijo que la política fue ingrata con Castelló y Tárrega cometiendo con él la injusticia de no exaltarle al primer sitial de la sede municipal de Castellón su pueblo adoptivo a donde seguramente le hubiera llevado el llorado Canalejas.

> Canalejas en una de las comidas en la Igualadina exaltó la figura de un joven periodista que venciendo dificultades para otros insuperables había triunfado llegando a ser una figura relevante en el periodismo español mientras Canalejas seguía haciendo con su verbo cálido y

---

590. «Discurso del alcalde de Castellón», *Heraldo de Castellón*, 21 de junio de 1926.

sugestionador apología de aquel muchacho, a su lado un hombre inclinaba la cabeza con los ojos húmedos por las lágrimas. Al que se refería el llorado maestro era Castelló Tárrega.[591]

También Vicente, el padre de nuestro protagonista, se encargó de descubrir la placa dedicada a su hijo y colocada en la fachada de la casa de la calle de San Cristóbal que dejaron 36 años atrás. Se cerraba así un ciclo. Ahora José Castelló y Tárrega volvía a su pueblo admirado y rodeado de las personalidades más importantes de La Vall d'Uixó y de la provincia de la Plana.

Al mismo tiempo se abría una nueva etapa para él en el *Heraldo de Castellón*. Los nuevos miembros de la redacción, descendientes de los primeros Castelló y Tárrega, daban un nuevo carácter al diario con reminiscencias de la época en que Ramiro imponía su ley y su carácter inquebrantable, aunque mantenían la fidelidad en el apellido y al proyecto periodístico. El hijo de Fausto, Joaquín Castelló, que firmaba como «Joa-Quinito», fue administrador del periódico en esta etapa.[592] Vicente Castelló, que escribía bajo el *nom de plume* «Armando Jaleo» y Manolito Castelló, hijo de José Castelló y Tárrega, al que llamaban el «Benjamín de la prensa castellonense», completaban la redacción de incipientes periodistas que intentaron mantener la empresa de la familia, siguiendo, también ellos, el mismo referente que siguieron sus predecesores.[593] El

---

591. «Discurso de Ibáñez Rizo», *Heraldo de Castellón*, 21 de junio de 1926.

592. Joaquín Castelló Segarra se casó en noviembre de 1926 con Carmen Muñoz. Su padrino fue su tío José Castelló y Tárrega. «Castellón al día. Ecos de sociedad», *Heraldo de Castellón*, 20 de noviembre de 1926.

593. «Castellón al día», *Heraldo de Castellón*, 9 de diciembre de 1926. En 1930 Manolito Castelló cumplió 21 años y se anunciaba su colaboración en la administración del *Heraldo de Castellón*, tal vez un indicativo de su, al parecer, falta de talento periodístico, al tiempo que apuntaban su afición a los eventos sociales. «Una fecha», *Heraldo de Castellón*, 1 de diciembre de 1930.

teniente de la Guardia Civil, Juan Bautista Marí Clérigues, yerno de José Castelló y Tárrega por estar casado con su hija Fidela, colaboró también en el diario.[594] Otra pieza importante en la redacción fue el mayor de los hijos varones de José Castelló y Tárrega, José. Al inicio de esta etapa que ahora analizamos, continuaba sus estudios en la Facultad de Derecho de la Universidad de Valencia y los compaginaba con trabajos en la redacción del *Heraldo*. En el año 1929 ya ejercía la abogacía, y ese mismo año se casó con Carlota Bueso Ferrer, una joven procedente de una de las familias de la burguesía castellonense y propietaria de la que hoy conocemos como la *Casa dels Caragols*. El enlace matrimonial entre la joven pareja se celebró en el todavía llamado santuario de Lledó (hoy basílica), allí acudió lo más granado de la sociedad castellonense, describiendo con todo lujo de detalles el convite al que no podía faltar el íntimo amigo de José Castelló y Tárrega, Vicente Cantós, que ejerció de padrino de la pareja. No faltó tampoco en la crónica la descripción de la comida y bebida, todo de «alta calidad y lujo». Un detalle de ostentación típico en las celebraciones de la burguesía de la época.[595]

Según su sobrina, María José Marí Castelló y Tárrega, Carlota Bueso tenía un elevado nivel económico cuando se casó con José Castelló Arroyo. En palabras de nuestra entrevistada: «A mi tía Carlotita, si se le caía el pañuelo por la calle dejaba que lo recogiera la sirvienta».[596]

594. Entre muchos de sus artículos en esta etapa, destacan: «Heraldo de Castellón en Tarazona. Crónica», *Heraldo de Castellón*, 8 de octubre de 1929 y, en referencia a unas maniobras militares, «Por tierras de Aragón», *Heraldo de Castellón*, 26 de septiembre de 1930.

595. «Crónica nupcial», Carlota Bueso Ferrer y J. Castelló-Tárrega y Arroyo», *Heraldo de Castellón*, 24 de abril de 1930.

596. Entrevista del autor con María José Marí Castelló y Tárrega en casa de la entrevistada el día 7 de octubre de 2018

El prestigio como abogado de José Castelló-Tárrega Arroyo fue en aumento y trasladó su despacho a la calle Escultor Viciano, número 14, donde se encontraban la redacción y la imprenta del *Heraldo de Castellón*.[597] Sus dos profesiones quedaban así unidas en un mismo edificio. Su pasión por el periodismo le llevó a hacerse cargo de la secretaría de la Asociación de Prensa de la que su padre era presidente.

La muerte volvió a visitar a la familia. En enero de 1929 moría, a los 90 años, Vicente Castelló Miquel, padre de José Castelló y Tárrega, conocido cariñosamente como «el abuelo del Heraldo». El longevo anciano acudía a la redacción cada mañana, repartía la correspondencia y organizaba el material para los redactores, para los que traía noticias y chismes que escuchaba de la ciudad y que podían servir para sus columnas. Vicente Castelló no pudo cumplir su deseo de morir en la redacción del *Heraldo de Castellón*.[598] En su larga vida, tuvo la dicha de ver los éxitos de su hijo, pero también la ocasión de llorar la muerte de su esposa, de diez de sus once hijos y de cuatro nietos, entre los que se encontraban Pepito y Pepita, ambos, hijos de José Castelló y Tárrega.[599]

En los años 30 del siglo xx, ya no quedaba ninguno de los miembros de la familia que llegó a Castellón con José Castelló y Tárrega provenientes de La Vall d'Uixó más de treinta años antes. Aunque el clan luchaba por mantenerse con los descendientes, que

---

597. A esta casa, que hoy en día mantiene la misma fachada que cuando la habitaban José Castelló Arroyo y el *Heraldo de Castellón*, nos acompañó José Castelló y Tárrega Bueso, el hijo de José Castelló y Tárrega Arroyo y Carlota Bueso, a quien agradecemos también que nos atendiera y nos hablara de su familia.

598. «Palabras del director del Heraldo de Castellón, D. José Castelló y Tárrega», *Heraldo de Castellón*, 16 de noviembre de 1932.

599. Esquela en portada de Vicente Castelló Miquel: *Heraldo de Castellón*, 14 de enero de 1929.

seguían viendo a José Castelló y Tárrega como su referente, igual que lo hicieron sus progenitores.

En esta etapa que ahora analizamos, José Castelló y Tárrega siguió ocupando un lugar prominente en la sociedad de la Plana gracias, en parte, a los cargos públicos que fue desempeñando. Como el de presidente del joven Ateneo de Castellón que ostentó en junio de 1927.[600] El Ateneo había sido fundado dos años antes. José Castelló y Tárrega fue elegido presidente por 23 votos de 39.[601] A través de las distintas entrevistas que mantuvimos con Josep Antoni Prats Puig, miembro del Ateneo Cultural de Castelló de la Plana, pudimos acceder a los documentos que reflejan el paso de nuestro biografiado por esta institución al tiempo que conocer un poco más sobre la rectitud que siempre mostró José Castelló y Tárrega durante los años que fungió como su presidente.[602]

Cargos como este seguían alimentando, seguramente, su ego de trabajador incansable. Ya fuera por tener la mente ocupada, por pura vocación, o simplemente por ansia de «medrar», como tantos personajes de su época dijeron de él, José Castelló y Tárrega seguía buscando su sitio. Y en la nueva coyuntura política que se abrió en el año 1923 continuó siendo así. Volvemos un poco en el tiempo para ver su implicación, tanto política como periodística, durante

---

600. El Ateneo de Castelló fue fundado en 1925. «Ateneo de Castellón», *Heraldo de Castellón*, 17 de enero de 1925. También noticia de la primera conferencia en el Ateneo de Castelló de la Plana: «En el Ateneo», *Heraldo de Castellón*, 17 de junio de 1925.

601. Más información de los distintos nombramientos y miembros de la composición de la Junta en acta 3 correspondiente al 19 de junio de 1927, acta 44 correspondiente al 9 de mayo de 1928 y acta 46 correspondiente al 27 de junio de 1928. Archivo del Ateneo Cultural de Castelló de la Plana. Aprovechamos para agradecer a Josep Antoni Prats Puig, miembro del Ateneo Cultural de Castelló de la Plana, la consulta de estos documentos y su amable atención.

602. Entrevista realizada por el autor a Josep Antoni Prats Puig, en Castelló de la Plana, el día 25 de noviembre de 2017.

la dictadura de Miguel Primo de Rivera. Discúlpenos el lector esta pequeña digresión temporal.

El continuo enfrentamiento del Gobierno con Primo de Rivera, la situación de conflicto social y el deterioro como consecuencia de las secuelas de la Gran Guerra (Juliá, García, Jiménez, Fusi 2003) propiciaron una conspiración sin disimulos, que condujo al capitán general del Ejército en Barcelona a sacar la tropa a la calle en nombre del rey y de España. Alfonso XIII tomaría pronto protagonismo en los acontecimientos, formando parte, según la historiadora María Tersa González, del golpe de Estado (González 1987). Inmediatamente se declaró el estado de guerra, García Prieto dimitió de su cargo de presidente y Alfonso XIII inició una rueda de consultas, finalmente llamó a Miguel Primo de Rivera para formar un nuevo Gobierno el día 15 de septiembre, y le confirió el cargo de presidente del Directorio militar (Bahamonde y otros 2008).

En la Plana, el general de Brigada, Juan García Trejo, se adhirió al golpe de Estado y tras esto se produjo una sucesión de cambios en el organigrama político de la provincia. Entre ellos, Francisco Ruiz Cazador fue designado nuevo alcalde de la ciudad de Castelló (Archilés, Martí, García y Andreu 2011).

En su cargo de gobernador civil de Toledo, José Castellón y Tárrega no pudo ser ajeno al clima de tensión que se vivía en el país, al borde de la revolución social y del derrumbe del Gobierno de García Prieto. Al día siguiente de su cese en el cargo, que aceptó estoico, se puso a trabajar para adaptarse, en un esfuerzo de resiliencia, a un nuevo envite profesional en su trayectoria. Volvió a Castelló de la Plana para retomar su anterior rutina en la provincia, el ocio burgués, la estancia en balnearios y aquello que siempre estaba ahí cuando fallaba la política, la redacción de «su» periódico.[603]

---

603. Castelló y Tárrega volvía al balneario de la Vilavella con su antiguo amigo Sebastián Carpi. «Castellón al día», *Heraldo de Castellón*, 25 de octubre de 1923.

El *Heraldo* trataba de aparentar y transmitir calma ante la nueva situación política. En sus editoriales interpretamos lo que parece una nueva ilusión en la anhelada regeneración del país (Bahamonde y otros 2008). Por ejemplo, no dejó de preocuparse por el embellecimiento de la ciudad y su progreso, y continuó con la iniciativa de la ciudad jardín, que comenzaría antes de su marcha a Toledo.[604] Desde los primeros días del golpe de Estado, y ya estando al mando del diario, se iniciaba una línea editorial «amable» en la que se daba cuenta de la supuesta ilusión de la población con el nuevo proyecto del Directorio Militar.[605] Por ejemplo, señalaba el apasionado interés de la gente por colaborar en el somatén: «... constantemente se reciben en el Gobierno militar numerosas solicitudes pidiendo el ingreso en filas del somatén castellonense».[606] Y el mismo día en que reaparecía José Castelló y Tárrega al frente de la redacción del diario publicaban: «Legión de gente escogida por su moralidad, desapasionamiento y alto sentido de la patria encargada de cooperar al mantenimiento del orden».[607]

Los socialistas y los partidos republicanos no recelaban tampoco de esa «limpieza» de la vieja política, la consideraron una oportunidad para tener más llano el camino hacia puestos de importancia y los liberales e intelectuales vieron con buenos ojos las ideas regeneracionistas del Directorio (Giménez 2016), que, con astucia, supo ganarse el beneplácito de los católicos (Angoustures

---

604. «Intereses de Castellón. El verano en los masets», *Heraldo de Castellón*, 18 de junio de 1925. También la gestión del alcalde y el proyecto de ciudad jardín en «La Ciudad Jardín», *Heraldo de Castellón*, 29 de julio de 1925.

605. «Gobierno Civil de la provincia de Castellón de la Plana. Bases para la organización del Somatén», *Heraldo de Castellón*, 23 de septiembre de 1923.

606. «En el gobierno civil», *Heraldo de Castellón*, 28 de septiembre de 1923. El somatén debía estar compuesto por ciudadanos mayores de 23 años, honrados, que tuvieran la capacidad de actuar en la defensa del Directorio.

607. «En el gobierno civil. El somatén de Castellón», *Heraldo de Castellón*, 1 de octubre de 1923.

1995). Así, para la Iglesia, la burguesía y los monárquicos, el golpe fue la mejor solución para España, la salvación de sus intereses, tres posturas que integraban el ideario de José Castelló y Tárrega (Juliá, García, Jiménez y Fusi 2003), quien también parecía sentirse cómodo y, seguramente, como era común en él, tal vez esperaba nuevas oportunidades en este sistema político. «… ni derechas ni izquierdas, hombres de Gobierno son los que hacen falta», publicaban por ejemplo en el número del *Heraldo* de 29 de noviembre de 1923.[608]

De hecho, durante el Directorio Militar jugaría «a dos bandas». Por un lado, se mostraba «afectuoso» con las personalidades que estaban al mando (López 2018), pero sin descuidar, por otro lado, y gracias a una censura laxa (Seoane y Saiz 2007), a políticos como Gasset, al tiempo que dedicaba atención también al segmento que representaba al obrerismo, un juego de astucia, por si la situación del momento, que se anunciaba como provisional, volvía a su anterior cauce.

Tras dos años de dictadura, que corresponden a lo que Miguel Martínez Cuadrado denomina la primera etapa, José Castelló y Tárrega comenzaba a cuestionar algunas decisiones del directorio: las ideas de provisionalidad del régimen, su lucha contra el caciquismo y la ruptura con la vieja política, se quedaban en simples proclamas. Primo de Rivera se establecía y creaba un partido oficial en abril de 1924 al que llamó Unión Patriótica (Bahamonde y otros 2008). La clase política liberal se sustituía por otra afín a la dictadura, eran pues «los mismos perros con distinto collar» y las posibilidades para los que, como nuestro protagonista, estaban a la espera de volver a la escena política, se encontraban con la realidad de un directorio que no tenía intención de ceder poder (Esdaile

---

608. «Hombres de gobierno son los que hacen falta», *Heraldo de Castellón*, 29 de noviembre de 1923.

2001). El *Heraldo de Castellón*, siempre transparente con el ánimo de su director, transmitía desilusión, se desvanecían las expectativas creadas de los primeros meses con el cambio de sistema político, los «profesionales de la política» seguían y nada parecía mejorar:

> ¿No se habrá anticipado demasiado directorio militar en esa determinación, juzgando por las apariencias o acaso dominado por el natural deseo de volver cuanto antes a la normalidad constitucional? Porque en lo que a Castellón se refiere –no podemos hablar de otras partes con igual conocimiento– la Unión Patriótica continúa en pleno periodo embrionario. Diríase que nos encontramos como antes del 13 de septiembre como al día siguiente de esa memorable fecha.[609]

José Castelló y Tárrega se mostraba sin tapujos, pero, insistimos, nunca caería en el error de una crítica directa hacia Primo de Rivera (Giménez 2016), solo a la gestión política del Directorio y del nuevo partido:

> En una palabra: que o se vuelve, por quien sea, sobre el vicio básico de la Unión patriótica, sustituyendo radical, implacablemente a los hombres de *mando* al uso por elementos de gobierno o habremos de considerar a los actuales situacionistas como una clientela más y para esto, como diría un órgano tan autorizado como *La Provincia Nueva*, no valía la pena el 13 de septiembre que a tales esperanzas entregó a España, bien lejos ese día al pensamiento de todos de que pudieran seguir mandando a la hora de ahora en ayuntamientos y diputaciones los mismos que antes lo hicieron con Maura y Romanones; Dato y García Prieto; Sánchez Guerra y Sánchez Toca; Melquiades, Alba,

---

609. Nos hemos permitido remarcar en negrita el detalle que ejemplifica la ilusión en el Directorio por parte de Castelló y Tárrega. «La mayoría de la Unión Patriótica», *Heraldo de Castellón*, 23 de octubre de 1925.

Cierva Villanueva y demás amos de aquellas otras pintorescas clientelas del viejo régimen. J. Castelló y Tárrega [...].[610]

Con estas declaraciones, José Castelló y Tárrega, una vez
más, parecía mostrarse distante e incluso ajeno a la política
de la Restauración de la que él, sin embargo, también participó
activamente.

En 1929, pasados seis años del golpe de Estado, nuestro biografiado parecía pensar que su sacrificio no valió tanto la pena, en sus
crónicas dejaba entrever su descontento, ya no solo por el intento de
una nueva constitución creada unilateralmente por el Gobierno,[611]
sino también por el parcheado constante y la continuación de la
antigua «política de pasiones», dos de las críticas que aparecían en
sus editoriales:

Todo eso y otros inquietantes fenómenos de nuestra vida social son
una consecuencia del ambiente de desamor, de recelo y desconfianza que ha formado al fin el mal uso que hemos hecho del pueblo,
educándolo para las pasiones en vez de aprovecharlo para las grandes
idealidades.[612]

Con esta actitud crítica, debió presagiar un final que en verdad
estaba cerca. Su astucia y oportunismo lo llevaron a desmarcarse
de un régimen tocado de muerte para, así, disipar entre sus coetáneos su imagen condescendiente de los primeros años de dictadura
militar. El 28 de enero de 1930, Primo de Rivera, sin los apoyos

---

610. «Alrededor de una mayoría de edad de la Unión Patriótica», *Heraldo de
Castellón*, 30 de octubre de 1925.

611. «La Reforma Constitucional. Opiniones y comentarios», *Heraldo de
Castellón*, 10 de agosto de 1929.

612. «Castellón por dentro», *Heraldo de Castellón*, 18 de septiembre de 1929.

necesarios del mundo empresarial, financiero y de gran parte de los militares, presentaba la dimisión y dos meses después moría en el exilio francés (Esdaile 2001), noticia que cubría brevemente El *Heraldo de Castellón*, sin lamento alguno.[613] La dictadura era agua pasada, de la que ya no se podía beber, pero tampoco temer, por eso, a deshora, el diario desempolvaba críticas a un régimen moribundo, del que solo quedaba el rey, única esperanza para un monárquico como Castelló y Tárrega. En ese año fueron continuos los artículos que mostraban los «malos» años de dictadura mientras el director del *Heraldo* pedía desde su tribuna un cambio pacífico, respetando las ideas de todos, y se mostraba al mismo tiempo como una víctima de tantos años de represión y censura en los que resistió amenazas, vigilancia y persecución.[614] Aún contrario a los nuevos estatutos del régimen constitucional en ciernes,[615] el *Heraldo de Castellón*, en una actitud conciliadora, declaraba su intención de apoyar los intereses del Gobierno y al rey que, para muchos, seguía siendo sinónimo de dictadura militar. José Castelló y Tárrega mostraba así su imagen más conciliadora y moderada, pocos como él tendrían tantas posibilidades de recoger alguna ganancia en este río revuelto de las transiciones políticas, era el momento de volver al discurso de la normalidad democrática y de fidelidad a la patria.[616]

En la Plana, la Diputación dimitía al completo y se esperaba la entrada de un nuevo gobernador civil.[617] Los cambios se sucedían

---

613. «Lo del día: Primo de Rivera, presenta su dimisión», *Heraldo de Castellón*, 31 de enero de 1930.

614. «Castellón bajo el poder de la Dictadura. Los estragos de la censura», *Heraldo de Castellón*, 13 de febrero de 1930. También en «Bajo el Régimen de la Dictadura», *Heraldo de Castellón*, 5 de marzo de 1930

615. «Los ayuntamientos y diputaciones ante la normalidad política», *Heraldo de Castellón*, 5 de febrero 1930.

616. «Los funcionarios públicos ante la normalidad política», *Heraldo de Castellón*, 7 de febrero de 1930.

617. «Castellón al día», *Heraldo de Castellón*, 8 de febrero de 1930.

también en los ayuntamientos, considerados por nuestro protagonista como «nido de caciques» y elementos de la vieja política que paradójicamente ahora decía aborrecer.[618] Ese sistema político que decía detestar y al que criticaba desde su tribuna, sin embargo, le pidió que fuera su representante máximo en la provincia. Parecía estar en el lugar y momento adecuados para volver a la primera fila política y, de qué manera, se convirtió en presidente de la Diputación de Castelló.

José Castelló y Tárrega se mostró comedido en los titulares que publicó en el *Heraldo de Castellón*, derramando prudencia como era habitual en él. Quizás pensaba en su experiencia en el pasado, llevaba ya varios nombramientos que se habían visto pronto interrumpidos, quizás sentía que su cargo tenía un carácter provisional dado el clima político adverso que vivía el país tras la dictadura y especialmente con un rey que estaba siendo puesto en entredicho por su participación en ella.

El nombramiento, no obstante, compensaría con creces el cese de gobernador civil de la provincia de Toledo y todos los sinsabores vividos hasta entonces. Seguramente se acordaría de José Canalejas, de sus hermanos, de su hija Pepita y de su padre fallecido pocos meses antes, ninguno de ellos pudo ver otro éxito más de José que ahora se situaba en lo más alto de la política provincial.

---

618. «Los nuevos ayuntamientos. Caciquillos y sectarios», *Heraldo de Castellón*, 27 de febrero de 1930.

2. Presidente de la Diputación de Castelló. Cumbre y final de una trayectoria política

Primo de Rivera dimitió en enero de 1930, pero ese no fue el fin del régimen. El rey se aferraba a un trono envuelto en dudas y debía reaccionar para dar una solución a la nueva situación en España. Se nombró como sustituto de Primo de Rivera, al general Berenguer, militar más moderado, de distinto talante que sus colegas, que podría servir para convencer a la opinión pública de las intenciones de cambio del monarca. Entre las nuevas medidas conciliadoras destacaron, la legalidad de la Confederación Nacional del Trabajo (CNT), la amnistía general y la restauración de ayuntamientos y diputaciones, decisión que haría entrar en escena a José Castelló y Tárrega, ya en el periodo bautizado como «Dictablanda» (Esdaile 2001, 277).

Fue nombrado presidente de la Diputación el día 1 de abril de 1930. Los diputados que firmaron el acta del nombramiento fueron José Castelló y Tárrega como presidente, Ramón Salvador, Luis Fabra, Vicente Gea, Juan Aragonés, José Morelló y Francisco Gómez. El secretario fue Vicente Gimeno y el interventor Joaquín Sales.[619] En el año en que estuvo al frente de la presidencia, nuestro protagonista, «paradójicamente», no volvió a hablar de la «vieja política». Su diario, en una línea más comedida de la que hubiera mostrado años atrás, empezó publicando palabras de agradecimiento hacia el general Berenguer, reconociendo, en un ejercicio de humildad, la posibilidad de que cualquiera de los diputados pudiera llegar a conseguir tan honrosa distinción.[620] Imaginamos que debió vivir esta nueva situación como un triunfo, posiblemente con más

619. Acta de la toma de posesión como Presidente de la Diputación de José Castelló y Tárrega el 1 de abril de 1930. ADPCS, Actas de pleno M-113.
620. «En la Diputación», *Heraldo de Castellón*, 1 de abril de 1930.

ilusión que su nombramiento como gobernador civil de Toledo, pues ahora estaba al frente de su provincia (Paniagua 1988).

Aunque nuestro protagonista viviera uno de sus mejores momentos a nivel político y también profesional –en este caso, tenemos en consideración el incremento de ventas que tuvieron los periódicos tras la censura de Primo de Rivera, que sin duda también beneficiaría al *Heraldo de Castellón*– (Seoane y Saiz 2007), la situación en España no ayudaba a mantener la tranquilidad pública. El general Berenguer estaba al mando de un Gobierno que trataba de mantener una monarquía desgastada, acosada por una oposición de partidos antimonárquicos que, en agosto de 1930, aunaba fuerzas para dar forma a una República, en lo que se conoció como el Pacto de San Sebastián (Tamames 1973).[621] A partir de aquí, continuos sucesos que cerraron el año de manera dramática: en noviembre los mítines llenaban teatros y las plazas de toros, un ambiente tenso que desembocó en huelgas obreras en numerosas ciudades (Martínez 1973), y el 12 de diciembre de ese mismo año se produjo la sublevación de Jaca, conducida por los capitanes Galán y García Hernández, un intento de enterrar definitivamente la monarquía que acabó con la condena a muerte de sus protagonistas (Galán 1979). Estos acontecimientos contribuyeron a enturbiar un año que desembocó en el abandono del cargo del general Berenguer, que fue sustituido por un gabinete de concentración monárquica compuesto por García Prieto, Romanones y Ventura.

Aunque con una demora de un año, se llegó irremediablemente a la celebración de unas elecciones municipales que fueron el final del periplo de José Castelló y Tárrega al frente de la Diputación.

---

621. Ramón Tamames, *La República. La era de Franco*, Alianza Editorial, Madrid, 1973, pp. 18-19.

La izquierda ganó en las grandes ciudades,[622] en España se proclamó la II República el 14 de abril de 1931 (Vilar 2013). Una vez más, nuestro protagonista, resignado, sacó sus papeles del despacho y esperó el protocolario arqueo de caja y el consecuente cambio de poderes que pasaron a manos de Vicente Gea Mariño recién nombrado presidente de la Comisión Provincial de Castelló de la Plana.

Dejó el cargo, una vez más, por condicionantes ajenos a su gestión política. Las circunstancias históricas del país volvían a destronarlo de una oportunidad por la que trabajó durante tantos años con tenacidad y ambición. Se despidieron de él los miembros de la Diputación felicitándolo por su trabajo al frente de la institución, afirmando que mantendrían un grato recuerdo de su paso por la presidencia, un reconocimiento entre afines y contrarios que a buen seguro alimentó su ego. José Castelló y Tárrega no pudo más que emocionarse –como apuntaba su diario–, lamentando no haber tenido tiempo de completar todo lo que se había propuesto en tan solo un año.[623] Entre sus proyectos truncados se encontraban la construcción del tan ansiado, desde años, Museo Provincial o la línea de ferrocarril Castelló de la Plana-Zaragoza.[624]

El mito de Sísifo, que de forma literaria utilizamos como paralelismo de su vida, volvía a repetirse en José Castelló y Tárrega. Desde la cumbre política en la que estaba, una vez más, rodaba de nuevo la piedra ladera abajo. A sus 64 años le llegaba un nuevo cese de otro cargo importante. Su visión anacrónica del orden, le haría ver que, esta vez sí, no podría volver a subir la piedra, sus decep-

---

622. «La jornada electoral de ayer en Castellón y su provincia», *Heraldo de Castellón*, 13 de abril de 1931.

623. «La proclamación de la República en Castellón», *Heraldo de Castellón*, 16 de abril de 1931.

624. «Un vistazo a Castellón. Problemas locales y provinciales», *Heraldo de Castellón*, 10 de abril de 1930.

ciones no darían para otro esfuerzo más. Quedaba ser espectador privilegiado desde su diario de una nueva etapa de la que, como veremos, receló desde el primer día.

3. La II República, el principio del fin para José Castelló y Tárrega y el clan familiar

Empezamos analizando someramente las elecciones llevadas a cabo durante la Segunda República y, como siempre hacemos, queremos destacar ahora también el posicionamiento de nuestro biografiado.

De todos los periodos electorales que José Castelló y Tárrega trató en su diario, podríamos interpretar este como el vivido con más desdén por su parte. Como monárquico convencido, receló de la nueva situación política, incluso más que de la del Directorio Militar. Siempre fiel a su «antiguo amigo», solo dedicó esfuerzos en promocionar desde su diario a Vicente Cantós, ahora político reinventado que se posicionaba al lado de los defensores de un sistema republicano.

En esta nueva etapa, el ya expresidente de la Diputación, no entró en política, tal vez por hastío, quizás por cansancio, o simplemente haciendo gala de honestidad política que le impediría participar en un sistema en el que no creyó. Este, sin embargo, sí fue el momento de su hijo José Castelló-Tárrega Arroyo, miembro histórico y activo de la facción socialista de la que poco o nada simpatizaba su padre (Bahamonde y otros 2008).

La hegemonía política del Partido Republicano en la ciudad de Castelló de la Plana tras la proclamación de la II República continuó igual que en el periodo de la Restauración, o más si cabe. Los partidos monárquicos, liberal y conservador, por su parte, se vieron abocados a su desaparición ya desde la dictadura de Primo de Rivera (Gil 2002), aunque la ideología y la nostalgia perviviera en diarios como *La Provincia Nueva*, *El diario de La Mañana* y el propio *Heraldo de Castellón* (Reguillo 2001).

En las elecciones municipales del 12 de abril de 1931 en la provincia se abrieron dos bandos, el monárquico y el republicano y, en este último se dio la conjunción republicano-socialista, en un pacto que recordaba a los que se realizaban veinte años atrás (Tuñón 1986). La conjunción republicano-socialista obtuvo 26 escaños, de los cuales 22 fueron para el partido republicano, 2 para el PSOE, 2 para Acción Republicana y los 4 restantes para las minorías monárquicas (Reguillo 2001). Después de la ya proclamada República, Manuel Peláez (Paniagua y Piqueras 2006) fue elegido alcalde de la ciudad.

Como hemos apuntado, Vicente Cantós buscó acomodo en la nueva situación política y para ello, los de Gasset, viejos conocidos de los canalejistas, sirvieron mejor que nadie. Imparable en esta etapa, llegaría a ministro de Justicia y presidente del Partido Radical. Fernando Gasset Lacasaña tampoco se quedó atrás y recogió los frutos de una vida dedicada al ideal republicano: fue nombrado gobernador civil de la provincia de Castelló (Reguillo 2001).

La consolidación de la República, no obstante, dependía de las elecciones generales que se debían realizar sin excesiva demora. Una de las novedades fue la supresión de los distritos uninominales en favor de las circunscripciones provinciales como método de lucha contra el caciquismo. A estas primeras elecciones ya se presentó el candidato Vicente Cantós con las siglas de independiente, pero con el claro apoyo de la conjunción republicano-socialista (Reguillo 2001). Fernando Gasset Lacasaña le mostró su apoyo, conocedor de su «tirón político». José Castelló y Tárrega, por su parte, exaltó el cambio al republicanismo del político borrianense en una de las portadas del *Heraldo de Castellón*,[625] mientras –como era obvio– diarios como *La Provincia Nueva* lo tildaban de oportunismo político: «Quien todo lo debe a la monarquía –escribían en el número del 11 de junio de 1931–, al separarse de ésta su sitio es el domicilio particular. Creció el señor Cantós».[626]

Aunque seguramente no fue la mejor alegría que le pudo dar a nuestro protagonista, las elecciones constituyentes del 28 de junio de 1931 fueron también las de la irrupción en la escena provincial de José Castelló-Tárrega Arroyo que aparecía ya en las listas de la conjunción republicano-socialista. Como le sucediera años atrás a su padre, el éxito en los comicios lo obtuvo gracias al apoyo de Fernando Gasset Lacasaña (Reguillo 2001). El *Heraldo de Castellón* no pudo hacer otra cosa que dedicarle una portada exaltando la victoria del incipiente político.[627] Era la oportunidad de tomarle el testigo a su padre, aunque ello supusiera un importante cambio de facción política que, en este caso, resultaba más acorde a los nuevos tiempos.

Cuando se celebraron las siguientes elecciones generales del 19 de diciembre de 1933 se aceleraron una serie de cambios que hicieron de esta etapa una de las más progresistas de la historia de España. La república había abierto un nuevo rumbo que favorecía, entre otras cosas, la liberación de la mujer. La ley del divorcio, una mayor libertad sexual, aunque aún siguiera encorsetada en los prejuicios de la religión, y la posibilidad de participar en las elecciones tanto como electoras como en calidad de elegidas (Barranquero y

---

626. «Don Vicente Cantós con todos sus amigos ingresa en el gran partido de Unión Republicana», *Heraldo de Castellón*, 27 de junio de 1931.

626. «Notas Políticas», *La Provincia Nueva*, 11 de junio de 1931.

627. En portada: «La jornada electoral de ayer en Castellón y su provincia. Ruidoso triunfo de la conjunción republicano-socialista y de D. Vicente Cantós», *Heraldo de Castellón*, 29 de junio de 1931.

Prieto 2004), fueron algunos de los cambios más representativos conseguidos en esta etapa (Bahamonde y otros 2008).

A esas elecciones, los republicanos concurrieron representados por el Partido Radical de Fernando Gasset Lacasaña y Vicente Cantós, que se erigió como cabeza de lista. A pesar de que mantuvo la fidelidad de su siempre cercano José Castelló y Tárrega, aun en un momento como este en que el decano de la prensa castellonense se desmarcaba de los núcleos políticos, no obtuvo buenos resultados, ni en la primera, ni en la segunda vuelta realizada el 3 de diciembre del mismo año.[628] Resultaron elegidos por la provincia de Castelló 4 diputados radicales y 2 de la Unión de Derechas (Reguillo, 2001). *La Provincia Nueva* atacó como siempre los editoriales del *Heraldo de Castellón* por su defensa de los intereses del Partido Radical.[629]

Fernando Gasset Lacasaña llegó a la Presidencia del Tribunal de Garantías. Mientras Vicente Cantós aprovechó con creces su reconversión al republicanismo asumiendo la cartera de Justicia y la presidencia del Consejo Directivo del Partido Republicano de Castellón.[630] En su programa presentaba un ideario basado en una política laica, liberal y de izquierdas, premisas que José Castelló y Tárrega sabía que debía defender también, conocedor de que las circunstancias del momento obligaban a adaptarse para captar votantes.

La situación fue algo diferente en los comicios generales del 16 de febrero del año 1936. El Frente Popular ganó en las dos

---

628. En esta vuelta siguieron los ataques de *La Provincia Nueva* hacia Castelló y Tárrega, tanto por su defensa de Vicente Cantós como por los editoriales contrarios al conservador Manuel Breva Peláez. «El Partido Republicano Conservador en Castellón», *Heraldo de Castellón*, 4 de mayo de 1933.

629. «Católico de Castellón y de toda la provincia», *La Provincia Nueva*, 4 de diciembre de 1933.

630. «Vicente Cantós Ministro de Justicia», *Heraldo de Castellón*, 7 de mayo de 1934.

vueltas de las elecciones, el resultado en la segunda, celebrada el 1 de marzo, fue de 4 diputados del Frente Popular y 2 para la Derecha Regional Agraria. En ese año, Vicente Cantós ya se había retirado y era su hijo, Ramón Cantós Sainz de Carlos, quien marcaba las desavenencias con Alejandro Lerroux en una desunión total del Partido Radical, que pasaría sus votos al Frente Popular en la segunda vuelta.

4. Muerte de José Castelló y Tárrega y final de su *Heraldo de Castellón*

La II República española había instaurado en España un clima bien distinto al de la primera por su carácter popular que algunas personalidades y sectores de la sociedad, entre ellos nuestro protagonista, asociaron al radicalismo y la violencia (Bahamonde y otros 2008). Monárquico y católico convencido,[631] José Castelló y Tárrega aprovechó cualquier situación para mostrar su disconformidad con una República, en palabras de Javier Tussell, «anticlerical, antimilitarista y de carácter antinobiliario» (Avilés 1985) características situadas en las antípodas de su ideario y de su personalidad política. Como ya escribiera en 1932:

> Mandar no es abusar de la indefensión del caído, como tampoco es gobernar la violenta acción dominadora. Gobernar, igual que mandar es simplemente una obra de educación ciudadana y por entenderlo así las autoridades republicanas de Castellón constituyen ese alto ejemplo de gobierno al que remitimos gozosos para que rectifiquen su equivocada

---

631. «¿De qué va a ser dueño el estado si los bárbaros incendian las iglesias?», *Heraldo de Castellón*, 31 de octubre de 1932.

conducta a los alcaldes y caciquillos de esos pueblos que se citan en el escrito que ha inspirado este breve comentario nuestro y que tan pobre y ridículo espectáculo están ofreciendo con el mismo evidente perjuicio moral y material para sus administrados que para la República que los eligió demasiado confiada para su servicio.[632]

En muchos de sus editoriales denunció la violencia y el radicalismo,[633] apuntando directamente a aquellos grupos que para él eran los responsables de ese clima que perturbaba la tranquilidad de España, entre ellos los comunistas;[634] al mismo tiempo, alertaba de la peligrosidad que suponía el auge de facciones como la CNT,[635] especialmente cuando un grupo de anarquistas quemó un quiosco en la calle Colón de la capital de la Plana, lo que hizo que desde el *Heraldo de Castellón* se demandara además más vigilancia.[636] Puso especial énfasis en denunciar la violencia que existió contra las congregaciones religiosas,[637] aunque tuvo la mesura necesaria para no ser denunciado por la ley impuesta por el Gobierno de la República en la que se prohibía cualquier tipo de artículos que perturbara la paz o que hiciera apología monárquica (Seoane y Saiz 1983).

---

632. «Pintoresco laicismo que por aquí se gasta», *Heraldo de Castellón*, 28 de abril de 1932.

633. «¡Armas no!», *Heraldo de Castellón*, 5 de mayo de 1932; «Pistolerismo, pistolas y pistoleros«, *Heraldo de Castellón*, 14 de mayo de 1932. También publicaron artículos de otros periodistas de renombre como el de Francisco de Cossío: «La violencia en la vida civil», *Heraldo de Castellón*, 18 de abril de 1933.

634. Por ejemplo, «Porque no soy comunista», *Heraldo de Castellón*, 22 de agosto de 1931. También en «Crisis del comunismo», *Heraldo de Castellón*, 27 de agosto de 1933.

635. «La conquista de la ciudad», *Heraldo de Castellón*, 13 de agosto de 1931.

636. «Castellón ante el movimiento anarquista», *Heraldo de Castellón*, 13 de diciembre de 1933.

637. «Actuaciones del vandalismo sectario», *Heraldo de Castellón*, 18 de mayo de 1933.

Tras su cese como presidente de la Diputación, José Castelló y Tárrega volvió al *Heraldo de Castellón* y continuó con las actividades que siempre habían conformado su día a día al margen de sus cargos políticos. Volvió a disfrutar del efecto analgésico de sus tradicionales visitas a termas y balnearios, y a ocupar su tiempo en su eterno proyecto de la ciudad jardín, con el que insistió en sus artículos hasta el último día que ejerció como director del diario.[638]

Por sus editoriales de estos años sospechamos que no debió aceptar su nueva situación y el cese de su cargo con la misma condescendencia que lo hizo cuando fue cesado de su puesto de gobernador civil de la provincia de Toledo.[639] Tampoco su diario, como ocurrió con tantos otros periódicos del mismo corte monárquico, aceptó con agrado esta situación política, vieron mejor el «Gobierno de Salvación» de la dictadura de Primo de Rivera, que la II República, contraria a su idea de orden (Moreno 1995).

En esta etapa de cambios drásticos en lo político para nuestro personaje, de apatía manifiesta para con lo que acontecía y sin mucha participación por su parte en la vida pública, más allá de la proyección que le daba su diario, probablemente lo que más pendiente le tendría, a nuestro entender, debió ser la situación de su hijo José, un joven abogado que se destapó como político y que parecía tener la misma ambición y el deseo de estar en primera línea que siempre tuvo su padre. El letrado y periodista, militante socialista, dejó la redacción del *Heraldo de Castellón*, al parecer porque la relación con su padre no era del todo fluida, lo que motivó también un cambio

---

638. «Ensanche y embellecimiento de Castellón», *Heraldo de Castellón*, 27 y 28 de febrero de 1933. «La Ciudad Jardín», *Heraldo de Castellón*, 3 de julio de 1936.

639. La ausencia de correspondencia y documentos privados nos impidió saber de primera mano la situación de nuestro personaje en esta etapa que ahora nos ocupa, dificultad que pudimos suplir con declaraciones directas en las entrevistas a sus nietos, esto nos ayudó también a entender sus editoriales y el posicionamiento ante la nueva situación política en España.

de su despacho de abogados a la calle Caballeros, número 25 de
la capital de la Plana. Aunque, en verdad, el *Heraldo de Castellón*
justificaba el cese y el traslado en motivos estrictamente laborales
«por no poder atenderla en la medida de su deseo, abrumado por
sus tareas profesionales y políticas, cesa en la gerencia del *Heraldo
de Castellon* el joven abogado don José Castelló-Tárrega y Arroyo»
(Paniagua y Piqueras 2006, 148).

La distancia política era insalvable, aunque, no por ello, dejaría
de sentir cierto orgullo José Castelló y Tárrega ante la progresión
de su hijo, hecho que se demuestra en la entrevista en portada, y
con foto incluida, que publicó en el *Heraldo de Castellón* cuando en
marzo de 1936 José Castelló-Tárrega y Arroyo ocupó la vicepresi-
dencia de la Diputación Provincial y la dirección de la Beneficencia
(Checa 1989). En ella, José hijo, no dudó en reafirmar sus convicciones políticas, por si todavía quedaban dudas de quien era: «Soy
joven y cada vez más socialista».[640]

Tampoco su hijo Manuel, cariñosamente Manolito, parece que
diera muchas satisfacciones a nuestro protagonista en sus últimos
años de vida. Seguramente gracias a la estrecha relación y al intercambio mutuo de favores que había existido a lo largo de los años
entre José Castelló y Tárrega y Vicente Cantós, Manolito consiguió un cargo en una cantera de la que era copropietario el político
de Borriana, que finalmente solo duraría unos pocos meses.[641] En
nuestras entrevistas, María José Marí calificaba con cariño a su tío
Manuel como un *bon vivant*, amante del ocio y del lujo y recordaba
que fue uno de los fundadores del Club Náutico de Castelló de

---

640. «Una entrevista con el director de la casa de la beneficencia don José
Castelló y Tárrega Arroyo», *Heraldo de Castellón*, 26 de marzo de 1936.

641. «… colocado ventajosamente en una explotación minera de Linares».
«Ecos de Sociedad. Manolito Castelló», *Heraldo de Castellón*, 11 de febrero de
1932.

la Plana y uno de sus primeros presidentes en el año 1935.[642] El *Heraldo de Castellón* publicó un pequeño reportaje sobre la fundación del Club que fue redactado por el propio Manolo Castelló-Tárrega Arroyo.[643]

Quien sí debió proporcionarle más alegrías debió ser su hija Fidela y también seguramente su marido, el teniente de la Guardia Civil, Juan Bautista Marí Clérigues, al que se sintió más próximo políticamente por su dedicación castrense, como demuestran algunos artículos publicados en el *Heraldo de Castellón*:

[…] el pecado más grave para el que ejerce el mando, sea el que fuere, militar o civil, es no saber hacer hombres disciplinados, porque las consecuencias pesan luego sobre el cuerpo social. Ya hemos dicho que la culpa de la indisciplina está generalmente en la incapacidad psicológica del mando. Y esa indisciplina no se cura con remedios radicales pues como dice Villamartín, «la disciplina es el resultado de la acción lenta e incesante del mando justo».[644]

Con artículos como este, publicado el 13 de octubre de 1932, parecía a veces que tomaba más partido por su yerno que por su hijo: «*Heraldo de Castellón*, protesta del acuerdo del Congreso socialista

---

642. Entrevista del autor a María José Marí en su residencia el 7 de octubre de 2018. «El Club Náutico de Castellón», *Heraldo de Castellón*, 13 de marzo de 1934.

643. «Cara al mar. Una charla con el presidente del Club Náutico», *Heraldo de Castellón*, 9 de abril de 1935.

644. «Lo indispensable», *Heraldo de Castellón*, 7 de enero de 1930. Antes de su llegada a Borriana, Juan Bautista Marí Clérigues y su esposa vivieron en Cabanes por motivos de traslados laborales del teniente de la Guardia Civil. Allí nacería y fue bautizada su hija María José Marí Castelló-Tárrega, fuente indispensable para conocer pormenores y detalles de las relaciones entre la familia. En el mismo diario encontramos la breve crónica del bautizo de María José Marí Castelló-Tárrega. «Ecos de sociedad. A Cabanes», *Heraldo de Castellón*, 26 y 27 de agosto de 1932.

y eleva homenaje de admiración y respeto al cuerpo de la Guardia Civil, tan injuriado, vejado y combatido como honrosa tiene su hoja de servicios».[645]

José Castelló y Tárrega se encontraba fuera del centro político, probablemente sentía que su tiempo había pasado y sus hijos, a los que educó a su imagen y semejanza, tomaban caminos diferentes a los esperados y parecía que no serían continuadores de la empresa familiar. Una cierta apatía se exteriorizaba en los editoriales publicados en el *Heraldo de Castellón* que firmaba con desaire como «El Cronista», inducido también por una república que no era de su agrado.

Pero algo cambió. De repente, tantos años al servicio de la ciudad parece que pudieron servir para que recibiera una recompensa final a sus esfuerzos: en 1934 fue nombrado director del recién estrenado Museo Provincial. El distanciamiento social de los primeros años de la República se tornaba, tras este nombramiento, en vitalidad y una nueva ilusión para José Castelló y Tárrega, que pareció rejuvenecer gracias a aquello que desde sus inicios en la cuestión publica castellonense había sido uno de sus anhelos: como se encargó de recordar el *Heraldo de Castellón*, reclamó este museo desde el primer año de publicación de su diario en el año 1895.[646] Este nombramiento sin duda reactivó a Castelló y Tárrega, tanto es así que volvió a sus históricas campañas de denuncia por las calles sucias, a sus impulsos para asentar el civismo, incluyendo la solicitud de un nuevo mercado que cubriera las necesidades de toda la ciudad y, algo nuevo en esta etapa, apostó por el fomento del turismo de interior de la provincia de Castelló dadas las numerosas

---

645. «Los socialistas y la Guardia Civil», *Heraldo de Castellón*, 13 de octubre de 1932.

646. «Inauguración oficial del Museo Provincial de Castellón», *Heraldo de Castellón*, 8 de enero de 1934. Y «Se inauguró ayer el Museo Provincial obra que iniciara don José Castelló y Tárrega», *Heraldo de Castellón*, 8 de enero de 1934.

posibilidades en excursionismo que albergaba, detalle del gusto que siempre había manifestado nuestro biografiado por la educación y por la fusión de la cultura, la salud y la educación al aire libre.[647]

El *Heraldo de Castellón* parecía por un tiempo el de principios de siglo y a su director le volvía a preocupar especialmente su ciudad. Pero, como parecía ya una constante en su vida, un nuevo suceso volvió a recordar a José Castelló y Tárrega su sino. Esta vez, el cambio y la interrupción de sus nuevos proyectos fueron provocados por el estallido de la guerra civil española.

Los acontecimientos bélicos del 18 de julio de 1936 sorprendían a José Castelló y Tárrega disfrutando de su estancia como cada año en Benassal. Desde allí, transmitía calma a sus lectores y seguía de una manera que nos parece un tanto frívola por lo que estaba ocurriendo en España —o quizás nunca llegó a prever lo que se avecinaba—, la descripción y promoción del balneario de Benassal: «… mientras se camina al fin de la contienda política el cronista siempre sereno y animoso, quiere proseguir su antigua campaña por la transformación de este lugar cada día más conocido y para todos muy recomendado».[648] Mientras tanto, su yerno, el teniente de la Guardia Civil, Juan Bautista Marí, partía hacia el frente con la Columna Casas Sala (Reguillo 2016), un convoy compuesto por milicianos de Castelló de la Plana y cargos de la Guardia Civil, todavía aparentemente leal al Gobierno de la República, como se puede ver en la siguiente cita:

No os dejéis desbordar por el morbo de la desesperación, pues como os digo la Guardia Civil sabrá cumplir siempre con su deber hasta

---

647. «Del Castelló rutinario», *Heraldo de Castellón*, 9 de julio de 1935.

648. «Crónicas veraniegas Fuente d'En Segures (Benassal)», *Heraldo de Castellón*, 28 de julio de 1936.

realizar la ofrenda de sus vidas en beneficio vuestro. Para esto os pido tranquilidad y orden. Eso es lo que os pide vuestro teniente coronel ¡Viva España! ¡Viva la República![649]

La realidad fue otra y de ella también escribiría, como testigo de este capítulo histórico, el propio Juan Bautista Marí. Milicianos abatidos a tiros en La Puebla de Valverde, el paso de bando de la Guardia Civil al ejército nacional y el fusilamiento de Casas Sala, fueron, en resumen, los sucesos que vivía en esos momentos este miembro de la familia de Castelló y Tárrega (Reguillo 2016). En su relato publicado en el *Heraldo de Castellón* describió el enfrentamiento entre los milicianos y la Guardia Civil que acompañaba la marcha hacia Teruel, contaba cómo, ya durante el viaje el clima fue tenso, con discusiones y acusaciones propias de un ambiente de crispación. También describió el tiroteo que se produjo en La Puebla de Valverde entre los guardias civiles y milicianos que terminó con numerosas bajas y el fusilamiento del diputado Casas Sala.[650] Después de estos hechos, la Guardia Civil se presentó en Mora de Rubielos, y se mantuvo fiel al Movimiento Nacional.

El diario de José Castelló y Tárrega, tal vez entre la espada y la pared, por miedo a las posibles represalias de los milicianos, publicó una crónica tildando el comportamiento de la Guardia Civil como un acto vil. El Frente Popular ya estaba cerca de la redacción y eso se hacía notar en las noticias que se imprimían:

[...] los fascistas ovacionaron a la Guardia Civil de Castellón y pidieron que fusilaran a los detenidos los prisioneros. En número de 25 fue-

---

649. «Dos notas del Gobierno Civil», *Heraldo de Castellón*, 30 de julio de 1936.

650. «Lo del día en Castellón», *Heraldo de Castellón*, 27 de julio de 1936.

ron llevados a Puebla de Valverde donde se les asesinó villanamente. Casas Sala murió al grito de Viva la República.[651]

Desde el *Heraldo*, José Castelló y Tárrega seguía lanzando mensajes tranquilizadores a la población de la Plana a lo largo del año 36, como si el ruido de los tiros no fuera con ellos:

> Fuera de la constante circulación de los coches requisados para los movimientos de las fuerzas públicas y de la llegada de autobuses y camiones para trasladar al frente de Aragón las columnas de milicianos, nada hay que altere la tranquilidad de Castellón y es de desear que la normalidad no se interrumpa un solo momento.[652]

Pero nuevas circunstancias parece que le iban minando el ánimo a nuestro protagonista. Su hijo José Castelló-Tárrega Arroyo, concejal del Ayuntamiento de Castelló de la Plana desde mayo de ese mismo año (Bahamonde y otros 2008), daba un paso adelante en su compromiso político en la guerra y Manuel partía al frente mientras su yerno, Juan Bautista Marí, luchaba en el bando opuesto al de sus hijos.

La familia Castelló y Tárrega estaba otra vez en el epicentro de la noticia, pero seguramente no sería este el protagonismo deseado por José Castelló y Tárrega. De esta nueva guerra no exaltó ni arengó a los soldados a luchar por la patria, ni pidió más compromiso ciudadano, tampoco habló de banderas, ahora eran los suyos los que se batían a muerte, y lo hacían de forma voluntaria, no obligados. Así, con llamamientos a la calma, de un día para otro, sin previo aviso ni nota de despedida, José Castelló y Tárrega dejaba de ser el

---

651. «De Barcelona. Una carta del alcalde de Alcalá de Xivert sobre la muerte del diputado Casas Sala», *Heraldo de Castellón*, 15 de agosto de 1936.

652. «Castellón al día», *Heraldo de Castellón*, 30 de agosto de 1936.

director del *Heraldo de Castellón*. Una «nueva etapa» se abría para nuestro personaje, como rezaba el titular de aquel 1 de septiembre de 1936:

El Heraldo de Castellón continuará repartiéndose a los mismos suscriptores y a quien no le interese que lo diga, que no tendremos interés en investigar.[653]

Su propio hijo José pasaba a ser su nuevo director y tras él, el Frente Popular tomaba la redacción, la imprenta y la cabecera, se cumplían 41 años de tirada diaria para el *Heraldo de Castellón*.[654] Así lo contaban en el número del 1 de septiembre de 1936:

El camarada José Castelló-Tárrega Arroyo, periodista y militante de un partido de avanzada, ha empuñado el timón de este navío. En torno al compañero nos agrupamos unos trabajadores dispuestos a la lucha. Que el Frente Popular nos oriente y nosotros lancemos a los vientos el airón de nuestras convicciones fervorosas.[655]

A partir de entonces la redacción del periódico pasó a la casa de José Castelló-Tárrega Arroyo. Y el diario se llenó de noticias y propaganda del Frente Popular, con titulares enervados que mostraban la crueldad del enemigo. Entre estos artículos destaca el publicado

---

653. «Nueva etapa», *Heraldo de Castellón*, 1 de septiembre de 1936.

654. «El Heraldo de Castellón, diario del Frente Popular», *Heraldo de Castellón*, 15 de agosto de 1936.

655. «Nueva etapa», *Heraldo de Castellón*, 1 de septiembre de 1936. En un anuncio de la misma plana se deja entrever el clima de miedo que se vivía en esos meses: «EL Heraldo de Castellón», *Heraldo de Castellón*, 1 de septiembre de 1936.

a los pocos días de la toma del diario por el Frente Popular en que narraban la muerte de Federico García Lorca.[656]

Ni una sola mención de su antiguo propietario y fundador, ni la posibilidad de un artículo de despedida después de tantos años de trabajo, tampoco una leve justificación que explicara esta medida. Nada quedaba de su decano director, solo la deferencia de mantener el nombre del diario con el que se escribió la historia de una familia.

No podemos imaginarnos cómo debió ser el momento en que su propio hijo tomaba las riendas del diario dejando fuera a su padre. Seguramente esta vez no le importaría tanto dejar la dirección del Museo con su prestigio nuevamente puesto en entredicho. Su tiempo había pasado, lo imaginamos incrédulo ante los acontecimientos, tal vez resignado y pensando que era lo mejor para él, pues en su pasado quedaba su figura de monárquico, ferviente creyente y burgués, que denunció atrocidades cometidas contra los religiosos por algunos que ahora estaban en el poder, noticias que posiblemente fueron exageradas, como hicieron otros periódicos monárquicos de la época (Preston 1999).

Con todo esto y, siendo además suegro de Juan Bautista Marí, José Castelló y Tárrega quedaba en muy mala situación a ojos del Frente Popular en la ciudad, especialmente frente a aquellos grupos de anarquistas a los que llamó vándalos en numerosas ocasiones desde las columnas de su diario (Reguillo 2001).[657] En ese contexto, sus dos hijos varones eran los únicos que podían salvarlo de

656. «¡Lo han matado!», *Heraldo de Castellón*, 10 de septiembre de 1936.

657. Por ejemplo, José Castelló y Tárrega se posicionó a favor del fusilamiento de los procesados el 12 de diciembre de 1930 en Jaca, los capitanes Ángel García Hernández y Fermín Galán Rodríguez que se sublevaron contra la monarquía de Alfonso XIII. Esta posición le valdría las críticas, una vez proclamada la República, de los sectores más radicales del republicanismo castellonense. Germán Reguillo, *El partido republicano de Castellón*, pp. 915-918.

exaltadas represalias, en una ciudad todavía republicana. Por eso, nos inclinamos a pensar que quizás fuera el propio José Castelló y Tárrega, ante el avance de la guerra y para luchar contra el fascismo, quien *motu proprio* entregara el diario a su hijo.

José Castelló y Tárrega pasaría sus últimos meses de vida viendo pasar milicianos tras las cortinas de su residencia, siempre con el miedo a tener que enterrar a otro hijo más; y, entre los cuidados de su esposa, quizás debió preguntarse qué hizo mal y si valió la pena tanto esfuerzo, como dijera José Hierro: «Después de tanto todo para nada».[658]

En nuestras conversaciones con María José Marí Castelló-Tárrega recordaba la imagen, borrosa por la infancia, de José Castelló y Tárrega ya sin el *Heraldo de Castellón* y enfermo en su piso de Castelló de la Plana. Allí le dio el último beso a su abuelo antes de partir junto a su madre y hermanos a Alicante, donde destinaron a su padre durante la Guerra Civil. Sin propiedades, ni lujos, pero sin dejar de hacer lo que le gustaba, esperaba la muerte que, como él mismo dijo en una entrevista, le llegaría el día que dejara de trabajar.

El destino quiso que muriera en casa, en el silencio del hogar, el día 20 de febrero de 1938. Seguramente se marchó con miedo ante una situación que se estaba tornando incontrolable y con la pena de ver a su familia dispersa y con un futuro incierto.

Una esquela que ocupaba —eso sí— toda la portada, daba cuenta de su muerte, aunque en ella no asomaba ningún atisbo religioso:

[…] la dirección del Heraldo de Castellón y el personal de redacción, administración y talleres; al comunicar a sus lectores tan sensible y dolorosa pérdida, testimonian su más sentido pésame a sus familiares y ruegan a sus amistades que le dediquen un piadoso recuerdo.

---

658. Verso del poema *Vida* de José Hierro.

Todavía quedaban trabajando en la imprenta del *Heraldo de Castellón* sus sobrinos Joaquín, Carlos, Antonio y Fausto Castelló, quienes, en un gesto de justicia y dignidad, rindieron en la medida que pudieron, un homenaje laico a su mentor y protector durante tantos años, con un recuerdo en dos columnas de quién fue:

> Con Castello y Tárrega se pierde un excelente periodista, un gran castellonense, modelo de civismo, ciudadanía, libertad y un ejemplar padre de familia.[659]

A las once de la mañana del 21 de febrero de 1938, al día siguiente de su muerte, familia y amigos daban sepultura a José Castelló y Tárrega en la capital de la Plana. En el entierro, de los tres hijos, solo aparece referenciado Manuel que estaba de vuelta del frente de Córdoba en el que estaba fungiendo como teniente en el 14 Batallón de Carabineros y donde fue herido, como relataba el *Heraldo de Castellón*, de forma heroica.[660] Pero estos hechos y los que le esperaban al resto de la familia ya nunca los conocería José Castelló y Tárrega.

---

659. «Don José Castelló y Tárrega ha muerto», *Heraldo de Castellón*, 21 de febrero de 1938.

660. «Manolo Castelló y Tárrega Arroyo», *Heraldo de Castellón*, 24 de mayo de 1937.

A MODO DE EPÍLOGO

BREVES APUNTES DE LA FAMILIA CASTELLÓ Y TÁRREGA TRAS LA GUERRA CIVIL ESPAÑOLA

José Castelló y Tárrega no vio entrar al ejército nacional en la ciudad de Castelló de la Plana el día 14 de junio del año 1938 (Reguillo 2016). Ni vio desaparecer totalmente el *Heraldo de Castellón* confiscado por el nuevo Gobierno del general Franco y transformado en *El Mediterráneo*. Como tampoco vio marchar al exilio a sus hijos José y Manuel.

Los dos lograron, junto a la familia de José, llegar a Alicante donde su cuñado, Juan Bautista Marí los ayudó a partir hacia Orán, primera escala en su viaje definitivo al exilio mexicano.

El hijo de José Castelló-Tárrega Arroyo, José Castelló-Tárrega Bueso, con quien pudimos entrevistarnos y conocer detalles de la vida de su padre, nos contaba que, una vez allí, gracias a los contactos con masones españoles, gozaron de importantes privilegios en sanidad y educación.[661] Aun así, el que fuera vicepresidente de la Diputación de Castelló, alcalde de la ciudad de la Plana y fiscal tuvo que ganarse la vida vendiendo lápices en plena calle de la ciudad de México.

---

661. Entrevista del autor a José Castelló-Tárrega Bueso, el día 15 de octubre de 2018.

José Castelló-Tárrega Arroyo fue el promotor de una de las comunidades de valencianos que se crearon entre los exiliados españoles, y llegó a publicar una revista a la que llamó *La Senyera*.[662] Jamás volvería a España, murió en México en el año 1982. Tampoco volverían ni su esposa, ni su hija Carlota. Solo su hijo José Castelló-Tárrega Bueso retornó a la ciudad de la Plana donde escribió parte de esa historia para que siguiera vivo el apellido Castelló y Tárrega (Nos complace saber que con esta investigación estamos ayudando a cumplir ese objetivo).

Si José Castelló y Tárrega tuvo en Ramiro –siempre salvando las distancias– un punto en el que asentarse, José Castelló-Tárrega Arroyo tendría a Manuel, su hermano pequeño, quien, a su vez, tenía en su hermano mayor un espejo donde mirarse. José fue el hijo perfecto para su padre, por sus estudios, talante y formalidad –al menos hasta que este tomó su propio camino ideológico–, mientras que Manuel fue sin duda el protegido de su madre, según nos contaba María José Marí, quien nos hablaba de sus últimas imágenes de su tío tras su vuelta de México, establecido durante un tiempo en Alicante, donde emprendió negocios vinculados al mar con poco éxito, pero que le permitieron ser el *bon vivant* que siempre fue, alternando el trabajo con estancias breves en la ciudad de Castelló de la Plana, como nos decía también Ferran Sanchís, nuestro «cronista particular» de Castelló de la Plana.

También Fausto, uno de los sobrinos de José Castelló y Tárrega, se instaló en Alicante, y el resto, tras ser confiscado el *Heraldo de Castellón*, sobrevivieron en la ciudad de Castelló de la Plana, afortunadamente sin causas pendientes relacionadas con su

---

662. Pudimos ver algunos de sus ejemplares que aún conserva Ferran Sanchís, quien, durante años mantuvo correspondencia con José Castelló-Tárrega Arroyo en su exilio. Queremos dar las gracias encarecidamente a quien ya consideramos amigo nuestro por su amabilidad y por la posibilidad que nos dio de consultar esa revista.

pertenencia al diario, pues contaron con las influencias de Juan Bautista Marí.[663]

María José Marí, nuestra principal fuente oral en esta investigación, salió de Borriana para trasladarse a Alicante con su familia, mientras terminaba la guerra. Una vez «cautivo y desarmado el ejército Rojo» se trasladaron a Madrid. Allí, ella y sus dos hermanos, Juan y Concha, vivieron una vida holgada con su padre que estaba vinculado al Gobierno franquista. Llevaron a su abuela Fidela a vivir con ellos, a la que las autoridades denegaron la paga de viudedad, por lo que tuvo que desprenderse de todos sus inmuebles. Fidela Arroyo murió en Madrid, junto a su hija y nieta, en el año 1955 cuando contaba con 80 años de edad.[664]

Una vez incautado, las máquinas del *Heraldo de Castellón* fueron donadas a un hermano de Juan Bautista Marí, que finalmente fue acusado de deserción en la guerra, una vergonzosa mancha que, según la familia, no supo gestionar y que lo llevaría a una muerte trágica. Un dramático final como el del propio diario.

No procede en esta investigación extendernos en las diferentes vidas de los personajes que compartieron escena con José Castelló y Tárrega, pero considerábamos necesario hacer un breve apunte de lo que puede ser un interesante proyecto de investigación sobre la familia Castelló y Tárrega durante y después de la guerra civil española.

Lo dejamos aquí de momento.

---

663. Para más información acerca de la confiscación del *Heraldo de Castellón*, véase Centro Documental de la Memoria Histórica de Salamanca. Auditoria de Guerra del Ejército de Ocupación. Fichero de Criminalidad. Causa General. Pieza quinta de Castellón, FC-Causa- General, 1405, exp. 24; pieza sexta de Castellón, FC-Causa General, 1405, exp. 25.

664. En el año 1954 donó toda la colección del *Heraldo de Castellón* al Archivo Municipal de Castelló de la Plana.

CONCLUSIONES

En el año 1901 el político Alejandro Lerroux sentenció que «el periodismo era el refugio de fracasados de la literatura, hospital de inválidos de otras carreras o camino donde marchan en carrera desenfrenada las ambiciones políticas» (Seoane y Saiz 2007). Esta frase guarda cierto paralelismo con la vida de nuestro personaje, quien trató sin éxito de ser escritor, dejó el magisterio por el periodismo político para llegar a la política con el apoyo del periodismo. Nos parece aventurado plantear que José Castelló y Tárrega tuviera una verdadera vocación de periodista –como dijeron sus coetáneos–, más bien, el periodismo debió ser la mejor forma de vencer al escritor frustrado, aquello que escribía podía ser leído y, además, obtener una remuneración. Aunque José Castelló y Tárrega no consiguió vivir de sus obras, mantuvo siempre la pasión por la cultura, como demuestra su participación en veladas literarias, creación y participación en certámenes literarios, apoyo a escultores y pintores incipientes, promoción de centros de enseñanza o estar a la cabeza de instituciones culturales como el Ateneo de Castelló de la Plana o el Museo Provincial, si citamos lo más destacado.

José Castelló y Tárrega tuvo en la prensa, especialmente en su periódico más importante, el *Heraldo de Castellón*, el apoyo necesario para prosperar política y económicamente, de modo que este medio de comunicación, aunque no ha sido el objeto de estudio principal de esta investigación, ha cobrado una especial relevancia, desde el análisis de sus editoriales y noticias, hasta los aspectos estructurales, nos han servido para acercarnos a nuestro personaje y además para tomar el pulso a la sociedad castellonense de la época y en parte también para tratar de entender la evolución de la prensa en más de cuatro décadas de vida del *Heraldo de Castellón*.

Para entender mejor a José Castelló y Tárrega y a su periódico, debíamos empezar por el inicio de esta historia. Por eso, decidimos acudir a La Vall d'Uixó en busca de sus orígenes para, desde allí, comenzar con la construcción de su figura pública y privada hasta donde nos han permitido las fuentes. Saber quién fue y de dónde partió su andadura nos ha ayudado a responder una de las primeras preguntas que nos hacíamos al inicio, cómo un joven dedicado a la enseñanza abandonó aquello por lo que había estudiado para dedicarse con exclusividad a la profesión de periodista. Para dar respuesta a este interrogante hemos tirado de diferentes hilos que nos han conducido a los personajes que ayudaron a Castelló y Tárrega para que esto sucediera, entre los que se encuentran el canónigo Joaquín Morós o Benjamín González, entre otros. Castelló y Tárrega vio que su futuro profesional pasaba por mantenerse cerca de estos próceres y, al parecer, no se equivocaba, con su ayuda consiguió contactar con un político de la talla de José Canalejas y que este le confiara un proyecto periodístico que le cambiaría la vida. Ambos personajes quedaron unidos en una relación de interés que para José Castelló y Tárrega era algo más, fe en su ideología que trató de imitar, en ocasiones convencido y otras veces aceptada por conveniencia, pero si algo tenían en común ambos personajes era la ambición de prosperar en la política que poseían, las ganas de medrar y sentirse cómodos en el «ojo del huracán», allí donde los golpes son más fuertes y los éxitos más sonados.

A lo largo de los distintos capítulos que componen esta investigación hemos podido mostrar, en la medida que nos han permitido las fuentes, la evolución de nuestro biografiado, José Castelló y Tárrega. Dos facetas han sobresalido desde el principio, la del periodista y la del político, que siempre han ido intrínsecamente unidas. Castelló y Tárrega empezó como periodista, pero pronto pasó no solo a representar estamentos de importancia de la ciudad y la política castellonense, sino que llegó a trascender el marco provincial y ocupar puestos en otros puntos del país, lo cual nos indica que hemos estado frente a un personaje con una evolución e importancia política y social destacable. Hemos querido remarcar su nombramiento como gobernador civil de Toledo y el cargo de presidente de la Diputación de Castelló, dos momentos en los que compensó tantos años de tesón y ambición por llegar a lo más alto del poder, pero sin terminar de consolidarse en ningún cargo, pues las circunstancias políticas del país se lo impidieron.

Estudiar a José Castelló y Tárrega nos ha servido para conocer más de cerca el juego y la maraña política de Castelló de la Plana y su provincia, pero con una atención más concreta los nombres que resaltaron dentro del Partido Liberal en las diferentes etapas del periodo de la Restauración. Sin la pretensión de hacer un estudio de esta facción, desde el prisma informativo del *Heraldo de Castellón*, hemos conocido a los políticos de este partido con los que tuvo afinidad nuestro protagonista, los que pusieron trabas en su camino y aquellos a los que ayudó desde sus columnas para facilitarles el éxito político frente a otros «camaradas». Este fue el caso de Vicente Cantós, a su disposición puso el *Heraldo de Castellón*, no solo en la etapa en que fueron compañeros canalejistas, sino también cuando este político de la Restauración, liberal monárquico convencido, en un ejercicio camaleónico, cambió al morado de las banderas en los nuevos tiempos de la II República. Así, si los cargos políticos fueron importantes, por el significado y la trascendencia que tuvieron en las distintas épocas vividas por nuestro protagonista, bajo nuestro punto de vista, resultan igualmente significativas las relaciones personales que mantuvo con muchos de ellos, en algunos casos cambiantes a tenor de las diferentes circunstancias y pactos políticos y, en otras ocasiones, de relaciones irreconciliables.

La búsqueda del personaje y de lo que se esconde detrás de sus intereses, nos ha llevado a descubrir qué clase de motivos lo llevaron a fundar sus periódicos. Demostrado ha quedado, especialmente en el caso del *Heraldo de Castellón*, que no se crearon por el simple hecho de transmitir información en la provincia de Castelló. Su fundación ayudó a cubrir unas necesidades políticas y sociales para su director e incluso hemos visto cómo se beneficiaron también empresas y personajes de su red más cercana, empezando por sus hermanos y familiares.

En línea con la progresión de su director, el *Heraldo de Castellón* sumó adeptos no sólo en la ciudad, sino en toda la provincia, cogiendo fuerza y ganándose el respeto de su competencia, tanto periodística como política. Reflejo de esto es la cantidad creciente de anunciantes que tuvo y que le permitió mantenerse en la primera línea periodística durante toda su larga vida, aunque pasando momentos complicados, como hemos visto, por ejemplo, en el contexto de la I Guerra Mundial debido a la subida del precio del papel y más tarde con las crisis obreras que pusieron en jaque la salida diaria del rotativo.

En la construcción de nuestro personaje, tan importante han sido el periodista y el político, como el hombre, en sus facetas de hermano, marido y padre de familia. Hemos intentado desvelar parte de su vida personal e íntima, pues quedó igualmente reflejada en las fuentes, y nos ayudó a entender muchas de sus decisiones, muchos de sus anhelos y alegrías y también muchos de sus desvelos y tristezas. Ha sido de vital importancia conocer quién fue José Castelló y Tárrega fuera de la redacción y del foco mediático de la sociedad castellonense. Desde el vocero que dirigió, como si se tratara de un diario personal, plasmó en sus columnas muchos de los acontecimientos relacionados con su familia, desde su noviazgo y boda con su esposa, los nacimientos de sus hijos, incluso la muerte de dos de ellos. Si el profesional nos ha dado como resultado un trabajador incansable, de gran ambición por llegar cada vez más alto y de honestidad en sus ideas, el Castelló y Tárrega íntimo ha ido en paralelo a esa actitud profesional, quiso para su familia el mejor posicionamiento social posible y vivir acorde a ello, algo que su estabilidad económica le pudo permitir, consiguiendo colocar el apellido Castelló y Tárrega entre la flor y nata de la sociedad de la provincia.

Antes de dedicarse de lleno a la educación de sus hijos, José Castelló y Tárrega se esforzó para que su familia se aprovechara de la inercia que su carrera estaba tomando y, a rebufo de su éxito, vivieron sus hermanos y algunas personas de su entorno familiar y amistades. El ejemplo más claro fue su hermano Ramiro al que hemos dedicado más atención que a otros miembros del clan familiar, no solo por el interés que suscita a nivel histórico, tanto como periodista como político, sino también por ser como una prolongación de la vida íntima y personal de nuestro personaje.

Por lo que respecta al periodista, la creación del rotativo se enmarca en la configuración de un modelo de prensa local, por lo que el *Heraldo de Castellón* se ha comparado con otros periódicos del momento, para así entender la política de Castelló de la Plana y las necesidades ideológicas de su director. Para ello, se ha analizado una parte de la prensa local, ayudándonos de una fuente tan importante de información como son estos medios informativos que funcionan como crisol que refleja todo aquello que sucede en el día social y político de una ciudad y su provincia, la de la Plana. Se ha buscado la relación que ha tenido el periódico al que hacemos referencia con otros coetáneos a él, su interacción con ellos, junto con el cruce de mensajes entre las redacciones, en ocasiones cordiales y en otras con dureza y exceso de críticas por intereses políticos, que llevaron a una hostilidad sin posibilidad de reconciliación. Los editoriales críticos dirigidos a los otros rotativos de la ciudad no eran una falsa postura para cumplir con sus correligionarios, diversas agresiones y los juicios a los que se enfrentó José Castelló y Tárrega corroboran la verdad en estas hostilidades entre periódicos locales, unas situaciones que le reportaron más notoriedad que perjuicios.

Hemos intentado explicar con ello un modelo de prensa vigente en la ciudad de Castelló de la Plana en el contexto de entre siglos, un periódico, por ejemplo, el *Heraldo de Castellón*, que en sus primeros compases tuvo que coger rápido el pulso de la información, coincidiendo sus primeros meses de publicación con la última guerra de independencia en Cuba, un suceso del que nos ofreció su posicionamiento patriótico y caritativo a la vez con los reservistas castellonenses y que hemos comparado con la idea de la guerra que mantuvo José Canalejas. José Castelló y Tárrega era visto con recelo por las élites de la ciudad, el «recién» llegado se había «colado de rondón» en la vida social sin amedrentarse, con la intención de buscarse un sitio, de afianzarse para crecer y para ello tenía el arma perfecta, poseía el poder de la información, el *Heraldo de Castellón* fue creado por él y el mismo diario trazaría el personaje de su fundador. Las columnas del *Heraldo de Castellón* «daban brillo a Canalejas –como estaba acordado–, pero al mismo tiempo el papel y la tinta de cada tirada no descuidaba la imagen de su director.

Hemos visto como de ese modelo periodístico se beneficiaron unos personajes, con lo que hemos conseguido corroborar cómo el *Heraldo de Castellón* realmente ayudó en la carrera política a José Castelló y Tàrrega, siendo su principal plataforma de ascensión política y social en un momento de modernización de la ciudad de Castelló de la Plana. En este progreso de la ciudad destacan obras tan importantes y de influencias tan directas en nuestro personaje como la del puerto de Castelló de la Plana, una infraestructura que desde las instituciones y la prensa se asoció con el trabajo y prosperidad económica para el conjunto de la ciudadanía, y esta situación sensible la vio José Castelló y Tárrega como una oportunidad para asentar su imagen y su persona, que dedicaba continuos editoriales del puerto con un interés en la consecución de las obras como si de su propia casa se tratara. Si en el final del siglo XIX su imagen se asoció al patriotismo en la guerra de Cuba y a la ayuda a los reclutas –más que ningún otro medio y personaje–, el inicio del siglo XX se unió a la construcción del puerto y a su elección como concejal del Ayuntamiento de Castelló de la Plana. De ese modo, nuestro protagonista construía su personaje en la ciudad que unos años antes lo acogió, por la que mostró tanto o más interés que cualquiera que allí hubiera nacido, en ella se había casado y estaba formando una familia, estaba afianzando unas raíces cada vez más profundas para hacer olvidar a sus detractores que era el «forastero». Una ciudad tiene mucho de la interacción del humano que la habita, fedatario de los cambios que en ella se producen y la ciudad de Castelló de la Plana fue parte de la biografía de la memoria de los ciudadanos que trataron de mejorarla, aquellos que, como José Castelló y Tárrega, tuvieron en sus manos la capacidad de cambiarla.

La transparencia que mostró su periódico en los aspectos más personales e íntimos de su director nos ha ayudado igualmente a aproximarnos al aspecto psicológico del personaje, vislumbrar, por su estilo a la hora de escribir, su estado de ánimo, percibir el carácter cambiante delimitado por los diferentes contextos en los que vivió, un rasgo que ayudó a forjar una personalidad que se caracterizó por la rectitud en las formas, la exaltación de la cultura en favor del progreso, el gusto por el orden y el trabajo como característica más sobresaliente del personaje.

También desde el periódico hemos visto una clara tendencia a la cordialidad y al trato correcto con diferentes sectores y personajes de la sociedad, aunque estos militaran en otros partidos, se ayudaba y se enaltecía a figuras que podían ser beneficiosas para los intereses personales, otra estrategia que estuvo igualmente puesta al servicio de los objetivos que persiguió José Castelló y Tárrega. Conocer sus relaciones con los diferentes directores de otros periódicos y con otros coetáneos ha sido otra tarea complicada que se ha intentado desentrañar desde las líneas del periódico. Entender las personas que compartieron escena en el transcurso de su vida resultaba fundamental para comprender su vida y la sociedad castellonense y ese juego de relaciones tan interesante. Hemos destacado, por ejemplo, el trato que tuvo con el republicano Fernando Gasset Lacasaña con el que no solo existía corrección en las formas debido a los pactos políticos puntuales que acordaban, sino que existió respeto y, por parte de Castelló y Tárrega, admiración, reconocimiento a su figura y una relativa amistad. En referencia a su círculo cercano de amistades hemos podido extraer un listado extenso, la mayoría de la capital de la Plana, entre los que destacaríamos a Sebastián Carpi, un rico comerciante que acompañó a Castelló y Tárrega desde que llegó a la capital. Este tipo de relaciones demuestra que antes de llegar a la ciudad ya contaba con un cierto prestigio y el aval de personajes influyentes dentro y fuera de la ciudad que le ayudaron en sus primeros años de carrera. En este caso, creemos que no solo Castelló y Tárrega recibió favores para poder escalar puestos, también los que se acercaron a él y se consideraron amigos, tuvieron la posibilidad de beneficiarse de su ayuda como director de un periódico de tirada diaria, lo que significaba, en definitiva, tener en sus manos el poder de la información, a lo que debemos añadir la relación estrecha con José Canalejas. Todas esas circunstancias, aunque no le situaban en primera línea de las personalidades castellonenses, al menos sí ostentaba una posición de privilegio.

El análisis del diario en todos esos aspectos nos ha servido para poner en entredicho el discurso de su director, quien definió su periódico como un medio de comunicación apolítico, algo que carece de lógica por haber estado creado para ponerse al servicio de Canalejas y al de su propio fundador.

Nos hemos servido del *Heraldo de Castellón* también para indagar en las estrategias elaboradas por las élites y las clases más poderosas para sumar poder, subir y escalar posiciones en el entramado político y social provincial. De esas élites se extrajeron los nombres de los personajes que conformaron el nivel más poderoso del Castelló de la época. También nos interesaban las que podríamos llamar «elites cultivadas», pues las relaciones que nuestro personaje mantuvo con ellas nos permitieron, entre otras cosas, relacionarlo también con el mundo de la cultura y las artes que, en opinión de nuestro protagonista, eran imprescindibles para el crecimiento y progreso de las ciudades y en concreto de la capital de la Plana.

Igualmente, se ha utilizado la prensa, más concretamente el *Heraldo de Castellón*, para conocer el entramado y la vida de la ciudad y sus ciudadanos, aunque sin dejar de comparar la historia de la provincia con lo que estaba sucediendo en esos convulsos años en el resto de España. Las noticias de ámbito local y provincial nos han ayudado a conocer mejor las intenciones políticas y profesionales de Castelló y Tárrega, la relación en cada momento con sus coetáneos, en unas secciones fijas que reflejaron los diferentes movimientos políticos y sociales de la ciudad y la provincia. Los apartados del diario que hemos extraído para compararlos con actuaciones y sucesos del personaje marcan la columna vertebral de nuestro estudio y, desde ellos, se han tratado de detectar los cambios que se iban sucediendo en las costumbres de una ciudad en continuo movimiento. En definitiva, creemos haber aportado datos suficientes para conocer un poco mejor a nuestro protagonista y a su principal periódico y ello nos ha permitido acercarnos igualmente a un tipo de prensa propia de la época.

Como comentábamos al empezar este estudio, esta historia deja la puerta abierta a otras interpretaciones de un mismo personaje y de su historia. No sería esto una afrenta a nuestro trabajo, más bien al contrario, si nuestras páginas son mejoradas en postreras investigaciones sobre «nuestro personaje», sería señal inequívoca del interés que ha suscitado la redacción de la vida de José Castelló y Tárrega, por tanto, parte de nuestro cometido se habría cumplido, que el nombre de José Castelló y Tárrega aparezca en la historiografía castellonense con una importancia mayor que la de actor secundario como hasta ahora se le había otorgado. Era una de nuestras misiones situar a José Castelló y Tárrega en el lugar que merece en la historia de la provincia de Castelló de la Plana, no solo en los aspectos político y periodístico mencionados, sino también en lo que respecta a su importancia como «creador-reproductor» de la historia de la ciudad durante más de cinco décadas.

Aunque su historia se cierra con su fallecimiento, al mismo tiempo se abre la puerta a una segunda parte de la historia de esta familia y de este apellido ilustre que bien podría continuar con la vida de su hijo José Castelló-Tárrega Arroyo, personaje no menos interesante, con una vida pública que inició en Castellón de la Plana como abogado y periodista y continuó como político que acabó en el exilio tras la Guerra Civil.

No queremos acabar estas conclusiones sin recordar el injusto ostracismo al que se ha sometido a José Castelló y Tárrega, no solo por parte de la historiografía, también de las instituciones. Por ejemplo, no aparece en el callejero de Castelló de la Plana (aunque sí en el de La Vall d'Uixó, la localidad que le vio nacer), ni existe ningún monumento o placa que recuerde su trabajo en la ciudad que lo adoptó, y su paso como presidente de la Diputación de Castelló ha quedado en el limbo de la desmemoria.

Durante los años en que nos hemos adentrado en la vida de nuestro personaje, en lo que se ha convertido en una larga relación, hemos pasado por diferentes estados de ánimo, hasta llegar a querer a José Castelló y Tárrega con sus virtudes y defectos e integrarlo como parte de nuestra vida, una curiosa coincidencia simbólica (o quizás una predestinación que dirían algunos) por ser un hombre que murió 43 años antes de que naciera el que ahora le estudia y le escribe..., los mismos que duró el periódico que lo propició todo.

Esta historia que hemos reconstruido, de algún modo es también presente, convive en las calles de la ciudad en las que ahora nos movemos, las mismas que otrora cobijaron al hombre que hemos retratado. No podemos evitar imaginarlo en los sillones del Casino Antiguo que se translucen desde la calle, por los mismos ventanales por los que vio cambiar y progresar a su ciudad; imaginamos a José Castelló y Tárrega del brazo de su esposa Fidela a la salida del Teatro Principal o paseando por el paseo Ribalta, decorados de una ciudad que fueron para él, y que siguen siendo para nosotros, espacios en los que movernos y escribir nuestra propia historia.

Conocer a los descendientes de José Castelló y Tárrega hizo que nuestra visión del personaje cambiara, humanizamos los papeles y, desde sus palabras, pudimos imaginar su voz. Consiguieron, además, que nuestra ilusión por este estudio creciera a medida que hablábamos con aquellos que un día caminaron de su mano, se sentaron en su regazo y escucharon su voz, esa que encandiló a sus coetáneos, que enardeció enemigos y que nosotros tratamos de imaginar y reconstruir, la del periodista, político, y ante todo hombre, en definitiva, un ser humano más dentro de la historia social de Castelló que, junto con muchos otros, modelaron la sociedad y la ciudad desde la que hemos tratado de rendir homenaje, a nuestra manera, a hombres como José Castelló y Tárrega. Esperamos haberlo logrado.

FUENTES DOCUMENTALES Y BIBLIOGRAFÍCAS

Archivos

Archivo de la Diputación de Toledo
Archivo Provincial de Toledo
Archivo Histórico Nacional
Archivo Regional de Madrid
Archivo Municipal Histórico de Castelló de la Plana (AMH)
Archivo de la Diputación Provincial de Castelló (ADPCS)
Archivo del Ateneo Cultural de Castelló de la Plana
Archivo Municipal de La Vall d'Uixó

Fuentes periódicas

Boletín Oficial de la Provincia de Toledo (1921-1922)
El Anticosiero (1890)
El Clamor (1896-1922)
El Clar y Net (1885)
El Diario de Castellón (1890- 1898)
El *Heraldo de Castellón* (1895-1938)
El Liberal (1890-1895)
El Regional (1898-1903)
La Provincia (1895-1915)
La Provincia Nueva (1916-1934)

Bibliografía

Abad, Vicente. 1984. *Historia de la naranja 1781-1939*. València: Comité de la Gestión de la Exportación de Frutos Críticos.

—. 2007. «José Castelló y Tárrega, un periodista metido a político». *Revista de l'Associació Arqueològica de la Vall d'Uixó, Orleyl* 4: 22-26.

Aguilar, Consol. 1985. *La educación en Castelló a través de la prensa, 1868-1900*. Castelló de la Plana: Diputación de Castelló.

Aguilar, Paloma. 2008. *Políticas de la memoria y memorias de la política*. Madrid: Alianza Editorial.

Albuera, Antonio. 1990. «El cesante: análisis de un «tipo» social del siglo XIX». Madrid: *Cuadernos de historia contemporánea* 12: 45-66.

Alcaide, Rafael. 1999. «La introducción y el desarrollo del higienismo en España durante el siglo XIX. Precursores, continuadores y marco legal de un proyecto científico y social», *Scripta Nova. Revista electrónica de geografía y ciencias sociales* 3: 32-54.

Alía, Francisco. 2009. «El General Aguilera y la crisis política de la Restauración». En *La Guerra de Marruecos y la España de su tiempo (1909-1927)*. Ciudad Real: Sociedad Don Quijote de Conmemoraciones Culturales de Castilla-La Mancha.

Almuiña, Celso Jesús. 1992. «Revolución burguesa: Prensa y cambio social». En *Dos-cents anys de premsa valenciana*. València: Generalitat Valenciana.

Alós, Vicente R. y Carmen Castellet. 1998. *El ocaso de sistema canovista: Elecciones generales en Castellón 1903-23*. Castelló de la Plana: Diputación de Castellón.

Altabella, José. 1968. *Fuentes crítico-bibliográficas para la historia de la prensa provincial española*. Madrid: Universidad Complutense de Madrid.

Álvarez, José. 1994. ««Rough Characters». Mineros, alcohol y violencia en el Linares de finales del siglo XIX». *Historia Social* 19: 77-98.

Andreu, Xavier. 2016. *El descubrimiento de España. Mito romántico e identidad nacional*. Barcelona: Penguin Random House.

Angoustures, Aline. 1995. *Historia de España en el siglo XX*. Barcelona: Ariel.

Archer, William. 2010. *Vida, proceso y muerte de Francisco Ferrer Guardia*. Barcelona: Tusquets.

Archilés, Ferran. 2002. *Parlar en nom del poble (cultura política, discurs i mobilització social al republicanisme castellonenc, 1891-1909*. Castelló de la Plana: Ayuntamiento de Castellón.

—. 2002. «Una nacionalización no tan débil: patriotismo local y republicanismo en Castellón (1891-1910)». *Ayer* 48: 283-314.

Archilés, Ferran, Manuel Martí, Marta García y Xavier Andreu. 2011. *Ser de Castelló. La identitat local en l'època contemporània (c. 1880-1936)*. Castelló de la Plana: Fundación Dávalos-Flecher.

Aróstegui, Julio. 2004. *La historia vivida. Sobre la historia presente*. Madrid: Alianza Editorial.

Aubert, Paul. 2010. ««La Historia que pasa»: Rafael Mainar Lahuerta y *El arte del periodista*». En *La morfología de la prensa y del impreso: la función expresiva de las formas: Homenaje a Jean-Michel Desvois*. Burdeos: Presse, Imprimés, Lecture dans l'Aire Romane, 277-296.

Avilés, Juan. 1985. *La izquierda burguesa en la II República*. Madrid: Espasa Calpe.

Avilés, Miguel. 1974. *Nueva Historia de España*. Madrid: Edaf.

Badenes, Inmaculada. 2003. *Fernando Gasset Lacasaña, biografía política de un republicano (1861-1941)*. Castelló de la Plana: Universitat Jaume I.

Bágena, María José. 2009. «Epidemia Histórica: Valencia en los tiempos de Cólera». *Levante. El Mercantil Valenciano*, 21-06-2009, València.

Bahamonde, Ángel, Pedro Carasa, Pere Gabriel, Jesús A. Martínez y Alejandro Pizarroso. 2008. *Historia de España. Siglo XX. 1875-1939*. Madrid: Cátedra.

Barranquero, Encarnación y Lucía Prieto. 2004. «Las mujeres durante la Segunda República: Trabajo y vida cotidiana». En *La Segunda República. Historia y memoria de una experiencia democrática*. Málaga: Centro de Ediciones de la Diputación Provincial de Málaga, 161-182.

Barreiro, Cristina. 2014. «España y la Gran Guerra a través de la prensa». *Aportes. Revista de Historia Contemporánea* 84: 161-182.

Barrio, Ángeles. 1997. «El sueño de la democracia industrial en España, 1917-1923». En *La Restauración, entre el liberalismo y la democracia*. Madrid: Alianza Editorial.

Benet, Josep. 1992. *Maragall i la Setmana Tràgica*. Barcelona: Edicions 62.

Bordería, Enrique, Antonio Laguna y Francesc A. Martínez. 1996. *Historia de la comunicación social: Voces, registros y conciencias*. Madrid: Editorial Síntesis.

Burdiel, Isabel y Roy Foster (eds.). 2015. *La historia biográfica en Europa. Nuevas perspectivas*. Zaragoza: Institución Fernando el Católico.

Calleja, Guillermo G. 1990. «La voladura del Maine: nuevas luces sobre un enigma histórico que terminó con el Imperio español». *Historia 16* 176: 12-32.

Calvo, Concepción. 2015. *Castellón hacia la modernidad. Salud, educación y debate científico (1880-1918)*. Castelló de la Plana: Universitat Jaume I.

Calvo, Manuel. 2011. *El Universal. Diario político y el cantonalismo sanitario sevillano de 1885: Un modelo de prensa al servicio de las élites locales en los inicios de la Restauración*. Sevilla: Universidad de Sevilla.

Camacho, Enrique. 2002. «La cuestión de Cuba como arma política». En *Las ciudades y la guerra, 1750-1898*. Castelló de la Plana: Publicacions de la Universitat Jaume I.

Campos, Ricardo. 1998. «El obrero abstemio: Salud, moral y política en el discurso antialcohólico del socialismo español a principios de siglo». *Historia Social* 31: 27-43.

Canalejas, José. 1928. *Reflexiones sobre la vida de mi padre*. Madrid: Francisco Beltrán Librería Española y Extranjera.

—. 2004. *El partido liberal: Conversaciones con D. José Canalejas*. Pamplona: Analecta.

Capistegui, Francisco Javier. 2003. «Sobre el papel social del historiador o ¿para qué servimos?». *Memoria y civilización* 6: 191-207.

Caro, Diego. 2016. *Parlamento y política en la Sevilla del siglo XIX. Manuel Sánchez Silva frente al proteccionismo catalán y los fueros vascos*. Sevilla: Diputación Provincial de Sevilla.

Carr, Edward H. 1965. *¿Qué es la historia?* Barcelona: Seix Barral.

Carreras, Albert y Xavier Tafunell. 2015. *Estadísticas históricas de España. Siglos XIX-XX*. Madrid: Fundación BBVA.

Casanova, Julián. 2011. *Europa contra Europa*. Barcelona: Crítica.

Castelló, José. 1886. *Un ladrón por fuerza*. Castelló de la Plana: Imprenta Viuda de Perales.

Checa, Antonio. 1989. *Prensa y partidos políticos durante la II República*. Salamanca: Ediciones Universidad de Salamanca.

Costa, Roberto. 2020. *El presidente «idóneo». Una biografía de Eduardo Dato*. Madrid: Unidad Nacional de Educación a Distancia.

Cueva, Julio de la. 1997. «La democracia frailofóba. Democracia liberal y anticlericalismo». En *La Restauración, entre el liberalismo y la democracia*, ed. Manuel Suárez. Madrid: Alianza Editorial.

Dilthey, Wilhelm. 1944. *El mundo histórico*. México: Fondo de Cultura Económica.

Esdaile, Charles J. 2001. *La quiebra del liberalismo (1808-1939)*. Barcelona: Crítica.

Espina, Antonio. 1960. *El cuarto poder. Cien años de periodismo español*. Madrid: Aguilar.

Falomir, Vicent. 1992. *Boletín de la Sociedad Castellonense de Cultura: índex general (1920-1991)*. Castelló de la Plana: Societat Castellonenca de Cultura.

Feixa, Carles. 2018. *Cómo hacer una histpria de vida*. Madrid: Ministerio de Educación y Formación Profesional, Instituto Nacional de Tecnologías Educativas y Formación del Profesorado

Fernández, Frank. 1994. *La sangre de Santa Águeda: Angiolillo, Betances y Cánovas*. Miami: Universal.

Fernández, María de la Purificación. 1955. *La vida íntima de Canalejas*. València: Ediciones Castalia.

Fernández, María Dolores. 2011. «La publicidad de la salud en la prensa ilustrada de finales del siglo xix». *Cuestiones publicitarias: Revista internacional de comunicación y publicidad* 16.

Fernández, Melchor. 1943. «Las Cortes del siglo xix y la práctica electoral». *Revista de Estudios Políticos* 9-10: 383-419.

Ferrandis, Mariví. 1997. *Els jocs florals de la ciutat i regne de Valencia*. València: Lo Rat Penat.

Forner, Salvador. 1993. *Canalejas y el Partido Liberal Democrático, 1900-1019*. Madrid: Cátedra.

Fraser, Ronald. 2007. *Recuérdalo tú y recuérdalo a otros. Historia oral de la guerra civil española*. Madrid: Crítica.

Galán, Fermín. 1979. *Nuevas Ideas. La política ya no sólo es arte sino ciencia*. Barcelona: Producciones Editoriales.

Gallego, Henar y Mónica Bolufer. 2016. *¿Y ahora qué? Nuevos usos del género biográfico*. Barcelona: Icaria.

García, Francesca. 1992. «Las esquelas en el «Diario de Valencia». Su origen y evolución». En *Dos-cents anys de premsa valenciana*. València: Generalitat Valenciana.

Garrido, Samuel. 1984a. «El sindicalismo católico-agrario en la provincia de Castellón». *Estudis castellonencs* 2: 359-377.

—. 1984b. *La acción social católica en los obispados de Tortosa y Segorbe (1877-1923): de los círculos católicos a los sindicatos profesionales obreros*. València: Universidad de Valencia.

—. 1986. *Los trabajadores de las derechas.* Col·lecció Universitària. Castelló de la Plana: Diputació de Castelló.

Gascó, Antonio. 1992. «Del Neoclasicismo al modernismo». En *Historia de Castellón.* Castelló de la Plana: Prensa Valenciana.

Gil, Julio. 2002. *Historia de la Segunda República Española (1931-1936).* Madrid: Biblioteca nueva. 2002.

Gil, Octavio. 1961. *Historia de la evolución social española durante los siglos XIX y XX.* Madrid: Publicaciones Españolas.

Giménez, José Luis. 2016. «Castelló Tárrega: del liberalisme democràtic a l'acceptació de la dictadura de Primo de Rivera». *Millars. Espai i Història* 40(1): 229-254.

—. 2019. *El maurisme i la dreta conservadora a la Plana (1907-1931).* Castelló de la Plana: Publicacions de la Universitat Jaume I.

Gimeno, Vicente. 1926. *Del Castellón Viejo.* Castelló de la Plana: Hijo de J. Armengot.

—. 1930. *Las calles de Castellón.* Castelló de la Plana: Imprenta Juan B.

Gómez-Navarro, José Luis. 2005. «En torno a la biografía histórica». *Historia y política: Ideas, procesos y movimientos sociales* 13: 7-26.

González, María Luz. 2000. «¿Microhistoria o Macrohistoria? Carlo Ginzburg entre I Benandanti y la Historia Nocturna». *Protohistoria: historia, políticas de la historia* 4: 125-150.

González, Teresa. 1987. *La Dictadura de Primo de Rivera. El Directorio Militar.* Madrid: El Arquero.

Granda, Sara y Leandro Martínez. 2009. «La legislación española de reclutamiento militar (1877-1909)». En *La Guerra de Marruecos y la España de su tiempo (1909-1927).* Ciudad Real: Sociedad Don Quijote.

Guerrero, Francisco José. 2013. *Un cruzado contra el Liberalismo: Aguilar y Serrat obispo de Segorbe.* Segorbe: Concejalía de Cultura.

Hernández, Miguel. 1977. «Elegía». En *Obras Selectas Miguel Hernández, Antología Poética.* Barcelona: Círculo de Lectores.

Hobsbawm, Eric. 2011. *Historia del siglo XX.* Barcelona: Crítica.

Kripendorff, Klaus. 1990. *Metodología de análisis de contenido. Teoría y práctica.* Barcelona: Paidós Comunicación.

Jover, José María. 1979. *Teoría y práctica de la redistribución colonial.* Madrid: FUE.

Juliá, Santos. 1999. *Un siglo de España. Política y sociedad.* Madrid: Ediciones de Historia.

Juliá, Santos, José Luis García, Juan Carlos Jiménez y Juan Pablo Fusi. 2003. *España del siglo XX*. Madrid: Ediciones de Historia.

Laguna, Antonio y Francesc Andreu Martínez. 2018. «Prensa y espectáculo taurino (1800-1936). La fuerza de las emociones». *Estudios sobre el mensaje periodístico* 24(2): 1399-1418.

La Parra, Emilio y Manuel Suárez. 1998. *El anticlericalismo español contemporáneo*. Madrid: Biblioteca Nueva.

León, José Luis. 1978. *Vicente Blasco Ibáñez: Artículos contra la Guerra de Cuba*, València: Ediciones León Roca.

Levi, Giovanni. 1994.«La Microhistoria». *Revista de Historia y Arte* 0: 231-240.

—. 1996. «Comportements, ressources, procès: avant la «révolution» de la consommation». En *La micro-analyse à l'expérience*, dir. Jacques Revel. París: Seuil.

Llansola, Gerad. 2006a. «Estructura organitzativa i participació electoral del carlisme castellonenc en la decadència de la Restauració (1914-1918)». En *Catelló al s. XX*. Castelló de la Plana: Universitat Jaume I.

—. 2006b. *Republicanisme, identitat popular i hegemonia municipal. Castelló de la Plana, 1913-1917*. Castelló de la Plana: Universitat Jaume I.

—. 2017. «El caciquisme inalterable: la Diputació Provincial de Castelló en temps convulsos (1913-1923)». *Millars. Espai i Història* 24(42): 235-274.

Llopis, Frederic. 1999. *El joc de la pilota valenciana*. València: Carena Editors.

López, Fernando. 2002. «El análisis de contenido como método de investigación». *XXI Revista de Educación* 4: 167-179.

López, Julián. 2018. «El primorriverismo valenciano: origen y funcionamiento de sus elites militares (1923-1930)». *Saitabi. Revista de la Facultat de Geografia i Història* 68: 207-230.

López, Rafael. 1992. «La publicidad como fuente de financiación». En *Doscents anys de premsa valenciana*. València: Generalitat Valenciana.

Lorenzo, Antonio María. «Castellón de la Plana durante la Restauración y la Segunda República: Una bibliografía básica». *Millars. Espai i Història* 3(17): 39-51.

Madariaga, María Rosa de. 2001. «La guerra de Melilla o El Barranco del Lobo, 1909». En S*emana Trágica. Entre las barricadas de Barcelona y el Barranco del Lobo*. Barcelona: Ediciones Bellaterra.

Marín, Enric. 1992. «El periòdic com a instrument de l'acció política». *Dos-cents anys de premsa valenciana*. València: Generalitat Valenciana.

Martí, Manuel. 1989. *L'Ajuntament de Castelló de la Plana, 1875-1891: del triomf de la Restauració a l'ascens de la nova política*. Castelló de la Plana: Ajuntament de Castelló.

Martínez, Francesc Andreu. 1993. «Dinásticos, Republicanos y sindicalistas (1902-1929)». En *Historia de Castellón*. Castelló de la Plana: Prensa Valenciana.

—. 1994. *Prensa y partido en el progresismo valenciano. José Peris y Valero (1821-1876)*. València: Ateneo de Periodistas.

—. 1997. «Republicanismo y nacionalismo agrario». En *Historia de Castellón*.

Martínez, Miguel. 1973. *La burguesía conservadora, Historia de España Alfaguara VI*. Madrid: Alianza Editorial.

Mas, V. Javier. 1997. *El Hospital Provincial proyecto inconcluso. Aproximación histórica*. Castelló de la Plana: Diputació de Castelló.

Meseguer, Lluís. 2003. *Castelló literari: Estudi de'història cultural de la ciutat*. Castelló de la Plana: Publicacions de la Universitat Jaume I, Diputació de Castelló.

Meseguer, Lluís y Josep Palomero. 2007. *Els escriptots castellonencs del primer terç del segle XX i les Normes del 32*. València: Academia Valenciana de la Llengua.

Mezquita, Francesc. 2006. «Publicitat i societat a Castelló en 1931». En *Castelló al segle XX*. Castelló de la Plana: Publicacions de la Universitat Jaume I.

Miguel, Enrique de. 2008. *Azcárraga-Weyler y la conducción de la Guerra de Cuba*. Castelló de la Plana: Universitat Jaume I.

Miguel, Enrique de, Rafael Izquierdo y Francisco Javier Navarro. 2014. *La provincia de Castellón en la Guerra de Cuba (1895-1898)*. Valencia: Real Academia de Cultura Valenciana.

Monlleó, Rosa 1998a. «Del sexenio democrático a la Guerra Civil». En *La ciudad de Castelló de la Plana*, ed. Vicente Ortells. Castelló de la Plana: Ayuntamiento de Castelló de la Plana.

— . 1998b. «Història local i societat urbana contemporània: fonts per al seu estudi». *V Congrés d'Història i Filologia de la Plana*, 195-220.

—. 2006. *Castelló al segle XX*. Castelló de la Plana: Edicions de la Universitat Jaume I.

Montanari, Massimo, Emiliano Fernández y Michel Dumolín. 1993. *Problemas actuales de la Historia. Terceras Jornadas de Estudios Históricos.* Salamanca: Ediciones Universidad de Salamanca.

Morcillo, Matilde. 2007. «El asesinato de Canalejas en la Prensa española (1912)». *Revista de la Facultad de Educación de Albacete* 22: 323-341.

Moreno, Amparo. 1986. «Realidad histórica y realidad informativa». En *La prensa de los siglos XIX y XX. Metodología, ideología e información.* Bilbao: Universidad del País Vasco.

Moreno, Francisco. 1995. *La prensa en la ciudad de Alicante durante la dictadura de Primo de Rivera (1923-1931).* Alacant: Instituto de Cultura Juan Gil-Albert.

Moreno, Javier. 1995. «Teoría del clientelismo y de la política caciquil». *Revista de estudios políticos* 89: 191-224.

—. 1996. «El poder público hecho cisco». En *Política en la penumbra: patronazgo y clientelismo políticos en la España contemporánea.* Madrid: Siglo XXI.

Moreno, Javier y Xosé M. Núñez. 2013. *Ser españoles.* Barcelona: RBA Libros.

Nora, Pierre. 2008. *Les lieux de mémoire.* Montevideo: Ediciones Trilce.

Olmo, María Teresa del. 2014. *Teoría y praxis de la biografía: Gregorio Marañón.* Alacant: Universidad de Alicante.

Olucha, Ferran. 2017. «El Museu de la Diputació Provincial de Castelló, 1934-1937: Una realitat frustrada». *Estudis Castellonencs* 2: 51-104.

Ollero, José Luis. 1998. «De «viejo pastor» a «chivo expiatorio». Sagasta y el 98». *Berceo* 135: 25-38.

Ortells, Vicent. 1987. *Geografía urbana y del poblamiento en lu Plana de Castelló.* Castelló de la Plana: Excmo. Ayuntamiento de Castellón de la Plana.

—. 1998. *La ciudad de Castellón de la Plana.* Castelló de la Plana: Excmo. Ayuntamiento de Castellón de la Plana.

Ortiz, Raúl. 2018. «La pandemia de gripe española vista desde el siglo XXI». *Anales de la Real Academia de Medicina y Cirugía de Valladolid* 55: 367-384.

Palacio, Juan Ignacio. 1988. *La institucionalización de la reforma social en España. La Comisión y el Instituto de Reformas Sociales.* Madrid: Ministerio de Trabajo y Seguridad Social.

Paniagua, Javier. 1988. *España: siglo XX (1931-1939).* Madrid: Anaya.

Paniagua, Javier y José Antonio Piqueras. 2006. *Diccionario biográfico de políticos valencianos 1810-2006.* València: Centro Francisco Tomás y Valiente.

Peñín, Antonio, Francisco Grande y Santiago Varela. 1989. «Arquitectura y Urbanismo». En *Historia del Arte Valenciano. El siglo XX hasta la guerra del 36*. València: Consorci d'Editors Valencians.

Pérez, Alicia. 2003. *La Enciclopedia*. Madrid: Salvat Editores.

Pérez, Eduardo. 1988. *Polítics i cacics a Castelló (1876-1901)*. València: Edicions Alfons el Magnànim.

Pérez, M.ª Teresa. 1996. *Historia de España del siglo XX*. Barcelona: Crítica.

Piqueras, José Antonio. 2008. *Cánovas y la derecha española. Del magnicidio a los neocon*. Barcelona: Editorial Península.

Piqueras, José Antonio y Vicente Sanz. 1997. «Páramos, huertos y regiones silvestres. Historiografía actual sobre el Castellón contemporáneo». *Millars: Espai i Història* 20: 137-169.

Preston, Paul. 1999. *La República asediada. Hostilidad internacional y conflictos internos durante la Guerra Civil*. Barcelona: Ediciones Península.

Prost, Antoine. 2001. *Doce lecciones sobre historia*. Madrid: Cátedra.

Puig, Ramón. 2005. *Els corcs de la Restauració: Vinaròs (1876-1923)*. Castelló de la Plana: Publicacions de la Universitat Jaume I.

Pujadas, Joan J. 2000. «El método biográfico y los géneros de la memoria». *Revista de Antropología* 9: 127-158.

Ramos, J. Rafael. 1989. *La qüestió lingüística en la premsa de Castelló de la Plana, 1834-1938*. Castelló de la Plana: Diputació de Castelló.

Reguillo, Germán. 2001. *El partido republicano de Castellón. De la extrema izquierda federal al centro político (1868-1936)*. Castelló de la Plana: Diputació de Castelló.

—. 2016. *Tiempos amargos. La Guerra Civil en Castellón*. Castelló de la Plana: Diputació de Castelló.

Reig, Ramiro. 1986. *Blasquistas y clericales*. València: Alfons el Magnànim.

Rey, Miguel del y Carles Bohigues. 1983. «La casa tradicional». En *Temes d'etnografía valenciana, vol. 1*, coord. Joan F. Mira. València: Alfons el Magnànim.

Ribelles, José. 1905. *Intereses económicos, agrícolas, industriales y mercantiles de Castellón*. Barcelona: Imprenta de Francisco J. Alvés y Alabart.

Robert, Vincent. ««La protesta universal» contra la ejecución de Ferrer: las manifestaciones de octubre de 1909». *Historia Social* 14: 61-82.

Robles, Antonio. 1996. «Patronazgo y clientelismo político en la España Contemporánea». En *Política en la penumbra*, comp. Antonio Robles. Madrid: Siglo Veintiuno de España Editores.

Roca, Jordi y Lidia Martínez. 2012. «Mi vida, tu vida, la nuestra. Determinantes y configuración de la estructura narrativa de los relatos de vida». En *Teoría y metodología práctica de las fuentes orales*. Bilbao: Ed. Universidad del País Vasco.

Romeu, Jordi. 1983. «La prensa en el País Valencià: el caso de Castellón (1900-1931)». *Estudis d'Història Contemporània del País Valencià* 4: 289-304.

Sánchez, Ángel. 1995. *Lledó en la història*. Castelló de la Plana: Diputació de Castelló.

Sánchez, José Javier. 1993. «Las dificultades de informar en tiempos de guerra. La prensa española durante la I Guerra Mundial». *Comunicación y sociedad* 6(12): 173-187.

Sánchez, Manuel. 2017. «La Restauración (1875-9123) en la historiografía del siglo XXI». *Bulletin d'histoire contemporaine de l'Espagne* 52: 9-21.

Sánchez, Juan Carlos. 1999. *Prensa y política en la España de la Restauración: Rafael Gasset y El Imparcial*. Madrid: Biblioteca Nueva.

Sánchez, José, Ferran Olucha y Elena Sánchez. 1993. *Elenco de fechas para la historia urbana de Castellón*. Castelló de la Plana: Sociedad Castellonense de Cultura.

Sánchez, Rafael y Feliciano Montero. 2004. *Historia de España: Revolución y Restauración. Del Sexenio revolucionario a la guerra de Cuba (1868-1898)*. Madrid: Espasa Calpe.

Sanz, Alberto y Diego Ramiro. 2002. «La caída de la mortalidad en la infancia en la España interior, 1860-1960. Un análisis de las causas de muerte». *Cuadernos de Historia Contemporánea* 24: 151-188.

Sebastià, Rafael, Georgina Blanes y Emilia María Tonda. 2012. *Las escuelas normales en la provincia de Alicante en el s. XIX*. Alicante: Editorial Ramón Torres.

Seco, Carlos. 1976. «La biografía como género historiográfico». En *Once ensayos sobre la historia*. Madrid: Fundación Juan March.

—. 1979. *Alfonso XIII y la crisis de la Restauración*. Madrid: Rialp.

Sentís, Carlos. 1992. «La profesión periodística». En *Dos-cents anys de premsa valenciana*. València: Generalitat Valenciana.

Seoane, María Cruz. 1977. *Oratoria y periodismo en la España del siglo XIX*. València: Fundación Juan March, Editorial Castalia.

Seoane, María Cruz y María Dolores Saiz. 1983. *Historia del periodismo en España*. Madrid: Alianza.

—. 1996. *Historia del periodismo en España, III: El Siglo XX, 1898-1936*. Madrid: Alianza Editorial.

—. 2007. *Cuatro siglos de periodismo en España. De los avisos a los periódicos digitales*. Madrid: Alianza Editorial.

Sevilla, Diego. 1956. *Canalejas*. Barcelona: Aedos.

Sola, Salomé. 2017. «Fundamentos de la literatura egotista: los relatos del yo». *Escritos* 25(55): 485-512.

Stucki, Andreas. *Las guerras de Cuba. Violencia y campos de concentración (1868-1898)*. Madrid: La Esfera de los Libros.

Sueiro, Susana. 1998. «El Norte de África y la política mediterránea española en el reinado de Alfonso XIII». *Hesperis Tamuda* 36: 57-68.

—. 2008. «El asesinato de Canalejas y los anarquistas españoles en Estados Unidos». En *El nacimiento del terrorismo en Occidente: anarquía, nihilismo y violencia revolucionaria*. Madrid: Siglo XXI.

—. 2014a. «El protectorado español en Marruecos desde su instauración hasta el final de la guerra del Rif en el contexto internacional». En *La Administración del Protectorado Español en Marruecos*. Madrid: Centro de Estudios Políticos y Constitucionales del Ministerio de la Presidencia.

—. 2014b. «Las redes anarquistas transnacionales en la era de los magnicidios. El asesinato de Canalejas». *Bulletin d'histoire contemporaine de l'Espagne* 49: 217-232.

Tamames, Ramón. 1973. *La República. La era de Franco*. Madrid: Alianza Editorial.

Tierno, Enrique. 1988. *Los toros, el acontecimiento nacional*. Madrid: Turner Publicaciones.

Tirado, José Luis. 1995. *El Teatro Principal*. Castelló de la Plana: Ayto. Castellón de la Plana.

Trebitsh, Michel. 1998. «El acontecimiento, clave para el análisis del tiempo presente». *Cuadernos de Historia Contemporánea*. 20: 29-40.

Tuñón, Manuel. 1976. *La II República*. Madrid: Siglo XXI.

—. 1986. *La prensa de los siglos XIX y XX. Metodología, ideología e información*. Bilbao: Universidad del País Vasco.

Uría, Jorge. 2001. «El nacimiento del ocio contemporáneo». *Historia Social* 41: 65-68.

Usó, Joan Carles. 1982. *Composición, organización y evolución de los talleres masónicos de Castelló de la Plana (1879-1895)*. València: Universidad de Valencia.

Valls, Javier, Gerard Llansola y Rosa Monlleó. 2003. *Rumbo al progreso. El Puerto de Castellón a través de la historia*. Barcelona: Lunwerg Editores.

Varela, José. 2001. *Los amigos políticos: Partidos, elecciones y caciquismo en La Restauración (1875-1900)*. Madrid: Marcial Pons.

Vilar, Pierre. 2013. *Historia de España*. Barcelona: Crítica.

Villa, Roberto. 2013. «Elecciones sin turno: Los comicios a diputado de 1879». *Historia Contemporánea* 46: 111-142.

Yanini, Alicia. 1991. «La manipulación electoral en España: sufragio universal y participación ciudadana (1891-1923)». *Ayer* 3: 99-114.

Yanini, Alicia y Rafael Zurita. 2001. «Comunidad Valenciana». En *El Poder de la Influencia. Geografía del caciquismo en España (1875-1923)*. Madrid: Marcial Pons.

kB - 8